KBI33983

교과서를 만든 세계사 인물들

WOW! 재밌다!

교과서를 만든 세계사 인물들

우경윤 지음 / 유남영 그림

세계사의 **흐름**을 바꾼 **문제적 인물** 20인에 대한 **흥미진진한** 이야기

세계사의 주인공은 누구?

역사의 변화는 그 시대 사람들의 모든 생각과 활동을 통해 이뤄집니다. 위인이나 영웅은 이런 변화의 파도 위에서 서핑을 멋지게 하는 선수일 뿐입니다. 예를 들어 프랑스 혁명 정신을 유럽 전역에 퍼뜨린 나폴레옹이 1789년 격랑에 휩쓸린 프랑스에서 태어나지 않고 다른 시대에 태어났더라면 어떻게 되었을까요? 나폴레옹은 그 시대에도 위인이 되었을까요? 또 나폴레옹이 1917년 러시아 혁명기에 러시아에 있었다면 그는 레닌처럼 혁명의 영웅이 되었을까요?

아마 아닐 것입니다. 프랑스 혁명의 확산은 유럽 세계 사람들의 자유와 평등에 대한 뜨거운 갈망으로 인해 이뤄진 것입니다. 다만 나폴레옹은 그

열망과 움직임에 부채질을 했을 뿐이지요. 그럼에도 사람들과 역사는 나폴레옹에 집중했고 그를 위인으로 만들었습니다. 하지만 그를 있게끔 한 유럽의 수많은 주인공들은 역사에서 잊혀 갔습니다. 우린 이 점에 주목해야 합니다. 역사의 주인공은 바로 우리들 모두라는 것을요.

제가 인물 중심의 세계사를 쓰겠다고 결심한 후 가장 어렵고 중요했던 작업은 세계사 속의 인물을 선택하고 그 인물에 맞는 적당한 이야기들을 고르는 것이었습니다. 동서양의 인물을 고루 배치해야 했고, 여성 인물들을 놓치지 말아야겠다는 생각도 했습니다. 왕이나 귀족, 부자 집안에서 태어난 인물들부터 가난하고 평범한 집안에서 태어난 인물들에까지 빼놓지 말아야겠다고 다짐했습니다. 또 고대, 중세, 근대, 현대라는 시대 분류 속 인물들을 균형 있게 배치해야겠다는 생각도 했습니다.

그보다 더욱 중요한 것은 그 인물이 그렇게 살 수밖에 없던 당시 사회상이나 역사적 상황에 대해 설명하는 것이라 생각했습니다. 그리고 그 인물들이 왜 교과서에서 중요한 시점마다 등장하는지에 대해 쉽고도 명쾌한 설명을 하기 위해 노력을 많이 했습니다. 사실상 그 인물들의 등장으로 인해 세계사의 흐름은 앞으로 전진하거나 좌우로 방향을 틀기도 했으며 거꾸로 후퇴하기도 했습니다. 그래서 이 책의 부제도 "세계사의 흐름을 바꾼 문제적 인물 20인"이 된 것입니다.

저는 15년째 학교에서 아이들을 가르치고 있지만 역사를 가르치는 일이 아직도 힘들기만 합니다. 이 글을 쓰면서도 역사 교육을 하는 이로서 가야 할 길이 아직 많이 남았다는 생각을 했습니다. 그리고 청소년들에게 어떻게 하면 더 쉽고 재미있게 역사를 가르칠 수 있는 책을 낼 수 있을지 꾸준히 고민해야겠다고 다짐했습니다.

원고를 쓰는 사이 다른 일보다 글 쓰는 일을 우선한 저로 인해 불편을 겪으면서도 묵묵히 지원해 준 가족에게 감사의 말을 전하고 싶습니다. 그리고 좋은 책이 나오도록 힘써 주신 글담출판사 분들께 감사의 말씀을 전하고 싶습니다.
이 책이 마무리되면 제 꿈에 한걸음 다가서는 셈입니다. 좀 더 나은 세상이 되는 꿈을 이 책을 읽는 분들과 함께 꿈꾸기를 기대합니다.

2009년 우경윤 드림

선 생 님 추 천 사

아이들에게 더없이 좋은 세계사 대안교과서예요!

가르치는 교사와 배우는 아이들을 난처하게 만드는 수업이 있다면 개인적으로는 세계사 수업이 아닐까 생각합니다. 줄거리가 있고 지역적으로 한정된 한국사에 비해 세계사는, 교사들에게는 관계된 자료나 수업 모델이 부족할 뿐만 아니라 아이들에게는 그 광대한 시간과 공간 때문에 도저히 머릿속으로 정리가 되지 않아 부담으로만 다가오는 수업이기 때문입니다.

그런데 이 책은 시대를 대표하는 동서양의 역사적 인물의 일생부터 관련 역사적 사건이나 일화까지 다루고 있어 내용이 풍부할 뿐만 아니라 **아이들이 교과서를 공부할 때 도움이 될 수 있도록 구성하여 세계사 공부의 새로운 방법을 제시**하고 있습니다. 특히 〈교과서로 점프〉, 〈궁금한 건 못 참아!〉, 〈역사 토막 뉴스〉 부분은 단편적인 교과 내용을 뛰어 넘고 있어 아이들에게 더없이 좋은 세계사 대안교과서가 될 것입니다.

– 전중현(해성여자고등학교 역사 교사)

재미로 가득한, 지루한 교과서를 살아 숨 쉬게 하는 책입니다!

많은 책들 중 교과서는 제일 재미없는 책에 속하고, 세계사 교과서는 특히나 그렇습니다. 등장하는 수많은 사람과 사건들을 간추리다 보니 특히나 더욱 지루하고 재미없게 느껴질 것입니다. 하지만 교과서의 일부 내용을 깊이 파고들다 보면 그 과정에서 재미라는 걸 느끼게 될 때가 있습니다. 특히나 세계사는 깊이 파고들수록 훨씬 더 많은 재미를 맛보게 됩니다. 이러한 점에서 이 책은 **지루하고 재미없는 세계사 교과서를 재미있는 책으로 만들어 주는 책**이라 할 수 있습니다.

– 이철영(보성고등학교 역사 교사)

세계사 인물들의 활약상이 생생하게 담겨 있는 책! 청소년들에게 꼭 권합니다.

요즘 많은 역사서들이 쏟아져 나오지만 읽고 난 후 별반 남는 것이 없는 경우가 많습니다. '역사' 가 '사람들의 이야기' 라는 단순한 진리를 실천하지 못했기 때문입니다. 그러나 이 책은 **세계사 속에 등장하는 인물들의 활약상이 생생하게 담겨 있기 때문에** 이를 통해 청소년들은 세상을 이끌어 나갈 자화상을 만들어 갈 수 있을 것입니다. 한마디로, 역사가 해야 할 일이 무엇인가를 제대로 담은 책입니다. 청소년들에게 꼭 권하고 싶습니다.

– 이강무(인창중학교 역사 교사)

이슬람 문명을 탄생시킨 **이슬람교 창시자** ·88 # 마호메트

세계 3대 종교로서 약 13억 명의 사람들이 믿는 종교가 이슬람교입니다. 이슬람 문명은 한때 세계 문화의 보물창고였습니다. 이처럼 인류 문화사의 발전에 커다란 영향을 끼친 이슬람교를 창시한 사람이 마호메트입니다.

게르만 중심의 서유럽 세계를 건설한 왕 ·104

카롤루스 대제

카롤루스 대제가 등장하기 전까지, 오늘날 유럽을 대표하는 프랑스, 독일, 영국보다 힘이 셌던 나라는 로마 제국이었습니다. 카롤루스 대제는 로마 제국의 라틴 민족 중심 사회를 게르만 민족 중심의 사회로 전환시킨 인물입니다.

동아시아 지역의 사상과 윤리를 확립한 유학자 ·120

주희

유학의 창시자는 공자와 맹자라고 할 수 있지만 그 사상 체계를 깊이 있게 하여 철학적으로 발전시킨 사람은 바로 송나라 때의 주희였습니다.

십자군을 물리친 관용의 **이슬람 술탄** ·136

살라딘

미국을 대표하는 시사 잡지 《타임》에서 선정한, 12세기에 가장 위대한 인물은 살라딘입니다. 그런데 누군가 우리에게 살라딘을 아느냐고 물어본다면 뭐라 답할 수 있을까요?

바투 유럽 세계를 흔들어 놓았던 명장(名將) ·156

13세기 들어 유럽 사람들은 공포에 떨어야만 했습니다. 칭기즈 칸과 그의 장군들이 그들을 정복하러 왔기 때문입니다. 칭기즈 칸이 죽은 이후 잠시 멈췄던 유럽 원정은 바투에 의해 다시 시작됐습니다.

노예 문제를 해결한 대통령 · 269 **링컨**

노예제는 인류가 문명사회에 들어서는 순간부터 약 5,000여 년 동안 지속되었습니다. 이 오래된 문제가 해결될 수 있도록
전환점의 역할을 한 사람이 바로 링컨입니다.

독일을 완성시킨 철혈재상 · 289

비스마르크

비스마르크가 독일의 많은 영웅들을 뒤로 하고 독일인들에게 기억되어야 하는 인물로
자리매김하게 된 것은 그가 오늘날 독일을 탄생시키고 독일인이라는 민족의식을 완성
시켰기 때문입니다.

20세기를 규정한 러시아 혁명의 주인공 · 309

레닌

20세기의 최대 사건은, 노동자 · 농민 계급이 기존의 체제를 무너뜨리고 권력을 장악한 '러시아 혁명'이라
봐도 큰 무리가 없을 것입니다. 이 혁명을 성공으로 이끈 인물이 바로 레닌입니다.

인류에게 비폭력 저항을 가르친 인도의 지도자 · 336

간디

간디는 평화와 비폭력 철학을 이론과 실천을 통해 인류의 마음속에 심어 놓았습
니다. 비록 그를 나약하다 비난하는 사람도 있지만 그를 통해 평화와 비폭력 저항
운동의 소중함을 깨닫게 된 것은 분명합니다.

히틀러 **혼돈의 시대가 낳은 괴물 · 359**

제2차세계대전은 전 세계의 질서를 바꿔 놓았던 전쟁입니다. 또한 약 6,000만
명의 희생자를 낳은 전쟁이기도 합니다. 20세기의 가장 큰 비극인 제2차세계대
전을 낳은 인물이 바로 히틀러입니다.

동서양에 새로운 **문화의 씨앗**을 뿌린 왕

알렉산더 대왕

(Alexander, 기원전 356~기원전 323)

알렉산더 하면 어떤 이미지가 머릿속에 그려지나요? 말을 타고 벌판을 달려 페르시아 군대를 용감무쌍하게 물리치는 영웅의 모습이 그려지지 않나요? 맞습니다. 알렉산더는 전쟁 영웅이고 거대 제국을 만든 왕이기도 합니다. 그렇지만 알렉산더는 다른 한편으로 보면 동서양 문화가 다시 번창하게끔 그 토대를 마련한 사람이기도 합니다.

무시당하던 마케도니아, 문명국 그리스를 정복하다

그리스는 기원전 5세기 전반 페르시아 전쟁에서 승리한 후 지중해 세계의 중심으로 떠올랐습니다. 그런데 그리스 내부에는 조그마한 도시들이 하나의 국가로서 역할을 하고 있었답니다. 이를 '폴리스'라 하지요. 수많은 폴리스 중 가장 두드러진 나라는 아테네와 스파르타였습니다. 그런데 한 지역에 두 주인공이 있기는 힘들었나 봅니다. 페르시아 전쟁 후 그리스 세계의 중심으로 등장한 아테네가 다른 폴리스들을 간섭하기 시작했습니다. 폴리스들은 반발하기 시작했고, 기원전 5세기 후반 스파르타를 중심으로 '펠로폰네소스 동맹'을 체결하여, 아테네를 중심으로 한 세력들과 전쟁을 하게 됩니다. 이로 인해 그리스는 다시 한 번 내전을 겪으며 약해져만 갔고,

당시 금화에 그려진 필리포스 2세의 모습

반대로 주변국들은 강해져 갔습니다. 그중 그리스 세계와 맞닿아 있던 북쪽의 마케도니아가 가장 많은 성장을 했습니다. 마케도니아는, 기원전 1200년 무렵 그리스 세계로 남하하여 자리 잡은 '도리아'라는 종족 중 그리스 내륙까지 들어오지 않은 사람들이 정착하여 만든 나라였습니다.

　그리스가 전성기를 누리고 있을 때 마케도니아는 오지나 다름없었습니다. 이웃의 선진 문화를 받아들이지 못했기 때문입니다. 그래서 그리스인은 마케도니아인을 '바바리안(야만인)'이라 불렀습니다. 그랬던 마케도니아가 그리스 세계가 쇠퇴하려 하자, 오히려 그리스보다 더 강력한 나라로 성장한 것입니다. 그러한 성장을 가져온 이가 바로 알렉산더의 아버지인 '필리포스 2세'였습니다.

　필리포스 2세는 부족 단위로 흩어져 있던 마케도니아를 통합하여 왕위에 올랐습니다. 그는 군사들을 육성하고 훈련시키기를 꾸준히 하여 막강한 군대를 갖게 되었습니다. 마침내 그는 그리스가 내분으로

약화된 틈을 이용하여 그리스를 향해 진격하였고, 기원전 338년에 드디어 그리스를 지배하게 되었습니다.

알 렉 산 더   모 습 을   드 러 내 다

이런 상황에서 성장하고 있었던 이가 바로 알렉산더입니다. 그는 아버지인 필리포스 2세와 어머니 올림피아 사이에서 태어났습니다. 아

내의 친인척(외척)들이 정치에 참여하는 것을 막고 왕권을 강화하려는 필리포스 2세는 아내를 여러 번 바꾸고는 하였습니다. 올림피아는 필리포스 2세의 네 번째 부인이었습니다. 알렉산더가 태어났지만 그는 이미 올림피아에게서 마음이 떠나 있었습니다. 그녀는 마케도니아에서 믿는 종교도 믿지 않았고 뱀을 아끼며 직접 키우기도 했습니다. 필리포스 2세는 올림피아를 의심하며 멀리하였고, 그로 인해 알렉산더는 올림피아와 함께 도피 생활을 하기도 했습니다. 이후 알렉산더는 뛰어난 능력으로 필리포스 2세의 후계자가 될 수 있었지만 주변에는 정치적 적수(정적)들이 많았습니다. 이런 상황에서 그리스 세계를 점령하고 세력을 확대하던 필리포스 2세가 갑자기 암살을 당하였습니다. 그 때문에 알렉산더는 왕위에 오르게 되었지만 한동안 아버지 암살의 배후 인물로 지목되기도 했습니다.

비록 아버지의 사랑을 듬뿍 받고 성장하지는 못했지만 아버지가 가지고 있던 정치 능력과 용감무쌍하고 과감한 결단력은 물려받았던 모양입니다. 게다가 그리스의 유명한 철학자인 '아리스토텔레스'를 스승으로 모시면서 세상의 이치를 꿰고 이성적 판단을 할 수 있는 능력을 키워 나갔습니다. 결국 알렉산더는 용감한 전사적 기질과 이성적인 학자적 기질을 고루 갖추게 되었습니다. 이 모든 것이 그로 하여금 그리스 세계의 통일과 동방으로의 진출을 과감하면서도 치밀하게 진행할 수 있게 했습니다.

그는 스무 살이라는 어린 나이로 왕위에 올랐습니다. 그가 해결해야 할 문제는 마케도니아에 반대하는 그리스의 남은 세력들을 제거하는 것이었습니다. 대표적인 나라가 테베와 아테네였는데 테베의 경우에는 도시를 완전히 파괴하고 그 시민들을 모두 노예로 팔아 버리기도 했습니다. 다만 아테네의 경우에는 동방으로 원정을 하기 위해 함대가 필요했기 때문에 명맥만 유지시켜 놓았습니다. 테베와 아테네를 무너뜨린 것은 그리스 세계를 완전히 지배하게 되었음을 의미합니다. 이로써 알렉산더는 마케도니아와 그리스가 있던 발칸 반도 지역의 최고 지배자가 되었습니다.

알렉산더는 어떻게 전쟁에서 승리할 수 있었을까?

기원전 334년에 3만 명의 보병과 5,000명의 **기병**으로 구성된 알렉산더 군은 페르시아를 향해 원정을 떠났습니다. 거대한 제국인 페르시아와 맞상대하기에는 초라해 보이는 병력이었습니다. 하지만 그 이상의 병력을 이끌고 간다면 수천 킬로미터를 원정해야 하는 마케도니아 군대에는 부담이 될 수도 있었을 것입니다.

폼페이의 유적에서 발굴된 모자이크 벽화 알렉산더가 페르시아 왕을 발견하자 기마병 가운데로 뛰어드는 순간을 표현했다. 벽화 왼쪽 끝에 있는 이가 알렉산더다.

페르시아의 원정군은 알렉산더의 잘 짜인 전략으로 적은 병력이었지만 매우 강한 군대가 될 수 있었습니다. 알렉산더는 적이 방심하고 있을 때 재빨리 침공하여 점령한 다음 그곳에서 필요한 물자와 병력을 충당하며 다음 공격지로 이동하는 방법을 취했습니다. 또한 내륙 깊숙이 침투하는 것은 피했습니다. 퇴각할 때 어려움이 있기 때문이었습니다. 그래서 그는 해안가의 페르시아 주요 도시들을 점령해 나가는 방법을 이용했습니다. 긴급한 상황에서 배를 이용하여 후퇴하기 쉽도록 하기 위함입니다.

마케도니아 군은 지금의 터키 북서부 지방에서 벌어진 최초의 전투에서 페르시아 군에게 대승을 거두었습니다. 기록에 의하면 마케도니아 군은 34명이 전사한 반면 페르시아 군의 전사자는 무려 2만 명이 넘었다고 합니다. 수치야 과장될 가능성이 많아 믿기 어렵지만 페르시아인에게 알렉산더는 분명히 두려운 존재로 각인됐을 것입니다. 이와 같은 과장된 이야기가 페르시아 사람들 사이에 퍼지면서 알렉산더는 일부 지역에선 싸우지 않고도 승리할 수 있었습니다.

당시 페르시아는 말이 이끄는 전차를 활용하여 전투를 했습니다. 무장한 전차에 우수한 전사들이 올라타고 적진 속 깊숙이 들어가 적들을 혼란에 빠뜨리면 후에 보병들이 가세하여 적을 격퇴하는 것이 페르시아의 전술이었습니다.

하지만 알렉산더는 전차들의 진입을 막기 위해 **중장보병의 밀집대형 전술**을 사용했습니다. 이를 통해 페르시아 전차부대의 접근을 막을 수 있었습니다. 페르시아 군대의 선두인 전차부대가 혼란에 빠져 있을 때 알렉산더는 날랜 기병부대를 페르시아 군의 양 측면에 재빨리 투입하여 전열을 붕괴시키는 작전을 펼쳐서 승리를 이끌어 나갔습니다.

기병 말을 타고 싸우는 병사
중장보병의 밀집대형 전술 갑옷, 투구, 방패, 칼 등으로 무장한 병사들이 좁은 간격으로 줄을 맞춰 이룬 대형

동 방 원 정 을　　떠 나 다

기원전 331년 여름, 알렉산더는 드디어 유프라테스 강을 건너 메소포타미아의 심장부까지 진출했습니다. 이제 페르시아의 마지막 숨통

을 끊어 놓는 일만 남은 상태였습니다. 페르시아의 입장에서도 더 이상은 물러설 곳이 없었습니다. 페르시아는 가우가멜라 평원에서 배수진을 치고 최후의 결전을 준비했습니다.

가우가멜라 평원에서의 전투는 전차부대를 주력으로 삼는 페르시아에게는 매우 유리한 전투인 듯 보였습니다. 하지만 앞서 이야기한 알렉산더의 전술 앞에 페르시아는 대패하였습니다. 또한 페르시아 군이 퇴각하는 과정에서 당시 페르시아 제국 황제 다리우스 3세는 부하들에 의해 암살되었습니다. 이는 페르시아 제국의 멸망을 의미하는 것입니다.

알렉산더는 이제 페르시아와 메소포타미아 그리고 이집트와 그리스를 지배하는 황제가 되었습니다. 그러나 그의 팽창 욕구는 여기에서 멈추지 않았습니다. 그는 땅끝까지 지배하고 싶었습니다.

그리하여 알렉산더는 마침내 동방원정을 떠났습니다. 그는 인도의 서북부 지역에 도착하였고(기원전 327), 원정을 계속하여 인도 내륙 진출을 꾀하였습니다. 그러나 인도인들은 강력하게 저항해 왔고, 인도의 무더위에 지친 병사들의 불만은 날로 커져만 갔습니다. 결국 알렉산더는 페르시아로 다시 돌아오게 됩니다(기원전 324).

영웅은 단명하기 때문에 더욱 빛나는 것일까요? 페르시아로 돌아온 알렉산더는 그 이듬해 열병으로 허무하게 운명을 마감합니다. 한때 유럽, 아프리카, 아시아를 호령하던 영웅의 죽음치고 너무도 허망한 죽음이었습니다.

알렉산더와 헬레니즘 문화에는 어떤 관계가?

우리가 주목해야 하는 것은 알렉산더의 삶도 삶이지만 그가 이 원정 과정에서 이뤄 놓은 일들이 오늘날 동서양에 많은 영향을 끼치고 있다는 사실입니다. 알렉산더는 페르시아로 돌아와 황제를 자처하며 페르시아식 예법을 따랐습니다. 그는 마케도니아 또는 그리스의 귀족들에게도 자신을 페르시아의 황제처럼 대할 것을 요구했습니다. 또한 그들에게 페르시아의 문화를 받아들일 것을 강요했습니다. 그들은 페르시아인과 결혼도 해야 했습니다. 이것은 제국을 유지하기 위한 한 방편이었을 것입니다.

반면 알렉산더는 그리스의 문화를 페르시아 지역에 이식시키려고도 했습니다. 그는 정복한 지역에 '그리스식' 도시들을 건설했습니다. 그곳에서는 그리스식 문화가 유행했습니다. 아마도 페르시아와 그리스의 두 문화를 융합하여 좀 더 효과적으로 통치하기 위함이었을 것입니다. 또한

알렉산더 제국(기원전336)
알렉산더 제국의 최대영역 (기원전324)
→ 알렉산더 원정로
● 알렉산드리아

마케도니아
펠라
에페수스
지중해
알렉산드리아
에루살렘
이집트
홍해
흑해
카스피해
아랄해
호리즘
사마르칸트
아르메니아
이수스
안티오크
박트라
박트리아
바빌론
수사
파르티아
페르세폴리스
아라비아
페르시아만
마우리아왕조
아라비아 해

알렉산더 제국

그는 이 그리스식 도시를 '알렉산드리아' 라 이름 지어 자신의 위대함을 과시하고자 했습니다. 그 덕에 오늘날에도 알렉산드리아라는 도시를 이집트나 서아시아에서 만날 수 있습니다.

인도에서도 이와 같은 일이 발생했습니다. 인도인들은 전통적으로 신상을 만들지 않았습니다. 그런데 그리스에서는 신의 형상을 사람처럼 만들고 신도 감정을 가지고 있다고 생각했습니다. 이러한 그리스인의 생각이 인도에 전해지면서 불상이 만들어졌습니다. 물론 그 속에는 그리스의 조각 기술과 표현 양식이 들어가 있었습니다.

이런 양식이 인도의 간다라 지방에서 유행했기 때문에 '간다라 양식' 이라고 합니다. 이 간다라 양식은 중앙아시아를 거쳐 중국과 우리나라에 건너와 불상 양식에 영향을 미쳤습니다.

알렉산더가 죽은 후 이 지역은 그의 부하들이 통치하였습니다. 그들은 알렉산더의 정책을 계승하였는데, 로마에 의해 이 지역이 다시 통일될 때까지 약 200여 년간 동서양의 문화가 잘 어우러졌습니다. 그로 인해 새로운 문화가 형성되었는데, 그것이 바로 '헬레니즘 문화' 입니다. '헬레니즘' 이라는 말은 그리스인들이 자신들을 '헬레네스(헬라스)'라 부른 것에서 나온 말입니다. 헬레네스는 그리스 신화에 나오는 헬렌의 후손이 그리스인 자신들이란 뜻이기도 합니다. 결국 헬레니즘 문화는 그리스 문화가 중심이 되었다는 걸 뜻하기도 합니다.

하지만 그리스 문화는 폴리스를 중심으로 한 고립적이고 이상적인 문화였던 데 반해 헬레니즘 문화는 그리스 문화의 내용을 포함하면서 그 한계를 뛰어넘어 보편적이고 현실적이면서 사람들 개개인의 감정이나 생각을 중시하였습니다. 그로 인해 더 많은 이들에게 친숙한 문화가 되었습니다. 따라서 로마가 이 지역을 지배하면서 자연스레 헬레니즘의 문화를 받아들일 수밖에 없었습니다. 이후 로마는 유럽 전역을 지배하여 그들의 문화를 전파했는데, 그 문화는 헬레니즘 문화가 근간이 되었습니다. 서양 문화는 헬레니즘 문화에서 비롯되었던 것입니다.

교과서로 점프

중학교 2학년 사회 – 그리스와 같은 문화, 헬레니즘 문화
헬레니즘 문화는 좁은 폴리스의 울타리를 넘어 세계화한 문화로서 세계시민주의와 개인주의 사상이 발달했다.

고등학교 2학년 세계사 – 헬레니즘 세계의 성립
알렉산더 제국의 성립으로 그리스와 오리엔트가 하나의 국가로 묶이면서 그리스와 다른 독특한 문화가 발달하게 되었는데, 이 문화를 헬레니즘 문화라고 하며, 이 문화가 발달했던 기원전 3세기에서 기원전 1세기까지를 헬레니즘 시대라고 한다.

알렉산더는 왜 동방원정을 떠났을까?

그리스 세계를 정복한 알렉산더는 왜 거기에서 안주하지 않았을까요? 어떻게 보면 무모할 수도 있는 동방원정을 왜 떠났을까요? 단순히 그의 팽창 욕구 때문에 그랬을까요?

당시 그리스의 동쪽 바다를 건너면 페르시아라는 나라가 있었습니다. 과거에 비록 그리스 세계에 패하긴 했으나 당시에는 가장 강력한 나라였습니다. 그리스 세계가 한창 번영을 누리고 있을 때도 그리스는 독자적으로 살아갈 수가 없는 나라였습니다. 산악 지대가 많아서 농사를 지어 먹고살기가 어려웠기 때문입니다. 따라서 해외 여러 나라들과 무역을 해야 했습니다. 특히 동쪽 바다 건너 소아시아 지방(오늘날 터키 지방)에 있는 나라들이 주요 무역 상대국이었습니다. 그런데 페르시아가 이 지역까지 세

페르시아로 가자.
오리엔트 문명을
향해!

력을 넓혀 직접 지배를 하게 되자 그리스는 원활한 무역을 위해 페르시아와 전쟁을 하게 된 것입니다.

그리스를 점령한 마케도니아에게도 같은 원리가 적용되었을 것입니다. 동쪽의 여러 나라와 교역을 하여야만 마케도니아도 살아남을 수 있었던 것입니다. 또한 남아 있는 그리스 세력들이 페르시아로 넘어가서 마케도니아에게 복수를 해줄 것을 요청하게 되면 페르시아도 이를 선뜻 받아 그리스를 공격할 가능성이 있었습니다. 이것은 그리스를 통일한 알렉산더에겐 큰 위협이었을 것입니다.

게다가 페르시아를 점령하고 있던 지역은 일찍부터 **오리엔트 문명**이 발달하고 있었습니다. 이 지역에는 풍부한 물자와 선진적인 문화가 발달했기 때문에 전쟁을 통해 재력을 확대하던 당시의 풍조상 야심을 가진 서방 사람이라면 당연히 동방원정을 감행해야 했을 것입니다.

오리엔트 문명 : 메소포타미아 문명과 이집트 문명을 합하여 부르는 명칭이다.

그리스 세계의 라이벌 페르시아

페르시아라고 하면 낯선가요? 페르시아는 오늘날 이란 지방에 있었던 나라입니다. 그리고 이란의 과거 왕조 중 하나지요. 우리로 말하면 고구려나 백제, 신라에 해당하는 나라입니다. 페르시아란 말은 이슬람을 수용하기 이전의 명칭이고, 이슬람을 수용하고 난 후 이란이라 부르기 시작했다 합니다.

페르시아의 대표적인 왕은 다리우스 1세입니다. 다리우스 1세는 서아시아 전역에 대제국을 건설했습니다. 그로 인해 위기를 느낀 그리스 세계가 페르시아에 도전을 하는 바람에 다리우스 1세는 그리스로 대규모 병사를 이끌고 가서 전쟁을 치렀습니다. 이 전쟁을 '페르시아 전쟁'이라고 합니다.

그러나 다리우스 1세는 서아시아 지역에서의 팽창과 그 지역에 대한 지배는 비교적 잘했지만 그리스와의 대결에서는 좋은 결과를 얻지 못했습니다.

다리우스 1세

결국 페르시아는 그리스 세계에 패배했습니다.

보통 전쟁의 이름은 승리한 쪽의 의사를 반영하거나 그들과 관계된 명칭을 사용합니다. 그런데 페르시아 전쟁은 패배한 쪽의 이름을 사용했습니다. 이유는 무엇일까요? 그건 바로 페르시아가 비록 전쟁에서는 패배했지만 당시 유럽과 북아프리카, 서아시아를 통틀어 가장 강력한 국가였기 때문입니다. 따라서 후대의 역사가들이 페르시아 중심의 역사를 쓰다 보니 이런 현상이 나타나게 된 것입니다.

페르시아는 '민족명'이기도 합니다. 다리우스 왕들은 아케메네스 가문의 왕들이었습니다. 따라서 이 시기를 '아케메네스 조(朝, 왕조라는 뜻) 페르시아'라 합니다. 후에 '사산'이라는 가문에서 아케메네스 조 페르시아를 계승하겠다면서 '사산 조 페르시아'를 건설했습니다.

불교를 세계적 종교로 만든 왕

아소카 왕

(Asoka, 기원전 3세기경 재위)

사람들이 죽으면 천당이든 극락이든 좋은 곳으로 가길 바랍니다. 다음 세상이 있다면 좀 더 나은 세상에서 살고 싶다는 생각이 드는 것은 불교가 널리 전파되어 사람들 의식 속에 자리 잡았기 때문입니다. 우리가 불교를 믿건 믿지 않건 간에 말입니다. 그 불교가 어떻게 우리에게 다가왔을까요? 바로 인도의 아소카 왕 때문입니다.

못생긴 왕이지만 가장 위대한 왕

아소카 왕은 인도 고대 왕국인 마우리아 왕조의 세 번째 왕이었습니다. 마우리아 왕조는 인도 전역을 처음으로 통일한 왕조입니다. 아소카 왕의 통치 시절에 마우리아 왕조는 가장 번성했지요. 영국의 유명한 역사학자인 웰즈는 역사상 가장 위대한 왕이라고 그를 칭찬하기도 했답니다. 그 이유는 왕으로서 국가를 어떻게 통치해야 되는가에 대한 철학이 매우 깊고, 그 인격이 높았기 때문입니다.

27

아소카 왕이 정확히 언제 태어났는지 그리고 그의 어린 시절이 어땠는지는 알 수가 없습니다. 왜냐하면 기록이 없기 때문입니다. 아소카 왕과 관련된 기록들은 불경과 설화를 통해 조금 알 수 있을 뿐입니다.

전해 내려오는 이야기에 의하면 아소카 왕은 왕이 될 수 없었던 사람이었나 봅니다. 인도에서는 잘생긴 사람들이 왕이 되어야 한다는 믿음이 있었는데 아소카 왕은 매우 못생긴 사람이어서 왕이 될 수 없었다고 합니다. 아마 아소카가 왕이 되는 과정에 많은 어려움이 있었다는 이야기를 재미있게 하려다 보니 이렇게 만들어졌다고 추측이 됩니다. 어쨌든 기록에 의하면 아소카 왕은 부왕이 죽은 후 4년 뒤에 왕위에 올랐습니다. 분명 왕이 되는 과정에 많은 어려움이 있었던 모양입니다. 그때가 기원전 269년경입니다.

그는 왕이 될 만한 자질을 증명하기 위해서 이웃한 지역들을 정복해 갔습니다. 그것도 잔인하게 말입니다. 특히 잘생기고 예쁜 사람들은 그의 칼날에 의해 무참히 살해되었다고 합니다. 하지만 이 이야기를 아소카 왕 입장에서 해석해 보면 그가 싸움을 잘했다고 이해할 수 있습니다. 그런데 당시 왕들은 정복 전쟁에서 승리를 많이 할수록 훌륭한 왕이었습니다. 영토를 늘려야만 백성들에게 나눠 줄 것들이 늘어나기 때문입니다. 그래야만 왕 노릇 잘한다는 평가를 받을 수 있으니까요.

착 한 임 금 으 로 변 하 다

기원전 262년, 아소카 왕은 인도 중부 지방 동쪽에 있던 칼링가라는 왕국을 공격했습니다. 칼링가 왕국에는 당시 보병만 6만 명 이상, 기병 1,000명, 코끼리 700마리 이상의 훈련이 잘된 군대가 있었습니다. '이런 군대를 항상 갖추었다.'는 뜻으로 '상비군'이라 부릅니다. 당시 이 정도 규모의 상비군을 보유했다는 것은 그 국력이 상당했음을 의미하는 것입니다. 군대를 유지하기 위해서는 많은 비용이 들기 때문입니다. 따라서 칼링가 왕국과의 전투는 아소카 왕에게는 왕국을 확대하고 지배하는 데 매우 중요한 일이었을 것입니다.

치열했던 전쟁은 아소카 왕의 승리로 끝났습니다. 하지만 마지막 전투를 끝내고 처참한 광경을 목격하게 된 아소카 왕은 깊은 고민에 빠졌습니다. 이런 전투가 과연 의미 있는 싸움인지에 대해 회의를 품기 시작한 것입니다.

피투성이가 된 채 널브러져 있는 시신들, 고통 속에 절규하는 부상자들, 두려움에 떨고 있는 포로들, 굶주림에 고통받을 포로 가족들을 생각해 보니, 아소카 왕은 자신의 정복 활동이 얼마나 많은 이들을 고통스럽게 하는지를 깨달았습니다.

또한 힘으로 정복한 지역이라 해도 그곳에 사는 사람들의 마음까지 정복할 수 없음을 깨달았습니다. 아소카 왕이 더욱 강하게 힘으로 지배하려 할수록 사람들은 그 힘에서 벗어나고자 노력했습니다. 아소카 왕은 이때 사람들을 지배하려면 힘이 아니라 도덕적 설득을 통해 마음을 움직여야 한다는 것을 비로소 알았습니다. 또 왕의 영광은, 지배하는 영토의 넓이에서 나오는 게 아니라 백성들이 도덕을 중시하고 안정된 생활을 영위할 수 있도록 터전을 만들어 주는 데서 나온다는 것을 알게 되었습니다. 이를 위해서 그는 '비폭력 불살생'을 생활신조로 삼고 평화 속에서 위안을 찾으려 노력했습니다.

불 교 를   통 해   세 상 을   지 배 하 라

아소카 왕의 '비폭력 불살생'의 생활신조는 당시 인도 사회에서 뿌리를 내리기 시작한 불교와 맥이 닿아 있었습니다. 그는 친구이자 스승인 우파 굽타라는 승려의 설득으로 불교를 믿게 되었습니다. 이때부터 아소카 왕은 불경을 공부하고 성지 순례를 10년 동안이나 매해 다니는 등 불교에 심취했습니다.

아소카 왕은 백성들의 안녕과 행복 그리고 평화의 달성은 왕이 추구해야 할 의무라고 생각하여 불교를 통해 이를 달성하고자 했습니다. 따라서 그는 인도 전역에 불교를 보급하고자 '포교단'을 만들어 파견했으며, 아시아는 물론 유럽, 아프리카로 불교사절단을 파견하기도 했습니다. 특히 가까이에 있는 스리랑카(옛 이름 실론)에는 아소카의 아들과 동생을 보내어 불교 보급에 힘썼습니다. 그들은 스리랑카를 소승불교의 대표적인 국가로 만들었습니다.

아소카 왕은 불교를 바탕으로 인도인들이 지켜야 할 실천 윤리를 마련했습니다. 즉 부모나 스승 또는 연장자를 공경하고, 고행을 하는 사람이나 승려, 친척, 불쌍한 사람에게 친절하고, 동정심을 가져야 하며, 개인적으로는 관용과 진실 그리고 청렴의 마음을 갖기를 강조하고, 이를 행동 규범으로 만들었습니다. 이를 통해 인도인 모두가 화목하고 평화롭게 살 수 있도록 하고 싶었던 것이 아소카 왕의 마음이었습니다.

이러한 그의 생각을 사람들에게 보급하기 위해 그는 돌기둥(석주)을 만들어 그의 사상을 새긴 후 전국에 세워 놓았습니다. 기록에 의하면 이러한 돌기둥이 전국에 8만 4,000여 개나 세워졌다고 합니다. 돌기둥에 새겨진 기록에 의하면 사람이나 동물에 대한 살생을 금지하여 생명의 신성함을 강조했고, 궁중에선 육식을 금하고 사냥을 중지했다고 합니다. 그리고 오락을 금하고 종교적 축제를 장려하며 술과 도박 등을 규제했다고 합니다.

어쩌면 아소카 왕은 인도라는 사회에 지상낙원을 만들려고 했던 모양입니다. 적어도 아소카 왕이 살아 있는 동안은 이런 평화가 비교적 잘 유지됐던 것 같습니다. 하지만 아소카 왕이 기원전 232년경에 사망하고 난 후에는 이런 정책이 제대로 유지되지 못했습니다. 인도 사회는 권력을 차지하기 위한 다툼과 영토를 확보하기 위한 전쟁을 다시 시작했습니다. 비록 아소카 왕의 개혁 정책은 인도 사회에 완벽하게 정착하지 못했지만 그가 보급했던 불교는 인도 특정 지방의 종교에서 오늘날 사람들에게 자비와 사랑을 가르치는 세계 종교로 성장하였습니다.

아소카 왕의 석주 전해 오는 이야기에 따르면 8만 4,000여 개가 세워졌다고 하지만 현재는 10여 개만이 남아 있다.

아소카 왕이 쓴 교과서

대승불교와 소승불교는 어떻게 탄생했을까?

아소카 왕 시절의 불교는 탄생한 지 얼마 되지 않은 때여서, 사람들은 그저 석가모니처럼만 될 수 있으면 좋겠다고 생각했습니다. 즉 고행과 수도를 통해 자신을 깨닫고 석가모니 말씀과 불경을 공부하여 그 뜻을 깨달아 괴로운 상황에서 벗어나 안정되고 편안한 상태(해탈)에 이르는 것이 목표였습니다. 이러한 목표에 도달하는 것은 온전히 개인의 몫이었습니다. 개인이 얼마나 수도와 고행 을 하고 불경 연구를 하느냐에 따라 그 사람의 상태가 결정되는 것이지요.

불교는 앞에서 말한 바대로 아소카 왕 시절 인도에 보급되었고 이웃한 스리랑카로 전파되었으며, 이를 통해 동남아시아 지역으로 퍼져 나갔습니다. 지금 대표적인 불교 국가들은 미얀마, 타이, 스리랑카 같은 나라이며, 이외에도 동남아시아 지역의 많은 사람들이 불교를 믿고 있습니다.

마우리아 왕조가 멸망한 지 100여 년 후 인도 서북부 지역에 '쿠샨'이란 커다란 왕조가 건설됩니다. 그 사이에 불교계에서는 많은 연구가 진행되어 이론 면에서 더욱 발전하였습니다. 쿠샨 왕조는 발전된 불교 이론을 가지고 국가를 운영하려 했습니다.

쿠샨 왕조 시절에 불교는 석가모니를 신격화시켰고, 실존하지 않았지만 불교 이론을 상징화시킨 다른 4명의 부처님을 만들어 냈습니다. 이러한 부처님을 믿고 그의 말씀을 따르는 모든 사람들은 현실의 고통과 괴로움에서 벗어날 수 있다고 주장했

소승불교의 대표 국가인 태국의 불상 모습 인도의 문화 요소를 많이 포함하고 있다.

습니다. 개인의 해탈도 중요하지만 더 많은 사람들을 한꺼번에 고통 속에서 구제해 줄 수 있다는 이론을 만든 것이지요. 이러한 이론을 만든 승려들은 불교를 수레바퀴와 비교하여 큰 바퀴를 가진 수레는 한 번만 굴러도 많은 사람들을 구제할 수 있으므로, 자신들이 믿는 불교를 큰 바퀴의 불교, 즉 '대승불교'라 부르고, 아소카 왕 시절의 불교는 그렇지 않으니 작은 바퀴라는 뜻의 '소승'이란 이름을 붙여 불렀습니다. 이렇게 되어 '소승불교'라는 이름이 붙게 되었지만 소승불교를 믿는 승려와 신도들은 이 이름을 좋아하지 않을 것입니다.

어쨌든 대승불교는 쿠샨 왕조의 지원을 받으며 인도 사회는 물론 이웃

한 여러 나라에 보급되었습니다. 쿠샨 왕조가 인도 북부에 위치해 있었던 관계로 대승불교는 북쪽 방면으로 퍼져 나갔습니다. 특히 중앙아시아와 연결된 위치에 쿠샨 왕조가 있었기 때문에 중앙아시아의 유목민족에게 대승불교가 전달되었고, 유목민족들의 이동에 의해 다시 주변 지역으로 전파되었습니다. 이 과정에 중국에도 전달되었고, 중국에서 다시 우리나라로 전달되었으며, 우리나라에서 다시 일본으로 전달되어 동아시아 지역에서는 대승불교가 크게 번성했습니다.

중학교 1학년 사회 – 인도 불교 왕조의 발달
기원전 4세기 말에 등장한 마우리아 왕조는 북부 인도 지방을 통일했다. 제3대 아소카 왕은 인도의 대부분을 통일하고, 중앙집권 통치 체제를 확립했다.

고등학교 2학년 세계사 – 불교의 등장과 통일 제국의 발전
불교는 기원전 5세기경에 고타마 싯다르타(석가모니)에 의해 창시되었다. 그는 브라만교의 지나친 권위주의와 엄격한 신분 차별 등에 반대하고, 인간의 평등과 윤리적 실천을 통한 해탈을 가르쳐 **크샤트리아와 바이샤**의 환영을 받았다.

크샤트리아, 바이샤 인도의 신분 제도를 카스트라고 한다. 그중 제2신분과 제3신분에 해당하는 것이 크샤트리아와 바이샤이다. 크샤트리아는 관료나 전사 계급의 사람들이고, 바이샤는 생산 활동을 하는 평민 계급을 말한다. 제1신분은 브라만(승려)이고 제일 낮은 신분은 수드라(천민)이다.

궁금한건 못참아!

아소카 왕은 왜 불교를 선택했을까?

오늘날 많은 나라에서는 기본적인 국가 운영 원리로 자본주의를 선택하고 있습니다. 그렇다면 자본주의가 등장하기 전에는 어떤 원리로 국가를 운영했을까요?

우리나라를 예로 들면 고대 사회에 해당하는 삼국 시대에는 불교를 중심으로 유학의 내용을 일부 채용하여 국가를 운영했고, 중세 사회에 해당하는 고려 시대에는 유교는 정치 운영 원리로, 불교는 사회 운영 원리로 사용했습니다. 또 조선 시대에는 정치, 사회, 문화, 경제 등 대부분의 영역에서 유학의 새로운 형태인 성리학을 운영 원리로 사용했습니다. 이렇듯 시대와 공간에 따라 다양한 원리를 채택하여 국가를 운영하고 있었습니다.

불교나 유교는 도덕을 바탕으로 보편적인 운영 원리를 가지고 있어서 사회 통합과 정치 이념으로 활용할 수 있었습니다. 다만 불교가 종교적 색채가 강하다면 유교는 정치·사회와 관련된 색채가 강합니다. 아소카 왕은 인도에서 처음으로 넓은 영역을 지배하게 된 왕이었습니다. 이 넓은 지역에는 수많은 사람들이 다양한 신들을 믿으며 살고 있었습니다. 그 수많은 사람들과 다양한 신앙 체계를 그대로 두고 커다란 제국을 운영할 수는 없었을 것입니다. 아소카 왕에게는 대제국을 운영할 수 있는 원리가 필요했습니다. 그래서 선택한 것이 불교였습니다. 불교를 통해 갈등과 대립 그리고 혼란 속에 있던 사람들의 의식을 진정시키고 사회 통합을 이룩하고자 했던 것입니다.

아소카 왕에 대한 기록은 왜 없을까?

아소카 왕은 인도에서 본다면 매우 위대한 왕입니다. 우리로 말하면 고구려의 광개토왕과 비교될 수 있는 존재라 할 수 있습니다. 물론 광개토왕과는 통치에 관한 입장 차이가 있지만 그 업적에 있어서 보면 별 차이가 없어 보입니다. 어쨌든 두 사람은 대단한 왕이었습니다. 이 정도 대단한 왕이라면 분명 그들을 기록한 내용이 풍부해야 합니다. 하지만 어찌된 일인지 아소카 왕과 관련된 기록은 아소카 왕이 세운 돌기둥(석주) 몇 개와 불경에 등장하는 전설 같은 이야기 그리고 사람들 입에서 입으로 전달된 설화가 전부입니다. 너무 오래전 일이기 때문에 기록이 남지 않았을 수도 있습니다. 하지만 또 다른 이유가 있습니다.

인도에서는 전통적으로 '화장(火葬)'을 했습니다. 화장이라 하면 시신을 태워 장례를 지내는 일을 말하지요. 이때 단순히 시신만 태우기도 하지만 그 사람과 관련된 또는 그 사람이 생전에 좋아하던 것들도 함께 태우곤 합니다. 이렇듯 인도에서 화장의 풍습이 발달하다 보니 죽은 사람과 관련된 것들을 남기지 않는 풍습이 생기게 된 것입니다. 또한 윤회에 대한 믿음이 강했기 때문에 그 사람의 현생에서의 삶을 그리 중요하게 여기지 않았습니다. 이와 같은 인도의 전통적 관습과 생각으로 인해 우리는 아소카 왕의 기록을 소상히 알 수가 없습니다. 그가 언제 태어나고 어떻게 죽었는지 말입니다.

갠지스 강 화장터의 모습

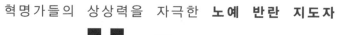

혁명가들의 상상력을 자극한 **노예 반란 지도자**

스파르타쿠스

(Spartacus, ?~기원전 71)

스파르타쿠스라 하면 '누구지?' 하고 생각하게 되지요?
로마 시대 역사책에 보면 단 몇 줄 기록되어 있는 인물입니다.
그렇지만 19세기 말~20세기 초의 유명한 사상가나 혁명가들은 그를
위대한 인물로 생각했습니다. 왜 그들은 이름도 널리 알려지지 않은 이 사람을 찬양했
을까요?

스파르타쿠스를 기록한 사람들

오늘날 로마는 이탈리아를 대표하는 도시지만 옛날에는 유럽과
아프리카와 아시아를 지배하던 거대한 제국이었습니다. 스파르타쿠스
가 활약하던 시대에 로마는 장화 모양의 이탈리아 반도를 막 통일하고
아프리카와 아시아로 세력을 확대하던 때였습니다. 그런 강력한 로마
사회를 뒤흔들었던 사람이 바로 노예 출신의 스파르타쿠스였습니다.

스파르타쿠스는 기원전 73~기원전 71년 사이에 노예와 가난한

자유민이 주축이 된 반란군을 이끌었던 사람입니다. 그는 로마의 정예 군대를 공격하고 로마인들에게 충격을 주었습니다. 그런 그를 기록한 사람들은 키케로, 살루스티우스, 리비우스, 플루타르코스, 아피아누스, 파테르쿨루스, 플로루스, 프론티누스, 아테나이오스, 오로시우스 등이 었습니다. 이름이 어렵죠? 그리스인과 로마인의 이름입니다. 이들 중 대부분의 사람들은 스파르타쿠스에 대한 언급을 한두 줄에 그쳤고, 그리스인인 플루타르코스와 아피아누스, 두 사람은 스파르타쿠스에 대해 비교적 많은 양의 기록을 남겼습니다.

물론 스파르타쿠스가 주인공은 아니었고, 같은 시대의 유명한 로마인을 기록하면서 그 로마인과 비교되는 인물로 스파르타쿠스를 기록했습니다. 따라서 그 기록은 자세하지도, 정확하지도 않습니다. 하지만 18~19세기의 유명한 철학자나 혁명가들은 스파르타쿠스를 위대한 사람으로 생각하고 그를 닮으려 했습니다.

그런데 가난한 자유민과 노예에게는 희망이었고, 지배자들이었던 로마인에게는 두려움의 대상이었던 스파르타쿠스를 왜 잘 기록하지 않았을까요? 그건 스파르타쿠스가 노예였기 때문입니다. 로마인들에게 스파르타쿠스는 자신들이 키우던 애완동물보다도 못한 존재였으니까요. 그런 존재를 두려워했던 자신들을 스스로 기록하기가 창피했던 것이죠.

노 예 가 되 기 까 지

후대 역사가들은 스파르타쿠스가 20대 후반에서 30대 초반에 '노예 부대'를 이끌고 활약했을 것으로 짐작하여, 기원전 100년 즈음에 그가 태어났다고 추정합니다.

스파르타쿠스는 로마인이 아니었습니다. 그는 오늘날 불가리아 지방, 그 당시에는 '트라키아'라고 불리는 지방의 사람이었습니다. 그는 노예로 태어난 것도 아니었습니다. 왜냐하면 트라키아 지방에 그의 이름을 딴 마을이 있습니다. 노예의 이름을 따서 마을 이름을 짓는 일은 없을 테니까요. 그러므로 스파르타쿠스는 트라키아에서 꽤 능력 있는 가문의 사람이었을 거라고 추정됩니다.

　　그는 더 많은 자유와 재산을 얻기 위해 로마 군대의 군인이 되었을 것입니다. 당시 로마는 이탈리아 반도를 통일하고 그 세력을 지중해 주변의 여러 지역으로 확대하고 있었기에 많은 군인들이 필요했습니다. 하지만 로마 사람들은 이미 편안한 생활을 누리고 있었기 때문에 힘든 군 생활을 하고 싶지 않았습니다. 따라서 로마 정복지에서 자원입대하는 젊은이들을 받아들여 군대를 유지하고 있었습니다. 아마 스파르타쿠스도 이때 로마 군대에 입대했을 것입니다.

　　스파르타쿠스는 타고난 전사였다고 합니다. 그런 그가 로마 군대에 입대해서 공훈도 세우고 군사 작전도 배웠을 것입니다. 이 시절에 배운 군사 기술은 후에 로마 군대를 물리치는 데 많은 도움을 주었겠죠.

　　그런데 스파르타쿠스의 고향에서 반란이 일어났습니다. 로마 군대는 출동했고 그 속에 스파르타쿠스가 있었습니다. 스파르타쿠스는 이 상황을 괴로워하다가 지휘관의 명령을 어기고 자신이 지켜야 할 병영에서 도망쳤습니다. 그러고는 로마 군대와 싸우는 산적이 되었습니다. 하지만 그의 산적 생활은 오래가지는 못했습니다. 산적으로 생활을 했으니 당연히 로마 군대가 체포해야 하는 사람이 되었던 것입니다. 스파르타쿠스는 결국 로마군에게 붙잡혔습니다. 탈영자들은 사형을 당하거나 노예가 되어야 했는데 스파르타쿠스는 노예가 되었습니다. 그는 뛰어난 전사였기 때문에 죽여 없애기보다는 노예로 활용하기로 한 것입니다.

검 투 사   스 파 르 타 쿠 스

로마에서는 남자다움과 용기를 미덕으로 쳐주었습니다. 로마인에게는 피를 흘리며 싸움하는 사람들의 모습이 '아름다운' 모습으로 보였습니다. 로마는 정복전쟁을 통해 필요한 노동력과 물자를 얻을 수 있었습니다. 따라서 전쟁을 끊임없이 해야하는 상황이었죠. 그래서 평화로운 일상에서도 항상 전쟁터에 있는 듯한 분위기를 만드는 것이 중요했을 것입니다. 이런 핏빛 스포츠는 로마인들에게 전장의 긴장감을 유지시켜 주었습니다. 로마 군중들은 더 많은 피가 흐르는 싸움을 더 많이 볼 수 있기를 원했습니다. 정치가들은 군중들의 마음을 사로잡기 위해 검투사들의 싸움을 더 많이 열려고 노력했습니다. 따라서 더욱 많은 검투사들이 필요했고, 그들이 더욱 잔인하게 상대를 죽여야만 인기와 생존을 유지할 수 있었습니다.

검투사가 경기장에 서면 그가 맞상대하는 것은

영화 〈스파르타쿠스〉의 한 장면

사자, 호랑이 같은 맹수거나 아니면 훈련이 잘 된 검투사였습니다. 경기는 둘 중 한 명이 죽어야만 끝났습니다. 상대를 죽이지 않는다면 자신이 죽어야 하는 상황이었습니다. 상대를 죽이더라도 검투사는 며칠 후 다시 경기장에서 또 다른 상대와 싸워야 했습니다. 그리고 언젠가 자기보다 강한 사람을 만날 수밖에 없었습니다. 결국 검투사들은 사형선고를 받아 놓은 사형수와 같은 입장에 놓여 있었습니다.

검투사들은 사회 맨 밑바닥 계층이었습니다. 그들은 노예였으니 당연히 그러했겠지요. 또한 검투사들은 튼튼한 육체와 뛰어난 무술과 운동 신경을 갖춘 인간 병기였으므로 매우 위험한 존재였습니다. 그런 그들이 혹시나 딴마음을 먹어서는 안 되니 로마인들은 그들을 더욱 철저하게 억압했겠죠. 그래서 검투사들은 혐오의 대상이었습니다. 그들은 공동묘지에 묻힐 수도 없는 사람들이었습니다.

스파르타쿠스는 이탈리아 남부의 '카푸아'라는 도시에서 검투

사 훈련을 받았습니다. 훈련은 매우 가혹했습니다. 로마인들의 기쁨을
위해 죽어가야 하는 존재로 항상 거친 음식을 먹고 감시의 눈초리를 받
으며 때로는 혹독한 매질을 당해야 했습니다. 그에게 삶은 무의미한 것
이었고 경기장은 그의 무덤이었습니다.

가 난 한   이 들 과   노 예 들 의   희 망

기원전 73년, 스파르타쿠스는 동료들을 설득하여 탈출을 시도했습니다. 처음 그와 함께한 동료들은 70여 명이었습니다. 최고의 싸움 기술을 가진 검투사들에게 몇 명의 경비병은 상대가 안 됐습니다. 카푸 아에서 탈출할 때 발생한 스파르타쿠스의 전투는 그날 스파르타쿠스 무리의 승리만이 기록되었을 뿐 얼마나 많은 이들이 어떤 방식으로 승리했는지는 알려지지 않았습니다.

스파르타쿠스의 무리가 로마의 진압 부대와 최초로 싸워 이긴 곳은 폼페이란 도시를 순식간에 매몰시킨 화산, 즉 베수비오 산에서였습니다. 로마에서 최초로 스파르타쿠스를 진압하라고 보낸 인물은 글라베르라는 사람이었고 그는 3,000명의 병사들을 이끌고 있었습니다. 스파르타쿠스는 스스로 궁지에 몰린 척 글라베르를 유인한 후 뒤쪽을 공격하여 크게 승리합니다. 로마는 2만 명의 병력을 다시 보냈지만 이 병력들도 스파르타쿠스의 무리를 이기지는 못했습니다.

기원전 72년에 이르러 스파르타쿠스를 따르는 무리는 7만 명이 되었습니다. 스파르타쿠스가 주로 활약하던 곳은 이탈리아 남부의 캄파니아 지방이란 곳이었는데, 그곳은 평야 지대로 많은 대농장들이 있었습니다. 그곳에 있는 수많은 노예들이 스파르타쿠스의 승리 소식을 듣고는 대농장으로부터 도망쳐 속속 노예 부대에 참여하였습니다.

스파르타쿠스의 무리에는 노예뿐만 아니라 로마의 지배하에서 살기가 어려운 가난한 사람들도 참여했습니다. 그들은 가족 단위로 참여하기도 했습니다. 그래서 스파르타쿠스의 무리에는 남녀노소가 다양하게 있었습니다.

　이처럼 많은 이들이 스파르타쿠스에게 달려간 이유는 무엇일까요? 그것은 자유와 평등에 관한 희망 때문이었습니다. 고향으로 돌아갈 수 있다는 희망, 로마로부터 자유를 얻을 수 있다는 희망, 예전처럼 사람같이 살 수 있다는 희망을 스파르타쿠스 무리 속에서 느꼈거나 느끼고 싶어했기 때문입니다.

　스파르타쿠스는 이동하는 과정에서 지나쳤던 도시와 마을로부터 필요한 물자를 약탈했습니다. 이때 과도한 약탈은 최대한 억제하고 약탈한 물자는 필요한 사람 모두에게 골고루 나눠 줬다고 합니다. 그리고 중요한 의사를 결정할 때 주위의 여러 사람들과 의논하여 결정했다고 합니다. 이러한 스파르타쿠스의 생각과 행동은 노예와 가난한 이들에게 새로운 기대와 힘이 되었을 것입니다.

스파르타쿠스가 쓴 교과서

노예들에겐 너무나 비참했던 사회

역사를 크게 구분할 때 고대, 중세, 근대, 현대라는 큰 덩어리로 나눕니다. 이런 구분은 유럽의 역사학자들이 시작했고, 많은 나라들이 이를 수용하여 오늘날까지 사용하고 있습니다.

서양사에서는 '고대 사회'라 하면 그리스와 로마가 탄생하여 발전하고 멸망해 간 시기를 말합니다. 이 두 지역에서는 도시가 하나의 국가를 형성했습니다. 예를 들면 그리스의 아테네는 오늘날 그리스의 도시 중 하나지만 고대 사회에서는 아테네가 하나의 국가였습니다. 이 도시에 살던 자유민은 약 4만 명 정도 되었다고 합니다. 매우 작은 국가이지요? 여기에는 외국인과 여자 그리고 노예는 포함되지 않았습니다.

로마 역시 하나의 국가였으나 도시 국가로 머물지 않고 지중해와 맞닿아 있는 유럽, 아프리카, 아시아 지역을 지배하는 거대한 제국으로 성장했습니다. 그래서 '로마 제국'이라고도 하지요. 두 지역은 출발은 같았지만 국가가 성장하는 과정에서 다른 모습을 갖게 됩니다. 그럼에도 두 사회를 고대라는 하나의 틀로 묶은 것은 어떤 공통점이 있어서였을까요?

여러 가지 공통점이 있지만 가장 핵심적인 것은 '노예제'였습니다. 그리스와 로마는 노예들의 노동에 의해 생산 활동 및 기타 활동이 이뤄졌습니다. 따라서 노예가 있는 그리스의 시민들이나 로마의 시민들은 생업으로부터 벗어나서 다른 일들을 할 수 있었습니다. 그리스인은 주로 정치와 학문, 예술 쪽에 관심을 두었고, 로마인은 주로 먹고 마시고 노는 일에 관심을 두었던 듯합니다.

두 사회의 노예들은 얼마나 많았는지 알아볼까요? 아테네가 전성기였던 기원전 5세기 때, 정치에 참여할 수 있는 시민(남자) 4만 명, 가게나 농장에서 일을 하는 남자 노예 3만 5,000명, 집안일을 하는 남녀 노예 2만 5,000명, 허드렛일을 하는 미성년 남녀 노예 1만 명, 광산에서 일하는 노예 2만 명이었다고 합니다. 결국 시민 4만 명을 먹여 살리기 위해 두 배가 넘는 9만 명의 사람들이 일을 하고 있었던 것입니다.

로마의 경우도 비슷합니다. 로마 시민권을 가진 성인 남자는 약 90만 명 정도가 있었고, 노예들은 약 200~300만 명 정도였다고 합니다. 앞서 본 것처럼 검투사가 되어 로마인들을 즐겁게 해주다 죽는 노예들도 있었지만 그 외에도 노예들은 다양한 일들을 했습니다. 가정교사, 요리사, 술 따르는 사람, 목욕 시중을 드는 사람, 편지를 나르는 사람, 광대, 집안일을 하는 사람, 생산 활동을 전담하는 사람 등 수고로운 일은 모두 노예들이 했습니다. 로마에서는 가난한 사람이라도 노예 3명 정도는 소유했다고 하니 얼마나 많은 사람들이 노예로 있었는지 알 수 있을 것 같습니다.

노예들은 인간 취급을 받지 못했습니다. 그들은 재산이었습니다. 그들은 능력이 뛰어날수록 비싼 값에 팔렸는데, 지적 수준이 높거나 뛰어난 예술적 감각이 있거나 스파르타쿠스처럼 운동을 잘하면 높은 가격이 매겨졌습니다. 이들의 삶과 죽음은 주인에게 달려 있었습니다. 예를 들면 송진을 흠뻑 적신 망토를 입힌 후 불을 붙여 죽인다든가 십자가에 못을 박아 매달아 죽이기도 했다고 합니다.

이런 삶을 살아야 하는 사람이 자유롭고 즐겁게 사는 사람들보다 많은 사회가 '고대 노예제 사회'였습니다. 그리스와 로마 사회는 높은 문화 수준을 가지고 있었고, 대다수 그리스의 자유민들은 정치에 참여했으며, 로마 군대는 전쟁에 참여하여 국가 발전을 이룩했습니다. 이런 결과는 바로 노예들에 대한 가혹한 착취를 통해 이뤄진 것입니다. 이런 사회가 다시는 오면 안 될 것입니다. 인간은 누구나 태어나면서 똑같은 권리를 가지고 태어나니까요. 그걸 깨닫는 데 수천 년의 시간이 필요했습니다.

교과서로 점프

중학교 2학년 사회 – 로마, 왕정을 벗어나 공화정 이룩
오랜 전쟁으로 자영 농민층이 몰락한 반면 부유층은 농민의 토지를 사들여 대토지를 소유하고, 노예를 이용하여 **라티푼디움**을 경영했다.

고등학교 2학년 세계사 – 지중해를 제패한 도시국가 '로마' .
로마의 대외적 팽창은 로마 사회 내부에 큰 변화를 가져왔다. 자영 농민층이 몰락하고 노예 노동으로 라티푼디움을 경영하는 유력자들이 신귀족층을 형성하면서 공화정은 위기를 맞이했다.

라티푼디움 로마 공화정 말기에 해외에서 등장한 대농장을 말한다. 로마의 부유층들은 정복전쟁을 통해 전리품으로 얻은 영토를 노예를 이용하여 대농장으로 만들었다. 라티푼디움에서 생산된 값싼 농산물이 로마 시장에 들어옴으로써 로마 시민(농민)들이 몰락하게 되었고 그로 인해 공화정도 붕괴되었다.

스파르타쿠스는 왜 패배했을까?

스파르타쿠스 부대의 사람들은 크게 세 갈래로 나뉘었습니다. 하나는 오늘날 프랑스 지방을 뜻하는 갈리아 지방 출신 사람들, 또 다른 사람들은 오늘날 독일의 게르만족 출신의 사람들, 마지막은 트라키아 사람들이었습니다. 그들은 대부분 로마의 정복지 사람들이었습니다.

지휘관의 출신에 따라 이 부대를 어떻게 끌고 가야 하는지에 대한 입장도 달랐던 모양입니다. 스파르타쿠스에게는 함께 노예 부대를 이끌던 크릭수스라는 지휘관이 있었습니다. 그는 갈리아 출신이었습니다. 크릭수스와 갈리아인, 게르만인들은 스파르타쿠스와 뜻을 달리했습니다.

스파르타쿠스와 그를 따르는 무리는 빨리 이탈리아 지역을 벗어나 고향으로 돌아가고자 했습니다. 많은 수의 사람들을 이끌고 바다를 건너기 위해서는 배가 많이 필요했는데 그 당시 배를 타고 바다를 건너는 일은 쉬운 일이 아니었습니다. 스파르타쿠스가 선택한 길은 이탈리아 북쪽으로 가서 알프스 산맥을 넘어 고향으로 가는 것이었습니다.

반면 크릭수스가 이끄는 무리들은 이탈리아 남부에 남아 물자가 풍부한 캄파니아 지방을 좀 더 약탈한 후 이동하기로 했던 모양입니다. 이렇게 되어 스파르타쿠스를 따르는 무리와 크릭수스를 따르는 무리가 나뉘게 되었습니다.

스파르타쿠스는 약 4만여 명의 사람들을 이끌고 북쪽으로 이동했고 크릭수스는 약 3만여 명의 사람들과 이탈리아 남부에 남게 되었습니다.

그 당시 스파르타쿠스의 활약 지역

이즈음 로마 정부는 노예들의 봉기를 진압하기 위해 로마의 최고 권력자인 집정관 2명과 4개 군단 3만여 명을 급히 남부 지역으로 보냈습니다. 그리하여 로마 군은 크릭수스의 부대와 대결하게 되었습니다.

크릭수스는 비교적 경험이 풍부한 지휘관이었지만 지금껏 싸워 온 로마 군과 사뭇 다른 로마의 정예군에게는 역부족이었습니다. 로마 군대는 크릭수스를 격파한 후 다시 스파르타쿠스를 추격하기 시작했습니다.

스파르타쿠스의 무리는 처음에는 로마 군을 물리쳐 가며 곧 알프스 산맥을 넘어 자유의 품으로 돌아갈 수 있는 듯 보였습니다. 그런데 스파르타쿠스는 알프스 산맥을 앞에 두고 지금까지와는 다른 결정을 했습니다. 아마도 처음 보는 알프스 산맥이 생각보다 너무 거대해서 4만여 명의 사람들을 추스르면서도 추격해 오는 로마 군과 맞싸운 채 산을 넘을 자신이 없었던 것 같습니다. 또한 부하 장수들이 물자가 풍부하고 살기가 좋은 이탈리아 남부를 버리고 미개하고 가난한 땅으로 돌아가는 것을 반대했던 모양입니다. 이런 상황에서 스파르타쿠스는 알프스 산맥을 넘는 대신 시칠리아 섬으로 건너가 새로운 왕국을 건설하기로 마음먹습니다. 그곳은 예전에 노예 봉기가 일어났던 곳이었습니다.

스파르타쿠스의 노예 부대는 방향을 바꿔 이탈리아 남쪽 끝으로 향했습니다. 시칠리아 섬으로 가기 위해서는 메시나 해협을 건너야 했는데, 그 지역에는 이미 로마에서 파견된 정예부대가 진을 치고 있었습니다. 그곳은 산악 지대라 숨어서 버틴다면 스파르타쿠스에게 유리했을지도 모릅니다. 하지만 그는 로마 군과 전면전을 전개했습니다. 정확한 이유는 모르지만 스파르타쿠스는 패배했습니다. 아마도 산악 지대에서 큰 무리를 이끌고 싸움을 해나가는 것이 버거웠을 것입니다. 싸움에서 스파르타쿠스가 전사했는지, 아니면 탈출했는지, 아니면 살아남은 6,000여 명의 사람들과 함께 십자가에 못이 박혀 로마로 들어가는 도로 양옆에 세워져 오랜 고통 끝에 죽었는지는 알 수가 없습니다.

스파르타쿠스의 라이벌,
크라수스는 누구인가?

　　로마인을 두려움에 떨게 했던 스파르타쿠스의 노예 부대를 무너뜨린 인물은 '마르쿠스 리키니우스 크라수스'라는 인물입니다. 스파르타쿠스의 노예 부대를 제압하고 기원전 70년에는 로마의 최고 권력자를 의미하는 집정관의 위치에도 오릅니다. 게다가 기원전 60년에는 그 유명한 카이사르(시저 또는 케사르) 및 폼페이우스와 함께 '3두정치'를 펼쳤던 인물이기도 합니다. 이렇게 보면 꽤 유능한 사람이지만 로마인이나 훗날의 역사가들에게는 좋은 평가를 받지 못했습니다. 율리우스 카이사르나 그나이우스 폼페이우스의 일대기는 매우 잘 정리되어 있는 반면 크라수스에 관한 내용은 플루타르코스의 『영웅전』 중 「로마의 몰락」 부분에만 짧게 기록되어 있기 때문입니다.

　　그는 카이사르나 폼페이우스처럼 타고난 능력을 가지고 있지는 않았던 모양입니다. 그는 연설을 잘했는데, 노력의 결과였다고 합니다. 또한 그는 같은 시대에 폼페이우스나 카이사르와 같은 사람들이 맡기 꺼리는 소송도 떠맡고 나섰습니다. 게다가 그는 미천하고 보잘 것 없어 보이는 사람들에게도 만나면 꼭 인사말을 건네는 등 다정한 성품이어서 대중들에게 큰 인기를 얻었습니다. 그리고 역사책도 많이 읽고 철학자적 기질도 있었으며, 아리스토텔레스의 가르침을 배우기 위해 노력했습니다.

하지만 그의 이러한 모습은 어쩌면 권력자가 되기 위한 노력이었을지도 모릅니다. 그는 로마에서 가장 돈이 많은 사람이었습니다. 한때 로마 시민이 3개월 동안 놀고먹기에 충분한 돈을 사람들에게 나눠 주기도 했으니까요. 그가 이처럼 많은 돈을 벌 수 있었던 것은 전쟁에서 승리한 후 약탈한 물품들을 혼자 차지한다거나, 로마 정부가 죄를 지은 사람으로부터 빼앗은 토지나 재산을 가로채거나 낮은 가격으로 구입하는 데 힘을 쏟았기 때문입니다. 정당하지 않은 방법으로 재산을 모은 것이죠. 이렇게 모은 재산으로 자신의 군대를 확장하고 대중들의 인기를 얻는 데 사용하여 결국 로마의 최고 권력자 자리에 앉기도 했습니다.

3두정치 로마 공화정 말기에 등장한 정치 형태를 말한다. 로마 공화정은 이름 그대로 로마 내에 있는 귀족과 평민들이 대표를 뽑아 국가의 운영을 맡기는 형태였다. 귀족과 평민 간의 타협의 산물이었던 것이다. 그런데 공화정 말기 평민층의 몰락으로 공화정이 무너져 가자 당시 로마를 이끌어 가는 데 중요한 역할을 하던 세 사람이 국가 권력을 차지하고 운영해 나갔다. 그때를 3두정치 시대라 부른다.

마르쿠스 리키니우스 크라수스 로마 공화정의 정치가이자 군인이다. 스파르타쿠스 전쟁을 진압했다. 카이사르, 폼페이우스와 더불어 제1차 3두정치를 행한 인물이다.

종이를 발명하여 인류 문명에 공헌한 환관

채륜

채륜 (蔡倫, ?~121)

종이라는 것이 없었다면 우린 공부를 안 해도 되지 않았을까요? 종이가 발명되지 않았다면 인류는 역사를 어떻게 기록하였을까요? 종이는 인류 문명의 발전과 뗄 수 없는 관계를 가지고 있습니다. 어떻게 보면 하찮아 보이는 종이지만 그것이 인류사에 미친 영향은 매우 큽니다. 그 종이를 개발한 사람이 채륜이었습니다.

환 관 이 된 소 년

'환관'이란 말이 어려운가요? 환관은 흔히 '내시'라고 알고 있는 궁중의 관리를 말합니다. 환관은 원래 궁궐 내에서 황실 또는 왕실 사람들의 시중을 들고 궁궐을 유지하며 운영하는 데 필요한 노동력을 제공하는 사람들이었습니다. 그런데 그들은 황제나 왕의 신임을 얻어 국가의 중요 정책을 결정하는 데 중요한 역할을 하기도 했습니다. 채륜 역시 그러한 인물 중 한 사람이었습니다.

그는 중국 동남쪽에 있는 호남성 계양(지금의 후난 성 침주 지방)에서 농민의 아들로 태어났습니다. 이 시절 채륜은 그 누구의 주목도 받지 못했습니다. 그래서 그가 언제 정확히 태어났는지도 알 수가 없고, 왜 환관이 되었는지도 알 수가 없습니다.

환관은 남자만 될 수 있었고, 이 경우 남성의 생식기를 잘라 내야 했기 때문에 보통의 사람들은 환관이 되기를 원하지 않았습니다. 하지만 가정 형편이 너무 어려운 집에서는 아들을 환관으로 보내는 경우가 많았습니다. 일부 사람들은 권력욕에 사로잡혀 스스로 환관이 되는 경우도 있었지만 채륜의 경우는 집안 형편이 어려워 환관이 된 경우인 듯합니다. 그해가 75년이었습니다.

환관으로서 최고의 자리에 오르다

후한 시대의 정치적 특징이라 하면 황제의 외가 친척, 흔히 '외척'이라 불리는 사람들의 세력이 막강했다는 것입니다. 주로 황제가 어린 나이에 즉위하게 되면 황실의 큰어른이 황제를 도와 정치를 하게 되는데 그들은 주로 황제나 왕의 할머니 또는 어머니들이었습니다.

채륜의 초상화

이 여인들은 외가의 사람들을 대거 등용해서 정치를 장악하게 하지요. 따라서 외척들은 대부분의 중요한 자리를 차지하게 됩니다. 후한 시절에는 황제가 13명이었는데, 그중 어른이 되어 황제 자리에 즉위한 사람은 2명뿐이었고 나머지 황제들은 10대 또는 그보다 어릴 때, 어떤 경우에는 태어난 지 100일 만에 황제에 오르기도 했습니다.

어릴 때 즉위한 황제들은 나이가 들어 직접 정치를 하려고 해도 외척들이 권력을 장악하고 있어서 뜻대로 정치를 할 수가 없었습니다. 따라서 황제들은 외척들을 피해 자신의 측근에 있는 사람들과 국가 정책을 상의하고는 하였습니다. 주로 환관을 통해 외척 세력을 견제하려고 했는데, 환관들은 그런 과정에서 권력을 쥐어 가고 있었습니다. 채륜도 그런 편에 속합니다.

채륜은 후한의 3대 황제인 장제 시절부터 서서히 정치적으로 성장하기 시작했습니다. 그가 어떻게 성장했는지는 잘 알려져 있지 않지만 그가 황제에게 신임을 얻을 수 있었던 이유에 대해선 알 수 있습니다.

환관들은 남자 구실을 할 수 없는 자신의 처지 때문인지 권력을 통한 보상 심리가 강했던 듯합니다. 그래서 환관들은 높은 자리에 오르게 되면 대개 권력을 함부로 사용하고 사치와 향락에 빠지는 예가 많습니다. 하지만 채륜은 그렇지 않았습니다. 특히 황제의 가장 가까운 측근이 되자 그의 집을 찾아와 관직을 요청하거나 정치적 지원을 요청하는

사람들이 수없이 밀려들었지만 그들을 일절 만나지 않고 혼자 조용히 시간을 보내거나 책을 읽곤 했다고 합니다. 이런 강직한 성품으로 인해 그는 황제의 믿음을 얻게 되었습니다.

　　장제 시절 신임을 얻어 황제 곁에 있게 된 채륜은 그다음 황제인 화제 때 환관의 총책임자이며 재상 급에 해당하는 중상시에 오르게 됩니다. 화제도 열 살이라는 어린 나이에 황제에 즉위했기 때문에 곁에서 잘 보필해야 할 인물이 필요했습니다.

60

싸 고 질 좋 은 종 이 의 개 발

102년에 채륜에게는 새로운 일이 맡겨졌습니다. 화제가 부인을 내쫓고 새로운 여자를 황후의 자리에 앉혔습니다. 바로 **등 황후**입니다. 등 황후는 미모와 재주 그리고 학문이 뛰어난 여인이었다고 합니다. 게다가 매우 검소하고 현명한 사람이어서, 궁궐 내에서 사치스럽게 생활하면 백성들이 고생하게 된다고 생각했습니다. 그래서 전국 각지에서 올라오는 **진상** 물품들을 금지하고 그 대신 종이와 먹을 올리

목간

도록 했습니다. 당시 등 황후는 전국에서 진상되는 이런 물자들을 보관 관리하고 궁중에서 필요한 물자들을 제조 관리하는 총책임을 담당하는 상방령에 채륜을 임명했습니다. 덕분에 채륜은 자연스레 종이에 대한 관심을 가지게 되었습니다.

죽간 한자의 '책(册)' 자는 위의 사진과 같이 만들어 사용한 것을 본떠 글자로 만들었을 것이다.

채륜은 당시의 종이들이 품질도 고르지 않은데다가 너무 비싸서 일반인들은 구하기도 어렵다는 생각을 하게 되었습니다. 게다가 그때까지 사

용되었던 목간(나무 조각)과 죽간(대나무 조각)은 무겁고 부피가 커서 이동과 보관이 쉽지 않았으며, 비단은 너무 비싸 기록용으로 사용하기에는 적합하지 않다는 생각도 하게 되었습니다.

채륜은 품질이 우수하면서도 가격이 싸 쉽게 구할 수 있는 종이를 개발하고자 했습니다. 그리하여 궁중의 종이를 만드는 기술자와 힘을 합쳐 전국의 제지술을 검토하고 연구하기 시작합니다.

마침내 채륜은 이전보다 훨씬 얇고 표면이 매끄러워 글씨가 잘 써지면서도 저렴한 종이를 만들어 냈습니다(105). 그는 나무껍질, 옷감,

그물 등과 같이 흔하거나 버려지는 재료를 사용해 종이의 가격을 낮추었습니다. 이로 인해 종이는 널리 보급될 만한 조건을 갖추게 되었습니다. 채륜은 이 사실을 곧 화제에게 보고했고 화제는 크게 기뻐하며 그의 공로를 칭찬했습니다. 그리고 용정후라는 **제후** 급의 높은 관직을 주었습니다. 그리고 그가 만든 종이를 '채후지'라 부르게 했습니다.

이 종이의 개발로 인해 채륜은 황제의 신임과 총애를 받게 되었고 국가의 중요한 정책을 결정함에 있어 중요한 역할을 했습니다. 종이의 개발은 채륜에게 개인적인 성공을 가져다준 사건에 그치지 않고 인류의 정신문화를 발전시키는 데 매우 큰 역할을 했습니다.

등 황후 등 씨 가문 출신의 황후

진상 진귀한 물품이나 지방의 토산물 따위를 임금이나 고관 등에게 바침

제후 한 나라 안에서 왕으로부터 특정 지역을 나눠 받아 그 지역을 독립적으로 운영할 수 있는 권리를 가진 사람. 대체로 왕의 친인척이거나 왕이 믿고 맡길 수 있는 사람을 임명한다.

정 쟁 에 휘 말 려 사 라 지 다

환관들의 운명은 정치적 변화에 크게 영향을 받습니다. 채륜 역시 비극적인 죽음을 맞게 되는데, 그 역시도 정치적 변화와 맞물려 있었습니다.

앞에서 이야기한 것처럼 어린 화제가 황제가 되자 외척 세력인 두 씨 가문 사람들이 권력을 독차지했을 뿐만 아니라 화제의 목숨까지

노리고 있었습니다. 조정과 황실에 온통 두 씨 가문 사람들밖에 없었으니 화제가 믿을 수 있는 사람들은 그에게 충성을 다하는 사람이어야 했고 권력에 집착하지 않을뿐더러 지혜와 재능이 뛰어난 사람이어야 했습니다. 이런 환관들의 보좌를 받으며 화제는 차츰 권력을 되찾아 왔고 마침내 두 씨 가문 사람들을 완전히 제거하기에 이르렀습니다.

하지만 화제는 27세란 젊은 나이에 죽었습니다. 그를 뒤이을 황태자는 태어난 지 갓 백일이 넘은 아기였습니다. 갓 백일을 넘긴 황제가 바로 상제였고, 정치는 다시 황제의 외척에게 넘어가게 되었습니다. 바로 등 씨 가문 사람들이었습니다. 다행히 등 씨 가문은 권력에 대한 욕심보다는 정치의 안정에 힘을 기울였던 듯합니다. 그런데 상제도 즉위 8개월 만에 죽어, 화제의 조카를 황제로 즉위시켰습니다. 그가 바로 안제인데 그 역시도 13세의 어린 황제였습니다. 따라서 정치는 등 황후를 비롯한 등 씨 가문의 사람들이 이끌어 나갔습니다. 당시 등 황후에게 신임을 얻고 있던 채륜도 등 씨 가문을 도와 정치가 잘될 수 있도록 노력했습니다.

하지만 등 황후가 죽고 안제가 황제로서 직접 정치를 하기 시작하면서 채륜은 정치적 위기를 맞이합니다. 안제는 권력을 자신의 뜻대로 행하기 위해서 황제보다 힘이 셌던 등 씨 가문과 그를 따르는 세력을 제거해야 했습니다.

안제를 따르는 세력들은 기존 세력들이 안제를 폐위시키려는 반역 행위를 꾀하고 있다고 거짓 사실을 알렸습니다. 안제는 등 씨 가문 사람들과 그에 협조한 사람들에 대한 탄압을 시작했고, 채륜은 이 같은 상황에서 스스로 약을 먹고 자살하고 맙니다.

인류의 정신문화 발전에 있어 획기적 발명을 한 인물이 정치의 소용돌이에 휘말려 그 운명을 다하지 못하고 목숨을 스스로 끊고 만 것입니다.

채륜이 쓴 교과서

제지법은 어떻게 세계로 전파되었을까?

채륜이 개발한 제지법은 중국에만 머물러 있지 않고 세계 곳곳으로 퍼져 나갔습니다. 물론 중국에서 이 대단한 기술을 순순히 내어 주진 않았습니다. 하지만 주변 여러 나라에는 국제적 관계를 고려하여 제지법을 전했던 듯합니다. 우리나라에는 3~4세기 사이에 제지법이 전파되었고, 일본에는 고구려의 유명한 화가였던 담징이 7세기 초에 전달했습니다.

제지법은 유럽으로 건너가는 과정에서 여러 단계를 거칩니다. 7세기에 서아시아 지역에서 이슬람교가 등장하는데, 이 이슬람교 세력은 7세기 중반 서아시아 세계의 대부분을 통합하고, 8세기 들어서는 동서로 세력을 팽창하여 서로는 북아프리카 전역과 유럽의 이베리아 반도(오늘날 스페인과 포르투갈이 있는 지역)까지 진출했으며 동으로는 중앙아시아를 지나 당시 중국의 왕조인 당나라를 위협했습니다.

당나라 역시 당시 서쪽으로 세력을 확장하고 있었기에 두 세력 간의 대결은 피할 수 없었습니다. 결국 양 세력은 중앙아시아의 평원인 탈라스(오늘날 키르기스스탄 지역)에서 최후의 대결을 펼칩니다. 이를 '탈라스 전투'라 하지요. 이 전투에서 기세등등하던 당나라는 크게 패합니다. 이때 이슬람 세력은 약 2만여 명의 당나라 포로를 잡아들였는데, 이 중에 종이 만드는 기술을 가진 사람들이 있었습니다. 바로 이들이 서아시아 지역에 제지술을 전파했습니다.

당시 이슬람 세계는 아시아, 유럽 사이에 존재하고 있어 양쪽의 문화를 많이 수용하고 있었을 뿐만 아니라 헬레니즘 시대의 문화를 고스란히 간직하고 있었습니다. 그들은 문화를 종이에 기록하여 보관하였고, 연구에도 힘썼습니다. 그로 인해 그 당시 세계에서 가장 문화가 발달한 지역이 되었습니다. 이후 이슬람인들이 기록하여 간직하던 문화유산은 유럽인들에게 전달되었고, 유럽에서 '르네상스'라는 문화적 변화가 일어나게 됩니다. 물론 유럽인들은 르네상스가 일어나기 전에 이슬람 세력이 지배하고 있던 스페인

지역(12세기)과 이슬람 세계와 교류가 활발하던 이탈리아 지역(13세기)을 통해 제지술을 알게 되었지요.

교과서로 점프

중학교 1학년 사회 – 진·한대의 사회와 문화
채륜은 전한 시대의 제지법을 개량하여 닥나무나 삼의 껍질을 원료로 종이를 만들어서 지식의 보급에 크게 기여했다. 제지법은 8세기 이후에 유럽에까지 전해졌다.

고등학교 2학년 세계사 – 한대의 문화
후한에서는 채륜이 식물 섬유에서 종이를 만드는 역사적인 대발명을 했다.

종이의 라이벌 파피루스

국가가 성립하고 교류가 활발해지면서 기록에 대한 필요성은 더욱 높아졌습니다. 국가는 통치 질서를 유지하기 위해서 통치 방법을 기록으로 남겨야 했고, 교류를 활발히 해야 하는 상인들은 상품의 거래를 잊지 않기 위해 기록을 해야 했습니다.

초기 문명 지역에서는 공통적으로 돌에다 기록을 남겼습니다. 그리고 각자의 자연환경상 얻기에 유리한 재료들을 이용하여 기록을 남겼습니다. 예를 들어 흙 이외에 얻을 것이 별로 없었던 메소포타미아(이라크 지역)나 인더스(인도) 문명에서는 흙을 구워 만든 점토판에 글을 썼고, 중국의 황허 문명에서는 동물의 뼈나 거북의 등껍질에 글자를 썼지요. 후에 중국은 앞에서 이야기했던 것처럼 나무나 대나무를 길게 잘라서 그곳에 붓으로 글자를 쓰기도 했습니다.

이집트 문명 지역에서는 파피루스라는 큰 갈대처럼 생긴 식물을 이용하여 종이 비슷한 것을 만들어 글씨를 쓰고 기록을 남겼습니다. 이집트 문명의 등장 시기가 기원전 약 3,500년경이니 그 즈음부터 사용되었을 것입니다. 그렇게 보면 채륜의 종이와 비교가 될 수 없을 만큼 일찍부터 사용되었으니 높이 평가해야 되겠지요. 8세기까지 파피루스로 만든 종이는 지중해와 근처 유럽에서 사용되었지만 제지술이 보급되면서

사라졌습니다. 파피루스는 나무를 얇게 잘라 붙인 후 말려서 사용한 것이라 두껍고 무거울 뿐만 아니라 쉽게 부서졌기 때문입니다.

파피루스의 실제 모습 주로 강가나 습지에서 자라며 2~4 미터까지 자란다.

서양 문화의 바탕인 **기독교를 인정한 황제**

콘스탄티누스 대제

(Constantinus, 274?~337)

로마는 고대 사회에서 유럽 전역을 지배한 나라였고, 로마 황제는 유럽에서 신적인 존재였습니다. 황제는 자신을 숭배할 것을 강요했고 다른 신을 믿는 것을 금지했습니다. 하지만 콘스탄티누스 황제는 이러한 입장을 버리고 기독교를 인정했습니다. 이 시기에 들어 콘스탄티누스 황제는 왜 기독교를 인정했을까요?

황 제 와 하 층 민 여 인 의 아 들

후에 '대제'라고 불리게 되는 콘스탄티누스는 부황제 콘스탄티우스 클로루스가 장교 시절에 선술집 딸인 헬레나와 결혼하여 낳은 아이였습니다. 그런데 콘스탄티우스가 정치적으로 성장하기 위해 황제의 딸과 결혼하면서 콘스탄티누스의 처지는 곤란해지기 시작했습니다. 결국 아버지인 콘스탄티우스가 부황제로 즉위하던 293년에 생모인 헬레나와 그는 오리엔트 지역(오늘날 서아시아 · 이집트 지역)으로 쫓겨나게 되었습니다.

3세기 말 디오클레티아누스 황제는 로마 제국을 크게 동방과 서방으로 나누고 각 지역을 다시 둘로 나누어 중요 지역에는 황제를, 다른 한 지역에는 부황제를 두어 외적의 침입을 방어하게 했고, 황제가 죽었을 때 부황제가 바로 황제가 되게 하여 제위를 둘러싼 내란을 막고자 했습니다. 디오클레티아누스 황제는 동방 지역의 발칸과 그리스 지역을 담당했고 부황제를 두어 오리엔트 지역을 담당하게 했습니다. 디오클레티아누스가 인정한 서방 지역의 황제는 이탈리아와 북아프리카를

콘스탄티누스 대제의 얼굴상 특이하게도 눈동자가 정면보다 높은 곳을 바라보고 있다. 그의 이상향을 향한 눈빛이거나 신을 향한 눈빛이 아닐까?

담당한 막시미아누스였고, 부황제는 콘스탄티우스였습니다.

18세에 오리엔트 지역으로 쫓겨난 콘스탄티누스는 다행히 군 지휘관으로서 뛰어난 능력을 갖춘 디오클레티아누스 황제 밑에서 군복무를 하게 되었습니다. 콘스탄티누스는 18세에서 30세에 이르는 긴 시간 동안 디오클레티아누스 밑에서 지휘관으로 배워야 할 내용들을 충실히 익히며 훌륭한 장교로서 성장했습니다.

쫓 겨 난 아 들 에 서 황 제 로

콘스탄티우스는 305년에 막시미아누스가 물러나자 서방 지역의 황제가 되었습니다. 그리고 아들인 콘스탄티누스를 불러들여 자신 휘하의 지휘관으로 삼았습니다. 믿을 수 있는 아들이란 점과 10여 년의 군 경험을 가지고 있다는 점 때문에 불러들인 것입니다.

로마의 국경선은 항상 전쟁터와 다름없는 지역이었습니다. 이를 총괄해서 지휘해야 하는 것이 황제의 역할이었지요. 황제는 군대의 총사령관이었던 셈입니다. 그런데 306년에 콘스탄티우스가 갑자기 사망했습니다. 전쟁 중에 총사령관을 잃는다는 것은 병사들에게는 큰 두려움이었습니다. 병사들은 콘스탄티우스의 맏아들인 콘스탄티누스가 황제로 즉위할 것을 요청했고 콘스탄티누스도 그를 받아들입니다.

하지만 이것은 디오클레티아누스가 만든 체제를 부정하는 행동이었습니다. 디오클레티아누스는 군인들이 황제를 세우는 악습과 그로 인한 혼란을 막기 위해 제국을 넷으로 나누고 부황제가 황제를 계승하게 하는 규칙을 만들었는데, 콘스탄티누스가 이를 어긴 것이었습니다. 이 때문에 각 지역에서도 똑같은 일이 생길 수 있는 상황이 되어 버렸습니다.

이런 문제를 수습하고자 디오클레티아누스를 계승한 동방 지역의 황제인 갈레리우스는 콘스탄티누스에게 서방 지역의 부황제에 취임하고 현재의 부황제인 세베루스를 서방 지역의 황제로 즉위시키는 타협안을 내놓았습니다. 콘스탄티누스는 이 제안을 수용하여 황제의 자리를 내놓고 서방 지역의 부황제에 즉위했습니다.

하지만 이러한 타협안이 로마 내 여러 세력의 불만을 진정시키지는 못했습니다. 특히 서방 지역의 황제였던 막시미아누스의 아들인 막

내란을 일으킨 막센티우스

센티우스의 불만이 컸습니다. 자신도 황제의 아들인데 황제 계승권을 갖지 못할 이유가 없다고 생각한 것이지요. 막센티우스는 콘스탄티누스가 부황제에 즉위한 지 얼마 후 스스로 황제라 선언해 버립니다. 이를 계기로 로마 제국은 내란에 휩싸입니다.

306년부터 시작된 내란은 중간 중간 휴식기를 가지며 312년까지 지속되었습니다. 그 사이 전쟁터에서 죽은 사람도 있고, 수명이 다해서 죽은 사람

도 생겼습니다. 결국 312년에 권력을 차지하기 위해 남은 사람은 콘스탄티누스와 그의 경쟁자 막센티우스 그리고 동방 지역의 황제인 리키니우스였습니다. 이 중 법적으로 인정받지 못한 권력자는 막센티우스였기에 남은 두 사람은 동맹을 맺고 막센티우스를 제압하기로 했지요. 물론 막센티우스와 직접 싸우기로 한 사람은 부황제였던 콘스탄티누스

였습니다.

　콘스탄티누스는 오랜 시간 동안 전쟁터에서 잔뼈가 굵어 온 사람인데다가 일찍부터 총사령관의 역할을 수행했었습니다. 반면 막센티우스는 스스로 황제를 선언한 후에야 총사령관의 역할을 수행했다고 보면 됩니다. 따라서 지휘관의 능력으로 보았을 때 막센티우스는 콘스탄티누스의 상대가 되지 않았습니다.

　전투는 막센티우스의 근거지인 로마 근교에서 이뤄졌기 때문에 막센티우스에게 여러 면에서 유리한 점이 있었지만 콘스탄티누스에게 계속적인 패배를 당하게 됩니다. 일설에 의하면 둘 사이의 마지막 전투로 알려진 '밀비우스 다리 전투'가 있기 전날 콘스탄티누스는 꿈을

콘스탄티누스 개선문
원로원들이 만들어 바친 문이다. 이 문은 약 6년 정도 걸렸다 하는데 로마에서 비교적 적은 시간이 걸린 것이라 한다. 아마도 로마 원로원 사람들의 마음이 급했던 모양이다. 그러다 보니 장식으로 붙인 조각들은 직접 제작하기보다는 이전 시대에 제작된 조각들을 가져다 붙이기도 했다.

꾸었다고 합니다. 꿈에 예수님이 나타나 하느님의 가르침을 따르고, 방
패에 기독교도를 나타내는 X와 P를 합친 표시를 병사들의 방패에 그리
면 전쟁에서 승리할 것이라고 말했답니다. 콘스탄티누스는 이 지시를
충실히 따랐고 그 결과 승리했습니다. 그것이 꿈의 결과인지 콘스탄티
누스의 지휘 때문인지는 알 수 없지만 말입니다.

최후의 승리를 한 콘스탄티누스는 당당하게 로마로 입성했고, 로
마의 원로원은 그를 황제로 승격시키고, 그를 위한 개선문을 세워 바치
기로 결정했습니다. 이로써 그는 서방 지역을 관할하는 황제가 되었고
동방 지역의 리키니우스 황제와 어깨를 나란히 하게 되었습니다.

새 로 운 로 마 를 건 설 하 다

역사를 공부하다 보면 연도를 외워야 하는 경우가 있습니다. 보통 의미가 큰 사건의 연도나 외우기 쉬운 것을 선택하여 외우게 되지요. 이를 기준으로 사건의 앞과 뒤를 기억하게 되니까요. 혹 여러분 머릿속에 313년이 남아 있지 않나요? 외우기도 쉽지만 이 해가 역사적으로 중요한 해이기도 합니다. 왜냐하면 313년에 콘스탄티누스 황제가 로마 제국 사람들에게 기독교를 포함한 모든 종교에 대해 완전한 자유를 인정하도록 명령을 내렸기 때문입니다. 황제가 내리는 명령을 '칙령'이라 하는데, 당시 콘스탄티누스가 머물면서 수도로 사용한 곳이 밀라노였기 때문에 이를 '밀라노 칙령'이라고 합니다.

밀라노 칙령은 콘스탄티누스 황제 혼자 내린 것이 아니라 당시 동방 지역의 황제인 리키니우스도 함께 참여한 것입니다. 하지만 오늘날 콘스탄티누스 황제만 기억하는 것은 로마 제국 내의 최고 권력을 놓고 둘 사이에 전쟁을 벌여 콘스탄티누스가 승리했기 때문입니다(324). 이제 콘스탄티누스는 동서 지역을 다시 통합하여 로마의 유일한 황제가 되었습니다.

유일한 황제가 된 콘스탄티누스는 로마 제국의 나쁜 폐단이나 묵은 관습을 버리고 새로 시작하고 싶었습니다. 로마 제국 내에는 이미 오랜 시간 동안 몸에 배어 온 로마의 전통이 남아 있었습니다. 콘스탄티누스는 그러한 전통 위에서 제국을 운영한다는 것은 많은 제약을 받을 수밖에 없다는 걸 알고 있었습니다. 그의 방식대로 제국을 운영하려면 변화가 필요했습니다.

그는 발칸 반도의 끝자락에 있는 비잔티움(오늘날 이스탄불)으로 수도를 옮겼습니다. 그리고 전통적 로마의 건축물들을 부수고 새로운 건축물들을 지었습니다. 또한 그가 인정한 기독교를 중시하며 로마의 신전 대신 교회를 세웠습니다. 그는 자신을 위한 도시라고 생각했는지 도시 이름을 '콘스탄티노플'이라 지었습니다. 이를 통해 콘스탄티누스는 쓰러져 가던 로마 제국을 다시 일으켜 세웠습니다.

하지만 그의 삶은 황제라는 자리처럼 영광스럽지는 않았습니다. 그는 권력이란 열매를 얻기 위해 아내의 아버지와 오빠, 여동생의 남편을 죽이고 끝내는 자신의 맏아들까지 제거합니다. 그만큼 로마 제국을 자신의 뜻대로 변화시키고자 하는 열망이 강했던 듯합니다. 그는 전제 정치를 실시했습니다. 로마 제국은 그의 탁월한 정치 능력 덕에 북방 이민족의 침입을 막아 내며 중흥의 길을 걷게 됩니다. 하지만 그의 이런 노력도 세월의 무게를 이기지는 못했습니다.

337년 콘스탄티누스는 페르시아의 도전을 받게 되니

다. 페르시아는 한때 로마에 패배하여 물러나 있다가 40년 만에 다시 로마를 위협하기 시작했습니다. 콘스탄티누스는 당시 62세였지만 어린 후계자들에게 페르시아라는 강력한 적을 상대로 전쟁을 수행하게 할 수는 없었습니다. 그리하여 콘스탄티노플을 떠나 직접 소아시아 지방(오늘날 터키 지역)으로 원정을 떠났습니다. 하지만 그가 황제의 자리에 오르고 그것을 지키기 위한 지난 30여 년의 세월이 그의 기력과 체력을 빼앗아 갔던지 원정 과정에서 병이 들고 맙니다. 결국 콘스탄티누스 황제는 병세가 호전되지 않아 그해 늦봄에 사망했습니다.

콘스탄티누스 대제가 쓴 교과서

'기독교 인정'이 왜 큰 업적일까?

    '대제' 라는 말은 황제로서 매우 뛰어난 업적을 이룩했기에 특별히 붙인 호칭입니다. 흔히 우리나라에서 세종을 왕이라고 하기보다는 '대왕' 이라고 하는 것과 같은 이치입니다.

    그런데 콘스탄티누스가 이전의 황제들과 비교했을 때 우월한 업적을 가진 사람이었을까요? 사실 콘스탄티누스는 앞선 황제들이 그런 것처럼 영토를 넓힌다든지 우수한 문화를 창조했다든지 하는 업적은 별로 없었습니다. 물론 분열된 제국을 통합하고 북방의 이민족을 근근이 막아 낸 것과 로마적 전통을 버리고 그리스 문화를 바탕으로 한 기독교 문화를 선택하여 제국의 모습을 획기적으로 바꾼 것은 큰 업적입니다. 하지만 이 때문에 그를 그렇게 높이 평가한다는 것은 다른 황제들의 업적과 비교했을 때 언뜻 이해가 되지 않습니다.

    하지만 후대 사람들은 그를 높게 평가하고 있습니다. 그 이유는 무엇

일까요? 그것은 바로 그가 기독교를
인정했기 때문입니다.

테오도시우스 황제

　그의 뒤를 이은 테오도시우스 황
제 시절에는 기독교를 제국 내에서
제일 중요한 종교로 선택하여 국교로
공인합니다. 이로 인해 제국 내에서
는 모두 기독교를 믿어야 하는 상황이
되었습니다.

　로마 제국은 이 시절 유럽에서 가장 강력한 국가였고, 유럽 전역을 통
합하여 지배했다고 말하여도 큰 무리가 없을 것입니다. 따라서 로마 제
국이 기독교를 국교로 공인했다는 것은 제국 내에 있는 사람들은 물론
그밖에 있는 유럽인들도 이를 믿어야 하는 상황이 되었음을 의미하는 것
입니다.

　제국 밖에 있던 유럽 사람들은 당시까지도 문화적으로 매우 후진적인
사회에 살고 있었습니다. 따라서 로마 사회를 동경하고 그 문화를 수용하
고 싶어했습니다. 따라서 유럽 전역은 차츰 기독교를 받아들였고 결국 대
부분의 유럽 사람들은 기독교도가 되었습니다. 이후 기독교는 유럽 사회
의 정치에서 일상생활까지, 형식에서 정신까지 사람들을 지배하는 철학
이 되었습니다. 그러니 당연히 유럽인들을 기독교도로 만든 콘스탄티누
스를 높이 평가할 수밖에 없었겠지요.

우리나라 사람들에게 기독교는 여러 종교 중 하나입니다. 하지만 서양인들에게 기독교는 교회를 다니건 안 다니건 상관없이 생각의 근원이며, 생활의 원리로 그때나 지금이나 영향을 미치고 있습니다. 그런 면에서 볼 때 기독교의 공인은 동서양의 문화 차이가 발생되는 중요한 출발점이라 볼 수 있습니다.

교과서로 점프

중학교 2학년 사회 – 서양 문화의 호수
로마 초기에는 황제 숭배를 거부한다고 하여 기독교를 박해했으나, 4세기 초 콘스탄티누스 대제가 밀라노 칙령으로 공인한 이후 세력이 커져 4세기 말에는 국교로 선포되었다.

고등학교 2학년 세계사 – 콜로세움과 카타콤베
기독교는 황제 숭배를 거부했기 때문에 로마 당국으로부터 한때 심한 박해를 받았다. 그러나 하층민과 노예뿐만 아니라 상류층에까지 확산되어 그 세력이 커지자, 콘스탄티누스 황제는 밀라노 칙령으로 기독교를 공인하고 테오도시우스 황제는 국교로 정했다. 기독교는 그리스·로마 문화와 더불어 유럽 문화에 중요한 바탕이 되었다.

궁금한 건 못 참아!

로마는 어떤 나라인가요?

로마는 크게 공화정 시대와 제정 시대로 나눌 수 있습니다. '**공화정**'이란 말은 오늘날에도 사용되고 있기에 약간의 혼동이 있을 수 있습니다. 오늘날의 공화정은 로마 공화정에서 모티브를 얻어서 이룩한 것입니다.

공화정 시대에는 로마라는 나라를 운영하기 위해서 귀족의 대표와 평민의 대표를 각각 선출했습니다. 이러한 체제는 로마 시민에게 국가의 발전을 위해 적극적으로 참여할 수 있는 동기를 가져다주었지요. 그로 인해 로마는 빠른 속도로 발전했습니다. 기원전 8세기경에 로마라는 조그마한 도시 하나로 출발하여 기원전 2세기가 끝나기 전에 이탈리아 반도를 통일하고 지중해를 건너 북아프리카까지 세력을 넓혔습니다.

기원전 1세기 들어 로마는 커다란 변화를 겪게 되었습니다. 계속된 팽창으로 해외에 많은 식민지를 갖게 되었고, 이 식민지에서 획득한 토지들은 전쟁에 나갔던 장군이나 공을 많이 세운 사람들에게 나누어 주었습니다. 이렇게 해서 땅을 많이 가진 사람들이 등장했습니다. 그 사람들은 식민지의 노예를 이용해 땅을 경작함으로써 값싼 농산물과 상품을 생산할 수 있었고 이를 다시 로마로 가져왔습니다. 그 때문에 농사를 지어 살던 로마 시민들은 몰락해 갔습니다. 시민들의 몰락은 로마 공화정을 떠받치고 있는 한 축이 무너진 것이었습니다. 로마 공화정의 원리가 제대로 작동할 수 없는 상황에 이르게 된 것이지요.

로마 공화정을 대체하여 등장하게 된 것이 '제정'입니다. 황제가 정치를 하는 체제를 제정이라 합니다. 제정을 처음 시도한 사람은 그 유명한 **카이사르**입니다. 우수한 군사력을 가진 카이사르는 평민과 귀족 모두에게 지지를 받고 있었습니다. 따라서 혼자 로마를 통치할 수 있는 분위기가 조성되어 있었지만 공화정의 유지를 통해 이권을 얻고 있던 사람들의 반대에 부딪혀 결국 실패하지요. 하지만 당시 로마

카이사르

옥타비아누스

는 공화정을 통해 국가를 운영할 수가 없었습니다. 그 때문에 결국 기원전 27년 옥타비아누스가 평민의 대표와 귀족의 대표로 선출되어 권력을 독점함으로써 로마는 공화정의 명목을 유지하면서도 실질적인 제정 체제에 들어서게 되었습니다.

제정 시대에 들어서자 로마는 우수한 경제력과 군사력을 바탕으로 대외 팽창을 지속하여 유럽, 북아프리카, 아시아에 걸친 대제국이 건설되었습니다. 그런데 당시 황제는 로마 내 최고의 부자였고, 가장 많은 병력을 가진 장군이었습니다. 황제는 제도적인 뒷받침으로 권력을 운영했다기보다는 현실적 힘에 의해 제국을 지배했던 것입니다. 이런 상황에서 황제가 힘이 약화되면 당연히 그 자리를 노리는 힘 있는 장군들이 힘겨루기를 했을 것입니다.

그런 사태가 3세기 들어 나타났습니다. 이를 군인황제시대(235~284)라고 하지요. 약 50년이 채 되지 않는 시간 동안 장군들은 스스로 황제가 되거나 다른 사람을 황제로 등극시키고 뒤에서 권력을 행사하는 일을 했습니다. 이 시기에 18명의 황제가 등장했다 사라집니다. 이런 혼란을 끝내기 위해 디오클레티아누스가 제국을 넷으로 나누고 황제와 부황제 제도를 마련하기에 이릅니다.

디오클레티아누스와 콘스탄티누스 시대를 거치면서 로마 제국은 전

통적인 모습을 버리게 됩니다. 특히 콘스탄티누스 시대에 들어서는 새로운 수도인 콘스탄티노플을 중심으로 하여 그리스 문화를 기반으로 한 새로운 제국이 재탄생되기 때문에 로마는 제국 내에서 천덕꾸러기가 됩니다. 결국 한때 로마가 지배하고 교화시켰던 북방 게르만족의 침입으로 이탈리아와 로마 지역 그리고 로마가 지배하던 서유럽 세계는 문을 닫게 되고 게르만족의 세상으로 바뀌어 버립니다.

공화정 주권을 가진 사람들이 대표를 선출하여 국가를 운영하는 정치 체제를 말한다. 오늘날은 국민 모두가 참여하는 민주공화제 형식을 취하지만 로마에서는 귀족과 시민의 대표가 참여하는 제한적인 공화정이었다.

카이사르 로마의 명장이다. "왔노라, 보았노라, 이겼노라."라는 명언을 남기기도 했다.

그리스의 민주정 대 로마의 공화정

오늘날 우리는 민주 공화정에서 살고 있습니다. 이 민주 공화정의 개념은 어떻게 탄생된 것일까요? 그것은 어떤 특정인이 발명해 낸 제도가 아니라 아주 오래전에 사람들이 고민해서 만들어 낸 제도를 근대사회 들어 다시 발굴해 낸 것입니다.

지중해 세계에서 가장 강력했던 나라는 그리스의 도시국가들이었습니다. 그중 유명한 나라가 아테네와 스파르타지요. 어쨌든 로마는 그리스의 문화를 수용하면서 조금씩 발전해 나갑니다. 그리고 그리스가 내란으로 약화되자 로마가 크게 발전하게 되었고 결국 지중해의 패권을 장악하게 되지요.

그리스 지역이나 로마 지역의 여러 나라들은 도시가 곧 국가였습니다. 따라서 시민이 곧 국민이었지요. 어쨌든 이 지역의 도시국가들이 성장해 나가는 데는 시민들의 적극적인 참여가 제일 큰 원동력이었습니다. 시민들이 스스로 무기를 갖추어 전쟁터에 나가 싸움으로써 국가가 보호될 수 있었습니다. 따라서 당시 정치를 하는 사람들은 시민들의 권리를 보장해 줘야 했습니다.

그리스와 로마 지역은 모두 시민들에게 정치에 참여할 권리를 주었습니다. 다만 그리스는 전쟁에서 더욱 중요한 역할을 하는 시민들이 귀족보다 더 정치적 우위에 있었기 때문에 모든 권력이 시민들에게 주어졌습니다. 특히 아테네와 같은 국가에서는 시민이면 누구나 투표에 참여하고, 시간만 있으면 누구나 오늘날 국회와 같은 민회에 나가서 정치를 할 수 있었습니다. 또한 추첨을 통해 누구나 공직자가 될 수 있었습니다. 이런 체제를 우린 '직접 민주주의'라고 합니다.

반면 로마에서도 전쟁에서 시민들의 역할이 커지자 그들의 정치 참여를 보장해 주지 않을 수 없었습니다. 그렇게 하지 않으면 시민들이 시위나 파업 같은 것을 했으니까요. 다만 그리스에 비해 귀족들의 힘이 조금 더 강했던 모양입니다. 그래서 그리스의 아테네처럼 직접 민주주의를 채택하지 않고 귀족의 대표와 시민(평민)의 대표가 정치를 하는 '공화정'을 채택하게 되었지요.

이슬람 문명을 탄생시킨 **이슬람교 창시자**

마호메트

(Mahomet, 570~632)

세계 3대 종교로서 약 13억 명의 사람들이 믿는 종교가 이슬람교입니다. 이슬람 문명은 한때 세계 문화의 보물창고였습니다. 오늘날 세계 어느 곳에서도 쉽게 이슬람 문화의 흔적을 찾을 수 있습니다. 이처럼 인류 문화사의 발전에 커다란 영향을 끼친 이슬람교를 창시한 사람이 마호메트입니다.

어 려 운 환 경 은 성 자 를 낳 는 다

마호메트는 570년 4월 22일 메카 지역에서 살던 꾸라이쉬 부족의 하쉼 가문에서 태어났습니다. 하쉼 가문은 **대상교역**을 하던 상인 가문이었습니다. 증조할아버지 때부터 재산을 모으기 시작하며 할아버지 시절에는 꽤 유명한 가문이 되었다고 합니다. 그런데 그의 아버지인 압둘라는 대상을 따라 여행하던 도중 길 위에서 죽었습니다. 마호메트가 태어나기 두 달 전이었습니다. 그리고 마호메트의 어머니인 아마나도 그가 여섯 살 때 세상을 떠나 마호메트는 결국 혼자 남게 되었습니다.

부모를 잃은 마호메트는 하심가의 부족장이며 삼촌인 탈리브에게 맡겨졌습니다. 마호메트는 할아버지로부터 유산을 받지 못했고 삼촌으로부터 경제적 도움을 받지도 못했습니다. 그래서 어려서부터 양을 키우고 대상교역에 참가하면서 생계를 꾸려야 했습니다. 그러다보니 변변한 교육을 받을 수 없었습니다.

마호메트의 유년 시절과 청년 시절은 이처럼 힘겹고 고독했습니다. 하지만 이런 어려움 속에서도 마호메트는 성품이 착하고 예의가 발라 주위 사람들의 사랑을 한 몸에 받았다고 합니다. 그런가 하면 당시 잦은 부족 간 전투가 있었는데, 성품과는 달리 전투에 자주 참가하여 담력과 투지를 키우기도 했답니다.

이런 이야기는 당연히 이슬람 세계를 대표하는 최고 지도자의 남다른 면을 강조하기 위한 이야기로 보일 수도 있습니다. 그러나 그의 이후 행적을 짚어 볼 때 그는 사람들을 사랑하는 마음과 무리를 이끄는 능력을 키워 왔던 게 확실합니다.

마호메트 원래 이름은 '찬양을 받는'이라는 뜻을 가진 '무함마드(Muhammad)'이다. 무함마드는 영어로 읽을 때 나는 소리이고 아랍 사람들은 '무함맛'이라고 읽는다. '마호멧'은 '무함맛'을 서양인들이 잘못 발음한 것이다. 이를 우리는 '마호메트'라 읽는다. '무함맛'이라 발음할 수 있으면서도 이슬람 사람의 이름을 서구인의 시각으로 부르고 있는 것이다.

대상교역 주로 사막 지대를 무리 지어 왔다 갔다 하며 거래하는 상인들의 교역. 사막 지역에는 사람들이 오아시스를 중심으로 드문드문 살기 때문에 시장이 형성될 수 없다. 따라서 오아시스 근처에 모여 사는 사람들은 이렇게 이동해서 물건을 판매하는 사람들에게 필요한 것을 구했다. 그런데 이런 상인들은 도적들에게는 좋은 표적이 되었고, 사막에서는 생명이 위태로운 경우가 많았기 때문에 여럿이 함께 다녀야 했다. 이들의 넓은 이동 범위와 탁월한 거래 능력으로 대상들은 동서 무역의 주인공이 되었다.

사 람 들 의   고 통 은   곧   나 의   고 통

힘겨운 어린 시절을 보낸 마호메트의 삶은 청장년기에 새로운 변화를 맞게 됩니다. 마호메트가 25세 때 그는 카디자라는 돈 많은 과부가 운영하는 대상에 참여하게 되었습니다. 천성이 착하고 성실한 마호메트는 카디자의 대상교역 일을 열심히 했고 그로 인해 신뢰를 얻어 그녀와 결혼하게 되었습니다.

카디자와의 결혼은 그에게 부유함을 가져다주었습니다. 하지만 그는 그런 부유함과 편안함이 괴롭게 느껴졌습니다. 그는 어릴 때부터 대상교역에 참여하여 세상 이곳저곳을 보고 다녔는데, 그 과정에서 사람들의 고통스런 삶들을 직접 목격할 수 있었습니다. 특히 당시는 부족 간의 전투가 자주 일어나던 시기였기 때문에 그 피해에 대해 누구보다 잘 알고 있었습니다.

또 그는 숭배하는 신의 차이로 인해 부족 간의 전쟁이 발생한다는 것, 숭배하는 신에게 사람을 희생물로 바친다는 것, 감당하기 어려울 만큼의 제물을 바쳐야 하는 것, 여자 아이를 생매장하는 관습 등 당시 사회에서 발생하는 온갖 부조리와 비리, 갈등을 잘 알고 있었습니다. 그런 것을 뻔히 알면서도 자기만 편안함을 누린다는 것이 괴로웠습니다.

그래서 그는 자주 메카 근교 히라 산의 동굴에 가서 하염없이 명상을 하곤 했습니다. 그는 기도도 했습니다. 사람들이 고통에서 벗어날 수 있도록 해달라고 절대자에게 부탁하는 기도였습니다. 그런 명상과

기도를 마호메트는 15년간 계속했습니다.

그 세월 동안 마호메트가 사람들에게 신뢰를 얻는 사건이 있었습니다. 그가 35세였을 때 메카에 있던 '카바'라는 신전을 다시 세워야 하는 일을 놓고 그의 부족인 꾸라이쉬 부족 내에 심각한 갈등이 발생하여 전투 상황에 이르게 되었습니다. 모두들 이·상황을 속수무책으로 보고만 있었습니다. 하지만 마호메트는 사람들을 고통 속으로 몰아가는 전투만은 막아야 한다고 끊임없이 설득하고 중재하였습니다. 결국 그는 각 세력들 간의 양보를 얻어 냈습니다. 그의 진실한 설득과 헌신, 사

람들을 중재하는 지혜에 감탄한 사람들은 그를 '아민(충실한 사람)'이라 불렀습니다.

하늘의 계시와 메카에서의 포교 활동

마호메트는 마흔 살 되던 해인 610년에도 히라 산에서 명상과 수행을 하고 있었습니다. 어느 날 히라 산의 밤하늘에서 흐릿한 그림자가 나타났습니다. 그리고 그림자는 그에게 "읽어라!"라고 말했다고 합니다. 마호메트는 제대로 된 교육을 받은 바가 없기 때문에 계시를 읽을 수 없었기에 난처했지요. 그림자는 다시 "신께서 인간을 창조했음을 알라!"라는 계시를 내렸다고 합니다. 하지만 마호메트는 겁을 먹고 허둥지둥 집으로 내려와 쓰러졌습니다. 열병에 걸렸기 때문입니다. 그렇지만 허공에서 신의 계시를 받아들이라는 목소리가 계속 들렸습니다. 마호메트는 겁을 먹어 이를 받아들이지 못했고, 그럴수록 몸은 더욱 아파오고 **발작**이 일어났습니다.

이후 마호메트는 2년여의 고민과 망설임 끝에 신의 계시를 받아들이고 자신이 신의 계시를 전파하는 역할을 해야 한다고 확신하게 됩니다. 그는 메카에서 공개적인 포교 활동을 하기 시작했습니다(613). 그는 각종 종교적·사회적 나쁜 관습을 비난하고 '절대신'인 **알라**에게 복종하라고 했습니다.

천사 가브리엘로부터 계시를 듣는 마호메트

　처음에 그의 포교 활동은 주목받지 못했습니다. 주로 가족과 친지들을 대상으로 한 활동이었기 때문입니다. 하지만 포교 활동이 확대되어 가자 마호메트는 메카의 지배층으로부터 탄압받기 시작했습니다.

　메카는 이슬람교가 성립하기 이전에도 아랍인들에게는 종교의 중심지였습니다. 메카에 있던 카바 신전에는 수많은 아랍인들이 순례를 왔습니다. 메카는 이런 순례단들 때문에 자연스레 시장이 형성되는 곳이기도 했습니다. 따라서 메카에서는 상인들이 도시 운영의 주체였습니다. 이들은 기존 질서를 통해 충분히 수익을 올리고 있었기 때문에 새로운 종교가 등장하여 자신들의 체제를 흔드는 것을 달가워하지 않았습니다. 메카의 권력자들은 하쉼 가문과의 상업 거래를 끊고 마호메트의 보호자인 삼촌을 회유, 협박하여 조카의 행동을 중단하게 했습니다. 이런 회유와 압박을 견디다 못해 하쉼 가문은 메카의 외곽으로 피난

했습니다.

엎친 데 덮친 격으로 몇 년 후에는 마호메트의 동반자인 카디자와 보호자인 삼촌이 동시에 세상을 떠났습니다. 마호메트는 이제 마음의 안식처마저 잃어버린 것입니다. 더군다나 삼촌의 후임으로 하쉼 가문의 대표자가 된 또 다른 삼촌 아부 라하브는 마호메트를 이해해 주지 않았습니다. 결국 마호메트는 메카에서의 포교를 포기하고 새로운 장소에서 포교 활동을 해야겠다고 마음먹었습니다.

읽어라! 이슬람교의 경전인 『꾸란(코란)』은 '읽음' 이란 뜻을 가진 아랍어이다. 신의 계시가 "읽어라!"부터 시작되었기 때문에 경전을 '꾸란' 이라 했다고 한다.

마호메트의 발작 사람들은 이러한 마호메트의 심리적 불안이나 종교적 체험을 정신질환이나 간질 환자의 발작으로 이해하기도 했다. 후에 이러한 얘기는 비이슬람교도들에 의해 마호메트를 깎아내리는 도구로 활용되었다.

알라 'al(영어 the와 같음)' + 'illah(신)' 가 합쳐진 말이다. 결국 '신' 이라는 뜻

이 슬 람 교 를   완 성 하 다

이슬람교가 성립하기 전에도 이 지역에서는 금식과 순례를 하는 달이 있었는데, 이때는 폭력을 사용해선 안 됐습니다. 마호메트는 이때를 이용하여 알라를 사람들에게 알리려고 멀리 야스리브(메디나의 옛 이름)에서 찾아온 순례자들과 알라와 이슬람에 대해 이야기를 나눴습니다. 당시 야스리브에는 2개의 아랍 부족과 3개의 유대 부족이 심각한 대립을 하고 있었답니다. 그래서 그들을 중재할 사람이 필요했는데, 그들은

마호메트의 이야기를 듣고 그가 이런 문제를 해결해 줄 것이라 생각했습니다. 그들은 알라와 그에게 충성할 것을 약속하고는 더 많은 사람들을 이끌고 와 같은 약속을 하게 했습니다.

서기 622년 7월 15일, 마호메트는 이슬람을 믿는 무리들을 이끌고 박해자들의 탄압을 피해 메카에서 야스리브 근처로 이동했습니다. 그런데 이동 이후 이슬람은 크게 번성합니다. 따라서 이슬람인은 이 해와 이 날을 매우 중요하게 생각하여 이슬람 달력의 원년 1월 1일로 삼았습니다. 그리고 이 사건을 '헤즈라'라고 부릅니다.

야스리브의 사람들은 마호메트를 크게 환영하며 맞이했습니다. 마호메트는 도시에 들어가면서 도시 이름을 '예언자의 도시'라는 뜻을 가진 '마디나툿 나비'로 바꾸었는데, 이를 짧게 불러 '메디나'라 했습니다.

당시 메디나 사람들은 부족 단위로 묶여 있었습니다. 즉 혈연과 지연을 바탕으로 공동체를 구성하여, 일찍부터 잘 알고 있는 사람들끼리만 뜻을 같이하고 있었습니다. 따라서 여러 부족들은 하나로 합쳐질 수가 없었습니다. 마호메트는 이들을 합칠 수 있는 공동체를 만들어야겠다고 생각했습니다.

그래서 여러 부족들이 이슬람을 믿거나 그렇지 않거나 관계없이 메디나라는 지역에 살고 있으면 함께 지켜야 할 규칙들을 만들었습니다. 물론 이 규칙은 이슬람에 기초한 것이었습니다. 또 이렇게 만든 공동체를 '움마'라 불렀습니다. 이제 메디나에 살던 사람들은 혈연적 관계로부터 벗어나 사회적 관계를 맺게 되었고, 이로써 각 부족 간의 갈등이 없어지고 통합이 이루어졌습니다.

당연히 '움마'라는 공동체를 운영하는 것은 마호메트였습니다. 마호메트는 알라의 명을 받아 땅에서 그 명을 실천하는 사람이었기 때문에 공동체의 행정, 재판 등의 일을 판단하고 결정했습니다. 또한 새로운 공동체의 등장으로 위기를 느낀 외부 세력의 침략을 막고 생존 수단을 확보하기 위해서 군사적 업무도 수행해야 했기에 그는 군사업무도 담당했습니다. 마호메트는 공동체 내에서 종교적 지도자였고, 왕이었으며, 군 최고 지휘관이었던 것입니다. 움마는 정치와 종교가 일치된 '정교일치'의 사회였습니다.

마호메트는 교세의 확장과 생존 수단의 확보를 위해 메카 주변 지역을 약탈하기 시작했습니다. 이런 약탈 행위는 당시 유목민들이 삶을 이어나가는 데 있어서 당연한 행위로 받아들이던 때였습니다.

마호메트의 약탈은 메카 지역 사람들의 대대적 반격을 가져왔습니다. 마호메트는 이전까지는 방어적으로 싸웠지만 '칸다크 전투(627)'에서 승리한 후에는 적극적으로 메카를 공격하였습니다.

마호메트는 적극적으로 공격함과 동시에 정치적 협상도 진행했

습니다. 결국 그는 10년간 정전(停戰)하고 이슬람교도(무슬림)들이 메카를
순례할 수 있도록 협약을 체결했습니다. 하지만 이슬람 세력의 확장이
지속적으로 이뤄지자 정전에 대한 불만을 가진 일부 메카의 세력들이
이슬람교도의 메카 순례를 다시 막았습니다. 마호메트는 이를 문제 삼
아 신속하게 대군을 지휘하여 기습적으로 메카에 진입했습니다(630). 당
시 메카의 지배자들은 신속한 마호메트의 공략에 제대로 대처하지 못
한 채 메카를 마호메트에게 넘겨주게 되었고 이슬람에 **귀의**하겠다고 약
속하게 됩니다. 마호메트는 종교적 탄압을 피해 도망치듯 빠져나온 지
8년 만에 당당하게 들어가 메카를 장악했습니다.

마호메트는 메카를 이슬람으로 개혁하기 시작했습니다. 각종 우상들을 폐기하고 자신을 탄압한 이들에게 관용을 베풀어 그들을 끌어 안았습니다. 이에 사람들은 마음의 문을 열고 이슬람과 그에게 귀의했습니다. 이러한 그의 관용은 아랍의 다른 부족들의 마음도 흔들어 놓았습니다. 게다가 뛰어난 군사 능력으로 아라비아 지역을 장악해 나갔습니다. 이렇게 되자 아랍 각지에 살던 부족들은 대표단을 메카로 보내어 마호메트에게 충성하고 이슬람으로 개종할 것을 약속했습니다(631). 마침내 마호메트는 아랍 지역에 부족 단위로 살던 사람들을 이슬람이란 종교로 통합하여 최고 지도자 자리에 오르게 되었습니다.

마호메트는 메카를 정복한 이후에도 메디나에 머물면서 순례의 달에 메카를 다녀오곤 했습니다. 632년 전까지는 순례단의 대표는 마호메트가 아니었습니다. 하지만 632년에 그는 갑자기 순례단의 대표로서 메카로 향합니다. 그리고 메카 근처 아라파트 산에서 연설을 합니다. 마치 그것이 마지막임을 알고 있듯이 말입니다. 이 연설에서 그는 알라의 계시를 사람들에게 전합니다. 계시에 의하면 이제 이슬람은 완성되었고 그것이 아랍인의 종교임을 밝히는 것이었습니다. 이 연설을 마치고 그는 메디나로 돌아와 6월 8일에 세상과 이별합니다.

칸다크 전투 1만여 명의 메카 측 군대가 메디나를 향해 오자 마호메트가 '칸다크(참호)'를 파고 40여 일간 버티 승리한 전투. 지금은 참호전이 당연한 것이지만 이 시대에는 획기적인 전술이었다.

귀의 특정 종교나 사람에게 믿고 의지함을 말한다.

마호메트가 쓴 교과서

이슬람 세력이 빠르게 퍼져나간 이유는?

아라비아 반도에서 613년에 등장한 이슬람교는 8세기 중반에 들어서면 서아시아 전역과 지중해 연안의 북아프리카 전역 및 유럽의 이베리아 반도까지 차지하게 됩니다. 그리고 이슬람에 의한 지배가 오랫동안 계속되었습니다. 이처럼 이슬람 세력이 빠른 시간 안에 대제국을 건설하고 오랫동안 지배까지 할 수 있었던 이유는 무엇일까요?

이슬람 세력의 영역

이 지역을 지배하던 로마 제국은 콘스탄티누스 황제가 죽은 후 다시 동과 서로 분열되었습니다. 그러다가 서로마 제국이 멸망하면서(476) 이 지역은 극심한 혼란 상태에 놓이게 됩니다. 각 지역의 지배자들은 민중들에게 여러 가지 명목으로 조세를 징수할 뿐만 아니라 약탈도 서슴지 않았습니다.

동로마 제국의 지배를 받고 있던 소아시아 지역이나 이집트 지역은 서로마 지역보다는 나은 상황이었지만 민중에 대한 부담은 별 차이가 없었습니다. 한 해에 제국 정부에 납부해야 하는 정기적 조세도 많았고 수시로 특별 조세도 내야 했습니다.

이런 상황에서 이슬람 세력이 이 지역으로 세력을 확장해 왔습니다. 처음에는 이슬람 세력의 힘에 의해 강제로 굴복되었지만 시간이 지나면서 이 지역의 사람들은 이슬람 세력이 자신들을 지배해 주길 바랐습니다. 왜냐하면 이슬람 세력의 지배 방식이 기존 지배층보다 훨씬 좋았기 때문이었습니다.

이슬람의 지배자들은 일 년에 법에서 정한 만큼만 **세금**을 징수해 갔습니다. 세금은 높은 편이었지만 이전의 지배자들이 거두어 간 세금과 비교한다면 훨씬 낮은 금액이었습니다. 게다가 이슬람의 지배자들은 신사였습니다. 그들은 기분 내키는 대로 지배하기보다는 이슬람의 경전인 『꾸란』에서 규정한 내용을 충실히 지키면서 통치했습니다. 또한 이슬람 지배자들은 자신들의 종교를 강요하면서 괴롭히지 않았습니다. 오히려 이슬람교로 개종하면 앞에서 이야기한 세금을 면제해 주거나 관리가 될 수 있는 특혜를 주었습니다.

　이슬람 세력의 이러한 통치 방식은 불합리한 지배에서 살고 있던 사람들에게는 희망적인 것이었습니다. 이러한 이슬람 세력의 움직임으로 인해 그 세력이 빠른 시간 내에 퍼졌고 오랫동안 유지될 수 있었습니다.

교과서로 점프

중학교 1학년 사회 – 이슬람 세계의 사회와 문화
12세기까지 이슬람 문화는 세계적으로 가장 높은 수준을 자랑했으며, 특히 자연과학이 발달했다. 연금술을 통해 화학이 발달했고, 천문학에서는 해와 별의 운행을 관측하고 이슬람력을 만들었으며, 항해할 때 나침반을 사용했다. 또한 인도에서 0의 개념을 받아들여 아라비아 숫자를 만들었고 10진법을 사용했다.

고등학교 2학년 세계사 – 알라 외에 신은 없다?
마호메트가 사망하자 그의 후계자로 선출된 **칼리프**들이 정치와 종교의 대권을 계승했다(정통 칼리프 시대). 이슬람교도들이 교세 확장을 본격적으로 시작한 것은 이때부터이다. 이들은 서쪽으로 이집트와 북아프리카로 진출했고 동쪽으로는 사산 조 페르시아를 정복하여 대제국을 건설했다.

이슬람의 세금　'지즈아'와 '하라즈'라는 세금이 있었다. 지즈야는 노동력을 가진 남자에게 부여된 세금으로, 보통 사람에게 부과된다 하여 '인두세'라고 한다. 하라즈는 토지를 기준으로 부과한 세금으로, 토지에서 생산된 결과물의 일부를 거두는 것이다. 오늘날로 따지면 소득세에 해당한다. 인두세는 점차 사라져 오늘날에는 거의 찾아볼 수 없지만 당시로서는 가장 확실한 세금 징수 방법이었다.

칼리프　마호메트의 계승자를 말한다. 그의 계승자라는 것은 곧 마호메트를 대신하는 선지자(남보다 먼저 깨달아 아는 사람)를 의미한다. 칼리프는 종교 지도자들의 회의를 통해 선출됐는데, 이슬람 세계 전체를 지휘하는 최고 지도자가 되었다. 선출된 칼리프들에 의해 운영되던 시대를 '정통 칼리프 시대'라고 한다. 4대 칼리프인 알리를 끝으로 정통 칼리프 시대는 문을 닫고 옴미아드 가문에 의해 칼리프가 세습되는데, 이때를 '세습 칼리프 시대'라 한다. 이때부터 이슬람 세계도 왕조 체제에 돌입하게 된다.

4대 칼리프인 알리

아랍 사람들의 이름은 어떻게 지을까?

마호메트의 원래 이름은 'Abual-Qasim Muhammad ibn Abd Allah ibn Abd al-Muttalib ibn Hashim' 입니다. 참 길지요? 아랍 사람들의 이름은 비교적 다 깁니다. 왜냐하면 우리나라처럼 성(姓)을 사용하지 않기 때문입니다. 예를 들어 '김철수'는 가족의 이름을 의미하는 '김'과 자신의 이름인 '철수'로 구분됩니다. 하지만 아랍에서는 가족을 대표하는 이름이 없기 때문에 '○○의 아들 △△'라고 이름을 씁니다. 여러 대가 이어지면 '○○의 아들의 아들의 아들' 이런 식으로 이름이 지어질 것입니다.

마호메트의 이름을 예로 들어 보면 '이븐(ibn)'은 '○○의 아들'이란 뜻입니다. 따라서 가장 앞쪽만 따지면 'Abd Allah(아브드 알라)의 아들 Abual-Qasim Muhammad(아부알 카심 무함마드)'라는 뜻입니다. 그 뒤는 마호메트의 할아버지들의 이름입니다. 전통 있는 가문일수록 이름이 길어지겠지요. 그래서 공문서에는 보통 3대 할아버지까지만 쓴답니다.

'이븐'을 사용해서 우리가 알 수 있는 대표적인 인물은 아시아와 아프리카를 여행하여 여행기를 남긴 '이븐 바투타'입니다. 여자의 경우에는 딸을 의미하는 '빈트'를 아버지 이름과 같이 씁니다.

　또 다른 방식은 'ㅇㅇ의 아버지'로 부르는 방법입니다. 우리나라에서도 어른들이 '철수 애비야!' 이렇게 부르지요. 그것을 공식적인 이름으로 사용했던 모양입니다. 'ㅇㅇ의 아버지'라는 뜻을 가진 말은 '아부'입니다. 예를 들면 마호메트 다음에 칼리프가 된 '아부 바크르(Abu Bakr)'가 있습니다. 그 외에 출신지, 출신 부족의 직업, 별명 등도 이름으로 사용했습니다.

게르만 중심의 서유럽 **세계를** 건설한 왕

카롤루스 대제
(Carolus, 742~814)

오늘날 유럽을 대표하는 나라라고 하면 프랑스, 독일, 영국이 떠오르지 않나요? 하지만 카롤루스 대제가 등장하기 전까지는 이들 나라들은 매우 열등한 나라들이었습니다. 이들 나라들보다 좀 더 힘이 셌던 나라는 로마 제국이었습니다. 하지만 카롤루스 대제가 등장하여 로마 제국의 라틴 민족 중심 사회는 게르만 민족 중심의 사회로 전환됩니다.

영 웅 이 필 요 한 시 대

콘스탄티누스가 죽은 후 로마 제국은 동·서 로마로 완전히 분열되었습니다. 이 중 서로마 제국(오늘날 스페인, 포르투갈, 프랑스, 스위스, 오스트리아 일부와 이탈리아를 포함)에는 북쪽으로부터 게르만족이 끊임없이 들어왔습니다. 게르만족은 자신들보다 선진적인 문화를 가진 로마 사회를 동경했기 때문입니다. 결국 476년, 게르만족 출신 장군인 오도아케르는 반란을 일으켜 라틴족인 서로마 황제를 쫓아내고 이탈리아 지역의 왕이 되었습니다.

　동로마 제국은 여전히 큰 힘을 발휘하고 있었지만 서유럽 세계는 서로마 제국이 멸망하자 로마 제국 자체가 멸망했다고 판단합니다. 왜냐하면 이후 서유럽의 역사는 게르만족의 역사로 전환되기 때문입니다.

　그런데 서로마 제국을 차지한 게르만족은 아시아 쪽에서 이동해 온 훈족이라는 싸움 잘하는 유목민의 이동 때문에 안전하고 살기 좋은 곳을 찾아 다시 서쪽으로 이동하기 시작했습니다. 이때 이동한 게르만의 여러 부족들을 조금만 나열해 보겠습니다. 서고트족, 동고트족, 롬바르드족, 반달족, 앵글로족, 색슨족(작센족), 프랑크족 등입니다. 많지요? 이렇게 많은 종족들이 이동하는 중에는 생존을 위한 싸움이 빈번했을

겁니다. 이런 이동과 전쟁으로 인한 혼란은 약 300년 가까이 이어집니다. 바로 이때, 시대는 혼란을 잠재워 줄 영웅을 원하고 있었습니다.

신하로서 권력을 장악한 카롤링거 가문

각 종족들은 각 지역에서 왕국을 세우고 서로 힘겨루기를 하며 발전과 소멸을 반복하고 있었습니다. 이 중 두각을 나타낸 종족은 라인 강 서쪽 지역에 살던 프랑크족이었습니다. 그들 중 메로빙거 가문이 프랑크족을 통일하고 왕국을 건설했습니다(481). 이 왕국이 메로빙거 왕조입니다.

카롤루스 대제는 이 메로빙거 왕조의 **궁재** 가문에서 태어났습니다. 어떻게 보면 카롤루스 대제 가문은 배신자라고도 할 수 있겠지요. 메로빙거 왕조에 충성해야 하는 신하의 법도를 지키지 않고 왕의 자리를 차지했으니까요. 우리나라를 예로 들자면, 고려를 배신하고 조선을 건국한 이성계와 비슷하다고 할 수 있겠지요.

하지만 메로빙거 왕실은 카롤루스 대제 가문에 왕의 자리를 넘겨 줄 수밖에 없었습니다. 카롤루스 대제 가문이 정치적 실권을 장악하고 있었기 때문입니다. 그렇게 된 것은 카롤루스 대제의 할아버지 카를 마르텔 때부터였는데, 그가 궁재로 있던 시절은 이슬람 세력이 이베리아 반도(오늘날 에스파냐, 포르투갈 지역)를 차지하여 유럽 사회로 세력을 팽창하

이슬람 세력을 물리치는 카를 마르텔의 모습을 담은 그림

려던 때였습니다. 유럽의 기독교 사회가 이슬람 세력의 팽창에 두려움을 가지고 있을 때 카를 마르텔은 이슬람 세력과의 전투에서 승리를 했습니다. 당시 세계 최강의 이슬람 세력을 이긴 그는 높은 평가를 받아 메로빙거 왕조의 정치적 실권을 장악할 수 있었습니다.

당시 메로빙거 왕조의 왕은 매우 어린 나이에 즉위를 연속해서 했고 그들은 정치보다는 사치와 향락에 더 관심이 많았습니다. 덕분에 카를 마르텔은 정치 실권을 장악하여 한때 왕도 없는 상태에서 신하로서 왕국을 다스리기도 했습니다. 후에 자신의 자리를 아들 피핀에게 물려주었는데 피핀은 처음에는 메로빙거 왕실 출신의 왕을 데려다가 왕을 시키기도 했으나 결국 스스로 왕이 됨으로써 **프랑크 왕국**의 새로운 시대를 열었습니다. 바로 **카롤링거 왕조**가 시작된 것입니다.

궁재 궁궐 내 재상을 말한다. 이 시절의 유력한 귀족들은 대부분 궁궐 내에 있지 않고 자기 지역을 직접 지배하면서 세력을 강화하고 있었다. 그에 반해 카롤루스 대제 가문은 궁내에서 왕명을 받들며 행정을 총괄하는 최고 책임자 역할을 했다.

프랑크 왕국 메로빙거와 카롤링거 왕조를 합쳐 프랑크 왕국이라 한다.

카롤링거 왕조 751~987, 피핀의 아들 카롤루스의 이름을 따서 지은 가문 이름

가톨릭을 사랑한 카롤링거 가문, 카롤링거 가문을 사랑한 교황

새로이 왕이 된 피핀은 일종의 반역 행위를 한 것이기 때문에 자신이 왕이 된 것에 대한 명분이 필요했습니다. 그래서 문명 민족인 라틴족의 대표이자 **정통성**을 가지고 있는 교황에게 무능한 계승자들보다는 능력 있는 자신이 왕이 되는 것이 옳은 것이 아니냐고 물어 보았습니다. 이에 교황은 피핀이 왕이 되는 것이 옳다고 답을 주어 그에게 힘을

카롤루스 대제의 아버지 피핀

실어 주었습니다. 이제 카롤링거 가문은 힘과 명분을 차지하게 되었고,
이후 카롤링거 가문과 가톨릭 교회는 더욱 가까워지게 되었습니다.

　　가톨릭 교회와 카롤링거 가문이 더욱 가까워
지게 된 것은 피핀의 아들 카롤루스 때입니다.
카롤루스는 742년에 태어났습니다. 유럽 역사에
서 매우 중요한 인물이지만 그의 어린 시절 활동
에 대해서는 자세한 기록이 없습니다. 카
롤루스의 어린 시절 기록을 보면 12세
때 카롤링거 왕국으로 찾아온 교황
을 아버지와 함께 맞이한 이야기가
가장 오래된 것입니다. 이것은 비
록 짧은 기록이지만 카롤루스가
어릴 적부터 정치 현장에 참여하
고, 왕위를 계승하기 위해 실무를
다지고 있었음을 보여 줍니다.

　　당시 교황은 이탈리아 북
쪽 지역을 지배하고 있던 롬바르
드족으로부터 위협당하고 있었
고, 아버지 피핀은 왕의 자리를 계
속 유지할 수 있는 명분이 필요했

카롤루스 대제 동상

습니다. 그렇기 때문에 교황과 피핀의 만남은 매우 중요한 일이었습니다. 교황인 스테파누스 2세는 하느님의 사도로서 왕을 인정하는 **도유식**을 피핀에게 해주는 대가로 카롤링거 왕실의 군사력을 얻어 롬바르드족을 몰아내려 했습니다. 피핀의 입장에서도 교황으로부터 인정받는 일은 정통성을 확보함에 있어 매우 중요한 일이었습니다. 이렇게 중요한 일에 카롤루스가 함께했던 것입니다. 어쨌든 피핀은 도유식에 대한 화답으로 롬바르드족을 쫓아내 줄 것을 약속했습니다.

　카롤루스 역시 교회에 열심히 봉사했습니다. 왕위에 오르자 아버지가 약속한 롬바르드족을 멸망시키는 작업에 착수했고, 교황에게 직접 지배할 수 있는 영토를 주기도 했습니다. 게다가 교회를 존중하고 가톨릭 신앙을 널리 전파하는 것은 자신의 의무라고 생각했습니다. 카롤링거 가문의 사람들은 정치적으로 로마 교회의 지원이 필요했지만 가톨릭을 진실한 마음으로 믿고 따르기도 했던 듯합니다.

정통성 권력 지배를 승인하고 허용하게 하는 논리적이면서도 심리적인 근거

도유식 하느님이 이스라엘의 왕에게는 명을 내리시어 사람들을 다스리고 기독교로 교화시킬 사명과 능력을 주었다고 한다. 이를 증명하는 행사가 바로 기름을 발라주는 것인데 이를 도유식이라 한다.

카롤루스, 서로마 황제의 자리에 오르다

카롤링거 왕조는 왕국 내부의 반란 세력을 제압하고 도전해 오는

110

카롤루스 대제 시대의 유럽
(8세기 후반 ~ 9세기 초)

카롤루스 대제 즉위 당시의 프랑크 왕국 영역(768년)
카롤루스 대제의 획득 영토
카롤루스 대제의 최대 세력 범위
800년경의 비잔틴 제국
슬라브족 거주 지역
→ 카롤루스 대제의 진출
이슬람 세력권

북 해

앵글로색슨
웨일스
런던
웨식스
브르타뉴
브레멘
작소니아
슬라브족
아헨
파리
보름스
보헤미아
슬로바키아
아바르 왕국
프랑크 왕국
투르
푸아티에
리옹
바바리아
콘스탄츠
불가리아 왕국
제노바
베네치아
라벤나크로아티아
후옴미아드 왕조
마르세유
로마
남슬라브족
콘스탄티노플
사르데냐
지 중 해
비잔틴 제국
시칠리아
시라쿠사
아바스 왕조

카롤루스 대제 시대의 최대 세력 범위

외부 세력을 정복해야지만 안정을 이룰 수 있었습니다.

768년, 왕의 자리에 오른 카롤루스도 마찬가지였습니다.

그에게는 우선적으로 해결해야 할 두 가지 문제가 있었습니다. 하나는 북쪽의 야만족인 **작센족**과 남쪽의 롬바르드 왕국을 정복하는 일이었습니다.

카롤루스는 우선 작센족을 제압하려 했으나 롬바르드 왕국이 교황을 위협하자 롬바르드 왕국을 먼저 멸망시킵니다. 그러고는 작센족을 정복하였습니다. 작센족은 뛰어난 전사 집단이었지만 상대가 강할 때는 쉽게 굴복했다가 기회가 오면 다시 반란을 일으키곤 했습니다. 그래서 카롤루스는 작센족과 무려 18회나 전쟁을 치르고 나서야 완전히 그들을 제압할 수 있었습니다.

이외에도 카롤루스는 라인 강 유역에 살던 여러 족속들을 정복하는 등 유럽 전역의 절반 이상을 차지했다고 할 만큼 넓은 지역을 지배하게 되었습니다. 이렇게 된 이유는 그의 뛰어난 능력도 중요했지만 당시 혼란을 평정할 영웅이 등장해 주길 바라는 사회적 분위기도 크게 작용했습니다. 스스로 카롤루스에게 항복해 오는 사람들이 꽤 있었으니까요. 어쨌든 카롤루스는 이제 서유럽에서 가장 강력한 왕이 되었습니다.

그런데 카롤루스에게는 유럽 내에 막강한 경쟁자가 있었습니다. 바로 **동로마 제국**의 황제였습니다. 동로마 제국의 황제는 로마 전역에 대한 지배권이 자신에게 있음을 강조하며 서로마 교회의 교황에게 굴복할 것을 요구했습니다. 교황에게는 교회와 신도, 약간의 지배 지역이 있었을 뿐이니 강력한 군사력을 가지고 있던 황제에게 도전한다는 것은 위험천만한 일이었습니다. 그래서 교황은 카롤루스에게 도움을 요청하게 되었습니다. 대신에 이번엔 왕이 아닌 황제라는 '명함'을 주어 자신의 보호자로 삼으려 했습니다. 800년 12월 성탄절 미사에서 교황 레오 3세는 카롤루스에게 **아우구스투스**라는 칭호를 주며 서로마의 황제관을 씌우고 그를 로마의 황제로 임명했습니다. 카롤루스는 게르만족이었지만 이제 라틴족을 포함한 가톨릭 세계의 수호자가 된 것입니다. 이것은 이제 게르만족과 그 문화가 유럽 세계의 주인공이 되었음을 의미하는 것입니다.

작센족 '색슨족'을 독일식으로 발음하면 '작센족'이 된다. 색슨족은 영국으로도 진출하여 영국을 구성하는 중요 종족이 된다.

동로마 제국 로마 제국 말기에 제국은 동서로 나뉜다. 동로마 제국은 제국의 정통성을 가지고 있었는데, 전형적인 로마 문화보다는 그리스와 오리엔트 지역의 문화에 더 많은 영향을 받았다. 그래서 동로마 제국이란 이름보다는 수도의 옛 이름을 따서 '비잔틴 제국'이라 부른다.

아우구스투스 로마 황제의 칭호. 카롤루스 아우구스투스(황제)라고 불렀다.

학 문 과 문 화 를 사 랑 한 대 제

카롤루스가 정복만 잘한 게르만족이었다면 그를 '대제'라고 부르지 않았을 것입니다. 그는 게르만인들이 야만성을 벗어던지고 빨리 문명인이 되어야 한다고 생각했습니다. 그러기 위해서는 선진적인 로마의 문화를 받아들여야 했습니다. 따라서 가톨릭을 수용하는 것은 꼭 필요한 일이었고, 이를 보급하는 일도 대단히 중요한 일이었습니다. 물론 이런 정치적 이유 말고도 그는 왕실에 개인 예배를 위한 성직자를 둘

만큼 독실한 기독교 신자였습니다.

가톨릭의 수용과 보급 외에도 카롤루스 대제는 자신의 궁전을 지성의 전당으로 만들고자 했습니다. 국내외에 있는 최고 학자들과 작가들을 불러들여 학문을 연구하고 글을 쓰게 하였습니다. 또한 그리스 로마의 고전들을 수집하고 모아 왕실 도서관을 만들어 자료를 정리했습니다. 학자들과 작가들은 이 도서관의 귀한 자료들을 연구하여 카롤링거 왕조에 필요한 정치적·종교적 이론들을 만들어 제공했습니다.

또한 카롤루스 대제는 성직자와 젊은 기사들을 교육하기 위해서 학교를 설립했습니다. 이 학교에서 공부한 성직자들은 전국 각 지역의 교회로 흩어져서 자신들이 알고 있는 지식을 사람들에게 알려 주었습니다. 이러한 과정에서 라틴 민족으로부터 차별받던 야만스러웠던 게르만 민족은 이제 문화적으로 한 단계 성숙하게 되었습니다. 카롤루스 대제의 학문과 문화에 대한 관심과 지원이 큰 역할을 한 것입니다. 이러한 카롤루스 대제의 노력을 후대 학자들은 '**카롤링거 르네상스**'라 부르며 높이 평가합니다.

카롤링거 르네상스 '르네상스'라는 말은 15세기 이탈리아에서 유행하던 문화 현상을 말한다. 신 중심의 세계관에서 벗어나 그리스 · 로마의 인간 중심적 문화를 다시 부흥시키자는 이 운동은 사람들의 의식을 크게 바꿔 '근대'라는 새로운 시대를 열게 한다. '카롤링거 르네상스'란 말은 카롤링거 시대에 문화적으로 매우 큰 변화가 일어났음을 의미한다.

타고난 정복자 그러나 마음 여린 사람

카롤루스 대제를 가장 골치 아프게 했던 종족은 작센족이었습니다. 그들은 시도 때도 없이 반란을 일으켰고, 대제는 그때마다 진압은 했지만 너그러운 조치를 취하곤 했습니다. 하지만 작센족이 계속 반란을 일으키자 작센족 중 반란에 적극 가담한 4,500명을 하루 만에 모두 처형한 적도 있다고 합니다. 이런 가혹한 방식을 취했음에도 작센족의 반란은 끊이지 않았습니다. 결국 그는 힘에 의한 지배 방식보다는 정책과 가톨릭 신앙을 통해 작센족을 교화하고 순화시키는 것이 더 효과적인 방법이란 것을 깨달았고, 그것에 성공했습니다.

이런 점들을 볼 때 카롤루스 대제는 타고난 정복자이며 통치자인 듯합니다. 우유부단하지도 않았고, 그렇다고 인간미 없는 통치자도 아닌 듯합니다. 이러한 성품은 대제국을 만들고 유지하는 데도 도움이 되었을 것입니다.

이후 카롤루스 대제는 평화로운 생활을 누릴 수 있었습니다. 그리고 그 평화와 함께 그는 장수했습니다. 814년 평온한 일상 속에 있던 카롤루스는 갑자기 늑막염에 걸렸습니다. 당시의 의학 수준으로 쉽게 고칠 수 없는 질병이었고, 결국 1월 28일 72세의 나이로 세상과 이별했습니다.

카롤루스는 왜 교황과 손을 잡았을까?

게르만족이 유럽 세계의 패권을 장악하기 이전 유럽은 로마를 중심으로 한 라틴족에 의해 운영되고 있었습니다. 라틴족은 정치, 문화, 사회, 경제적으로 게르만족과 비교될 수 없을 만큼 높은 수준을 유지하고 있었습니다. 그런 라틴족의 문화를 게르만족은 동경하고 있었고 그들 전통의 우월성을 인정하고 있었습니다.

따라서 게르만족이 왕이 되기 위해선 라틴족의 우두머리인 교황의 지원이 필요했습니다. 교황으로부터 인정받는 것은 정치, 사회, 문화적으로 다른 세력들보다 우수하다는 것을 인정받는 것과 마찬가지라고 생각했기 때문입니다. 또 다른 이유로는, 서로마 제국이 멸망한 후 게르만족이 여러 부족들을 통합하면서 이전보다 큰 왕국을 지배하게 되자 그들의 부족 단위 신앙 체계보다 여러 부족을 통합할 수 있는 보편적 종교가 필요했기 때문입니다. 그 역할을 기독교가 했던 거죠.

또 하나의 이유는, 게르만족이 매우 야만적이었기 때문에 그들을 순화시킬 필요가 있었습니다. 게르만족은 농사를 짓고 가축을 기르며 간신히 먹고 살았기 때문에 생존을 위한 약탈과 전쟁은 피할 수 없었습니다. 사람들은 매우 거칠고 사나웠으며, 이런 사람들을 지배하기 위

해서는 그들에게 순종과 복종을 가르쳐야 했습니다. 이에 딱 맞는 종교가 바로 기독교였습니다.

이처럼 종교는 사회를 통합하고 사람들을 순화시키며 문화적 발전을 가져옵니다. 그래서 새로운 국가를 건설한 왕은 누구나 받아들일 수 있는 보편적 종교를 수용하여 보급함으로써 왕국을 통합하려 했습니다. 카롤루스는 기독교를 통해 이를 실현하려 했습니다. 우리나라 같은 경우에는 불교나 유교가 그러한 역할을 했습니다.

교과서로 점프

중학교 2학년 사회 – 프랑크 왕국, 게르만족 중 가장 번성
프랑크 왕국의 전성기를 이루었던 카롤루스 대제는 중부 유럽 지역을 통일하고, 기독교 전파와 문화 발전에 힘써 교황으로부터 서로마 제국의 황제라는 칭호를 받았다. 이는 로마 문화, 게르만의 전통, 기독교가 융합되어 새로운 서유럽 문화권이 성립되었음을 상징하는 것이었다.

고등학교 2학년 세계사 – 프랑크 왕국의 발전
피핀의 아들 카롤루스 대제는 프랑크 왕국의 전성시대를 열었다. 그는 유럽 대부분의 지역을 정복하여 기독교를 전파시켰고, 중앙집권 정부를 강화시켰다. 800년에는 외적의 괴롭힘을 받던 교황 레오 3세를 도와준 일을 빌미로 황제의 자리에 올라, 성탄절에 서로마 제국의 황제로 대관식을 가졌다. 그는 학문과 교육을 진흥시켜 수도원 학교를 건립했고, 수도 엑스라샤펠에 왕립 학교를 건설하여 유럽 여러 지역의 학자들을 교사로 초빙했다.

카롤루스의 진짜 이름은?

  카롤루스 대제 시절의 공식 언어는 '라틴어'였습니다. 그래서 그의 이름은 라틴어로 'Carolus' 이렇게 기록되었습니다. 우리말로 읽으면 '카롤루스'가 될 것입니다. 그런데 카롤루스가 죽은 후 얼마 지나지 않아 제국은 셋으로 나뉘었습니다. 게르만의 상속 전통에 의하면 아들들에게 고르게 나눠 줘야만 했기 때문입니다. 이렇게 셋으로 나뉜 제국은 후에 프랑스, 이탈리아, 독일이 됩니다. 따라서 각 나라에서는 카롤루스 대제를 자기 나라의 왕이라고 주장하고 있습니다. 그러다 보니 다양한 이름을 가지게 되었습니다.

  예를 들어 프랑스에서는 'Charles(샤를)'이라고 말하지요. 거기에 대제라는 뜻의 '마뉴'를 붙여 '샤를 마뉴'라고 부르지요. 독일의 경우에는 'Karl(카알)'이라고 부릅니다. 영국에서는 프랑스의 'Charles'를 가져다가 '찰스'라고 읽고 이탈리아에서는 'Carlo(카를로)', 스페인에서는 'Carlos(카를로스)'라고 합니다. 이렇게 다양하게 불리다 보니 우리나라 교과서나 역사책에서도 다양한 형태의 이름으로 불리고 있습니다. 하지만 다 같은 사람임을 잊지 마세요.

동아시아 지역의 사상과 윤리를 확립한 유학자

주희 (朱熹, 1130~1200)

우리나라 사람들의 생활 윤리에 많은 영향을 주고 있는 사상은 '유학' 입니다. 유학의 창시자는 공자와 맹자라고 할 수 있지만 그 사상 체계를 깊이 있게 하여 철학적으로 발전시킨 사람은 바로 송나라 때의 주희였습니다. 그의 철학은 우리나라뿐만 아니라 중국과 일본 그리고 베트남에까지 영향을 미쳤습니다.

하늘 위에 무엇이 있나요 ?

주희는 1130년 중국 복건성(푸젠 성) 남검주 우계현이라는 산골 마을에서 태어났습니다. 당시 중국은 원주민인 한족이 송나라를 세웠지만 북방 민족인 여진족이 세운 금나라와의 대결에서 패배하여 남쪽으로 피해 있던, 매우 혼란하고 불안하던 시절이었습니다. 이 시절을 남송 시대라고 합니다.

역사적으로 유명한 사람들에게는 어려서부터 남다른 점이 있다고 기록되어 있지요? 주희는 뛰어난 학자여서 그런지 어려서부터 학문적 탐구에 관심을 보였다는 이야기가 있답니다.

주희가 4세 때 이야기랍니다. 어느 날 아버지 주송이 하늘을 가르쳐 주자 주희가 "하늘 위에 무엇이 있어요?"라고 되물어 보았답니다. 어찌 보면 어린 아이가 하는 당연한 질문일 수 있지요. 이때 주희는 천지사방의 끝이 꼭 존재할 것 같았고, 그 끝에 무엇이 있을지 너무 궁금해 병이 날 것 같았다고 하네요. 어려서부터 '존재의 본질'이 무엇인가에 대해 깊이 생각했던 모양입니다. 이런 자세가 시간과 공간을 넘어 훌륭한 학자가 되게 한 것이 아닌가 싶네요.

학 문 하 는   이 유 를   배 우 다

주희가 11세 때 아버지 주송은 관직에서 밀려났습니다. 주송은 당시 북쪽에서 압박을 가해 오는 금나라와 끝까지 싸워야 한다고 주장했지만 조정 내 대세는 금나라의 압력에 굴복하고 그들의 요구를 받아들여 싸움을 그만두자는 것이었습니다(화의론 또는 주화론). 주송은 결국 조정 내 대세를 주도하던 거물 정치인에 의해 쫓겨나 가족과 함께 시골에 자리를 잡았습니다. 이 과정에서 주희는 아버지를 통해 정치는 냉엄한 현실임을 알게 되었을 것입니다.

주희에게는 위로 형이 둘 있었지만 그들은 일찍 죽었고, 아홉 살 아래의 여동생이 있었습니다. 아버지 주송은 유일한 아들 주희에게 많은 관심과 기대를 가지고 있었을 것입니다. 그런 관심과 기대 속에서 비교적 행복하게 지내던 시절은 그리 오래가지 못했습니다. 주희가 14세가 되던 해에 아버지가 세상을 뜨고 말았기 때문입니다.

송나라의 관리들은 학식이 매우 뛰어나야만 했습니다. 아버지 주송 역

주희 초상화

시 그랬고, 그의 주변에도 뛰어난 학식과 인품을 가진 사람들이 많았습니다. 주송은 세상을 뜨면서 주희에게 자신의 친구이자 뛰어난 학자인 세 사람(호적계, 유백수, 유병산)을 찾아가 그들에게 의지하라고 유언을 남겼습니다.

주희는 아버지의 유언을 따라 그들을 아버지이자 스승으로 모시며 살아갔습니다. 그들은 뛰어난 학자들이었고, 왕조가 흥하고 망하는 것을 경험했던 사람들이었습니다. 그들은 이 시절에 관직에 진출한다는 것은 치열한 정치 싸움에 휘말리는 일일 수밖에 없다는 것을 잘 알고 있었기 때문에 관직에 나서지 않고 지방에 은둔한 사람들이었습니다. 주희는 나라에서 만든 학교에 가지 않고 이들 밑에서 공부했습니다.

이 시절의 경험은 주희가 학문하는 방법에 많은 영향을 끼쳤습니다. 그에게 학문은 개인의 명예나 권력을 높이기 위함이 아니라 사람들이 태어나서 살며 죽는 과정에서 꼭 깨달아야 하는 근본적 진리를 찾는 일이라 생각하게 된 것입니다.

편 견 없 이 학 문 을 사 랑 한 주 희

세 명의 스승들은 매우 뛰어난 유학자였습니다. 이들은 과거를 보기 위해 공부하는 전통적 유학이 아니라 공자, 맹자 등 과거 유학의 대스승들이 주장한 본래의 유학으로 돌아가자는 새로운 유학의 흐름을 받아들였습니다. 이들은 유학 연구에만 그친 것이 아니라 당시 유학의 경쟁 상대라 할 수 있는 불교의 선종에도 관심을 갖고 깊이 있게 연구했습니다.

이러한 스승들의 가르침은 주희에게도 영향을 미쳤습니다. 주희는 불교의 **선종**은 물론, 도교, 역사, 문학, 경전, 병법 등에 이르기까지 두루 공부했답니다. 특히 불교의 선종에 깊은 관심을 가지고 그에 흠뻑 빠지기도 했습니다. 이러한 학문적 탐험은 그가 완성한 주자학(성리학) 속에 녹아 있습니다. 예를 들자면 성리학적 삶의 태도는 근본적으로 자기 자신의 수양으로부터 시작된다는 것입니다. 이러한 자기 수양의 방법론은 선종의 논리로부터 가져온 것입니다.

선종 인간의 마음속에 본래부터 갖고 있는 부처 같은 마음을 깨닫고 부처와 같이 되기 위해 노력해야 한다고 주장하는 불교 종파. 이 종파는 자신의 마음속에 있는 부처의 마음을 찾아내기 위해서 마음을 들여다보아야 함을 강조한다. 그렇기 때문에 문자로 쓰인 경전을 이해하는 것보다 참선을 통해 마음을 보는 것을 중요하게 여긴다. 그래서 참선하기 좋은 조용한 산속에 절을 짓게 되었다. 또한 선종에서는 일상의 동작과 생활에서도 선을 실천할 수 있다고 생각했다. 그래서 노동 같은 일상의 일들 또한 중시했다. 또한 스승과 일상 속에서 묻고 답하는 대화의 과정을 통해 공부하려고 했기 때문에 선종에는 스승들의 어록이 다양하게 많다.

라이벌 육구연을 스승으로

주희에게는 앞의 스승들 이외에도 그의 사상을 성장시키는 데 도움을 준 많은 이들이 있습니다. 대표적인 인물은 이동, 장식 선생 같은 사람들입니다. 이동 선생은 주희에게 유학적 수양법의 장점을 가르쳐 불교적 수양법에서 그를 빠져 나오게 했습니다. 장식 선생은 주희보다 나이가 세 살 어리지만 20여 년 동안 교류하면서 그의 사상을 배우기도 했습니다.

육구연

　　주희는 가장 쟁쟁한 라이벌이었던 육구연을 통해 배움의 기회를 가지기도 합니다. 주희와 육구연은 당대를 대표하는 유학자이면서 이론가였습니다. 유학을 이해하는 입장에서 차이가 있었던 두 사람은 학문적으로 치열하게 대립했습니다. 하지만 주희는 육구연을 자신이 세운 서원에 모셔와 강의하게 했을 정도로 마음속 깊은 곳에서 그를 인정하고 있었습니다. 육구연과 같은 학문적 라이벌이 존재했기에 주희의 철학도 더욱 깊어질 수 있었던 것 같습니다.

배 우 고 안 것 을 실 천 하 다

송나라에서는 사람들 대부분이 관리가 되기 위해서 공부하였습
니다. 주희는 이러한 현실적 욕구로부터 자신을 멀리해야 한다는 것을
스승으로부터 배웠지만 그 역시 현실로부터 완전히 벗어나지는 못했던
듯합니다. 그도 18세에 과거에 응시했기 때문입니다. 아마도 아버지를
잃고 어머니와 동생을 먹여 살려야 했기 때문에 가장으로서 의무를 다
하고자 선택한 길일 것입니다.

송나라의 과거는 각 지방에서 보는 '**주시**', 수도에서 보는 '**성**

시', 황제 앞에서 보는 '**전시**' 이렇게 3단계를 거쳐야 최종적으로 합격하게 됩니다. 주희 역시도 이 3단계 시험에 합격했지만 마지막 단계인 전시의 성적은 330명 중 278등밖에 안 되었다고 합니다. 우리가 유학의 대가라 알고 있는 사람의 성적치곤 매우 초라합니다. 이는 과거 시험에 적합한 공부를 하지 않았기 때문입니다.

과거 시험 성적은 그 사람의 직급과 바로 연결됩니다. 따라서 주희는 중앙 정부의 좋은 자리를 얻지 못하고 지방의 말단 관리를 맡게 되었습니다. 그가 실제로 관직 생활을 한 것은 그의 일생 중 10년이 채 안 되는 짧은 기간이었습니다. 스스로 관직을 거부하고 지방에서 학문 연구에 몰두하기를 좋아했기 때문입니다.

하지만 맡겨진 업무에는 최선을 다했다고 합니다. 주희는 자신이 공부한 대로 백성들의 삶이 나아지도록 업무를 해결해 나갔습니다. 특히 기근과 전염병으로 폐허가 된 고장에 지방 장관으로 임명되었을 때 사람들의 생활을 개선하기 위해 자신을 돌보지 않고 열정을 쏟아 임무를 마쳤는데, 고장 사람들로부터 큰 칭송을 받았습니다.

주시(州試) 주 단위에서 보는 시험. 주는 송나라의 지방 행정 체계로 오늘날 도나 군의 행정 체계를 말한다.

성시(省試) 과거를 주관하는 예부(6부 중 하나로 외교 업무, 예법과 관련된 업무를 맡음)는 상서성에 속해 있었기 때문에 '성시'라고 했다.

전시(殿試) 황제나 왕이 자리하는 건물에 '전'이라는 이름을 붙인다(예, 근정전). 황제가 직접 참석한 가운데 시험을 보았기 때문에 '전시'라 했다.

일 생 을   학 문   속 에   살 다

주희는 몇 년간 조정의 부름에 응답하여 짧은 관직 생활을 한 것을 제외하고는 일생을 학문 연구에 몰두했습니다. 특히 마흔부터 쉰 살까지 10년간은 가장 왕성히 학문 연구 활동을 하여 많은 결과물을 책으로 만들어 낸 시기였습니다. 하지만 이 시기는 어쩌면 그의 일생에서 가장 불행한 시기였을 수도 있습니다. 어머니와 아내가 먼저 세상을 뜬 시기였으니까요. 그런 개인적 아픔 속에서도 학문적 깊이를 더해 갔다는 것은 그의 학문에 대한 열정이 깊었음을 알 수 있습니다.

주희는 60세를 넘겨서도 학문에 대한 연구와 저술 활동을 중단하지 않았습니다. 그런데 이 시절에는 여러 질병에 걸려 몸 고생이 이만저만하지 않았습니다. 특히 왼쪽 눈은 완전히 실명됐고 오른쪽 눈마저 점점 시력이 떨어졌습니다. 이런 상황에서도 주희는 이전 자신이 쓴 여러 책들의 내용을 수정하며 자신의 사상을 더욱 완벽하게 하는 데 힘썼습니다.

주희에게는 일생 동안 800~900여 명의 제자들이 있었는데, 그는 제자들과 함께 학문을 연구하고 발전시켜 나갔습니다. 그의 이런 연구와 저술 활동은 세상을 뜨기 직전까지 이어졌습니다. 그는 죽기 나흘 전에도 제자들과 함께 공부하고, 강의했다고 합니다. 죽기 직전까지 배움을 놓지 않았던 대학자는 1200년, 일흔의 나이로 이 세상을 떠났습니다.

주희가 쓴
교과서

성리학은 어떻게
생겨났을까?

중국 민족을 흔히 '한(汉)족'이라 합니다. 한족은 주변 여러 민족들을 정복하면서 성장하기도 했지만 그들로부터 공격받으며 수없이 위기에 빠지기도 했습니다. 한족의 송나라가 유지되는 동안 그들을 위협한 북방 민족은 거란족과 **여진족**이었습니다. 송나라는 이 두 나라의 공격을 제대로 막아 낼 수 없어 영토를 내주고 해마다 많은 금은보화(세폐)를 바쳐서 평화를 얻었습니다. 송나라 입장에서 보면 매우 억울한 일이었을 것입니다.

당시 송나라의 관리들은 유학을 공부한 사람들, 즉 사대부들이었습니다. 높은 학식을 가진 사대부들 입장에서 보면 들판에서 사냥과 싸움 기술만 익히던 북방 민족에게 무릎을 꿇고 항복했으니 자존심이 상하는 일이었을 것입니다. 하지만 군사력이 우수한 북방 민족의 공격을 송나라는 막아 낼 수 없었고, 끝까지 싸워 한족의 우수함을 지켜야 한다고 주장하

던 사람들은 조정에서 쫓겨나 고향으로 돌아가야 했습니다.

고향으로 돌아온 그들은 학문을 연구하거나 제자들을 길러 내는 일밖에 할 수 없었습니다. 당시에 유학의 새 흐름은 공자와 맹자 등 대스승들이 살던 시절의 순수했던 유학으로 돌아가자는 것이었습니다. 이러한 흐름에 고향으로 돌아온 사대부들이 참여하게 되었습니다. 그들은 힘으로동아시아 사회를 지배할 수 없다면 '사상'으로 지배하고, 그 사상의 종주국으로 중국(송)을 우뚝 세운다면 잃어버린 자존심을 회복할 수 있으리라 생각했을 것입니다.

그리하여 등장하게 된 새로운 유학, '성리학'은 당시 국제 정세 속에서 중국의 한족이 최고라는 생각을 바탕에 깔게 되었습니다. 이렇게 특정의 민족이나 국가가 세계 최고라고 생각하며 다른 민족이나 국가가 자신들보다 열등하다는 주장과 행동을 '국수주의'라고 합니다. 송나라는 국제적 교류를 활발히 했지만 사상적으로는 국수주의적 성격을 가지고 있었습니다.

성리학의 이러한 성향은 이후 등장한 한반도의 조선에도 큰 영향을 미쳤습니다. 조선은 성리학을 국가의 운영 원리, 즉 국가 통치 이념으로 삼았기 때문에 관리가 되고자 하는 사람들은 성리학을 열심히 공부할 수밖에 없었습니다. 성리학을 열심히 공부한 사람들은 당연히 사상의 아버지인 주희와 그가 살던 중국, 특히 한족의 중국을 떠받들며 살았습니다.

　이로 인해 조선은 한족의 왕조를 임금의 나라로 모시고 사는 사대주의를 대외정책으로 표방했던 것입니다. 조선에서 병자호란이 일어나게 된 이유도 조선 사대부들이 한족의 명나라를 물리친 만주족의 청나라에 복수를 해야 된다는 생각을 했기 때문입니다.

　조선만큼은 아니지만 일본과 베트남에도 성리학은 영향을 주었습니다. 그리고 오늘날까지 그 영향은 우리를 비롯한 동아시아 지역 국가에 남아 있습니다.

여진족 거란족은 요나라를 세웠고, 여진족은 금나라를 세웠다. 이 두 나라는 송나라를 공격하기 위해서 자신들의 나라 등 뒤에서 송과 교류하고 있던 고려를 침략하기도 했다.

세폐(歲幣) 전쟁에서 패한 나라가 승리한 나라에 해마다 바쳐야 하는 재물을 어려운 말로 '세폐'라고 한다.

교과서로 점프

중학교 1학년 사회 – 강남 지방의 개발과 서민 문화의 발달
송대에는 주희가 정리한 성리학이라는 새로운 유학이 융성했고, 목판 인쇄술이 발달하여 유교 경전의 출판이 활발해졌다.

고등학교 2학년 세계사 – 송·원의 문화
송대에는 사대부를 중심으로 학문·사상·문학·미술이 발달했고 도시의 번영을 배경으로 문예·공예 등 서민 문화가 번영했다. 또한 요·금 등의 압박을 받으면서 송의 문화는 국수적인 성격이 강하게 되었다. 유학에서는 임금과 신하의 도덕을 중시하는 성리학이 일어나 이후 역대 왕조의 지지를 받게 되었다.

왜 송나라는 북방 민족인 요나라와
금나라에 졌을까?

오늘날도 중국 하면 세상에서 가장 강한 나라 중 하나입니다. 송나라가 지속되던 시절에도 역시 세상에서 문화적으로 매우 높은 수준의 나라였고 그 영역도 대단히 넓었습니다. 그럼에도 송이 북방 민족에게 무릎 꿇은 이유는 무엇일까요?

그것은 앞선 역사에서 찾아야 합니다. 송나라 바로 직전의 통일 왕조는 '당'이라는 나라였습니다. 당나라 역시 대단한 왕조였습니다. 하지만 이 화려하고 대단했던 왕조가 무너지게 된 것은 지방관이자 **무신**인 절도사들의 반란 때문이었습니다.

군사력을 소유하던 절도사들이 당나라를 멸망시키고 각 지방에서 스스로 황제라 하며 나라를 세우는 시절이 있었는데, 바로 '5대 10국' 시절입니다. 이 5대 10국 사회의 주역은 황제나 왕이 된 절도사들과 그들을 밑에서 도운 사대부들이었습니다.

사대부들은 처음에는 먹고살 만큼 땅을 가진 평민 출신 사람들이었는데, 먹고사는 문제가 해결되자 유학을 공부하여 학식이 많은 사람으로서 각 지역에서 영향력을 끼치기 시작했습니다. 오늘날이나 그 시절이나 학식이 높은 사람을 남달리 보았던 모양입니다.

그런데 왕이 된 절도사들에게는 자신을 도와 정치와 행정을 맡아 줄 관리들이 필요했습니다. 왕들이 많았으니 당연히 그에 필요한 인원도 많았겠지요? 이때 관직에 진출한 이들이 각 지방에서 공부만 하고 있던 사람들이었습니다. 공부만 하는 사람들을 우리는 '선비'라 부릅니다. 그리고 관리를 '대부'라 부르지요. 그래서 학자 출신의 관리를 '사대부'라 부르게 되었습니다.

어쨌든 5대 10국 사회는 조광윤이라는 절도사 출신의 왕에 의해 통일되었고, 송나라가 건국되었습니다. 조광윤이 바로 송 태조입니다. 그는 절도사 출신이었으니 무신들에게 권력을 주면 나라가 망한다는 사실을 잘 알고 있었습니다. 그는 **문신**들에게 권력을 주기로 했고 그들을 서로 견제시키기 위해 관료 조직을 만들었습니다. 예를 들어 같은 자리에 두 사람을 임명하여 서로 경쟁하게 하였고, 신하들을 감시하는 감찰 조직을 크게 확대하였습니다. 이렇게 하여 태조는 문신 중심으로 운영하는 체제를 완성했는데, 이를 '문치주의'라고 합니다.

송나라 태조 조광윤

문치주의 덕분에 황제의 권력은 강화되었지만 관리들의 숫자는 엄청나게 늘어나서 재정의 부담이 커졌습니다. 관리들을 유지하는 데 비용이 많이 들어가니까 자연히 군사력 강화에 투자할 수 없게 되었습니다. 게다가 문신 중심의 운영으로 우수한 인재가 무신이 되지 않았고, 무예를 업신여기는 풍조까지 생겨났습니다. 이러한 이유로 점차 군사력이 약화된 송나라는 북방 민족의 공격을 막아 낼 수 없었던 것입니다.

무신 무예를 통해 관리가 된 사람들. 오늘날 장군에서 하사관까지가 이에 해당한다.
문신 학문을 공부해서 시험을 보고 관리가 된 사람들. 오늘날 일반 공무원이 이에 해당한다.

평범한 인간 주희

성리학을 완성한 최고의 사상가이자 학자인 주희도 개인적으로 보면 평범한 우리 이웃 같은 사람이었습니다. 가정적으로는 불행한 사람이었습니다. 생전에 아내와 큰아들 그리고 두 딸을 먼저 저 세상으로 보냈으니 말입니다. 또한 아이들을 성장시키는 과정도 참으로 평범했던 아버지였습니다.

주희는 큰아들을 친구에게 보내어 공부하게 했는데, 훗날 그 이유를 아들에게 쓴 편지에 밝혔습니다. 아들이 공부를 열심히 하지 않을 경우 곁에 두고 있다가는 자신의 꾸지람과 호통으로 결국 부자 사이가 멀어질까 봐 두려웠기 때문에 아들을 멀리 보내어 공부시킨 것이라고 합니다.

그런데 큰아들은 과거를 두 번이나 보았다는 기록이 있는 반면 다른 아들들은 그런 기록이 없습니다. 아들 셋 모두 그리 뛰어나지 않았던 모양입니다. 어쨌든 그리 큰 기대를 했던 큰아들이 39세란 젊은 나이에 죽었으니 주희의 마음은 참으로 아팠을 것입니다. 아픔이 많아서인지 주희는 술을 좋아하고 즐겨 마셨다고 하며, 제자들 앞에서 술을 끊겠다는 말도 자주 했다고 합니다.

주희는 제자들에게 학문적으로나 생활적으로 모범이 되며 매우 엄한 선생님이었습니다. 하지만 마음을 서로 소통하는 제자에게는 인정과 애교가 넘치는 선생님이기도 했답니다. 예를 들면, 자신이 당장이라도 아파 죽을 것 같으니 어서 빨리 만나러 오라는 편지를 죽기 10여 년 전부터 제자들에게 보냈다는 일화가 있습니다. 이를 보아도 제자들을 그리워하고 그들에게 사랑받고 싶어하는 주희의 마음을 알 수 있습니다.

십자군을 물리친 관용의 **이슬람 술탄**

살라딘

(Saladin, 1138?~1193)

미국을 대표하는 시사 잡지 ≪타임≫에서 선정한, 12세기에 가
장 위대한 인물은 살라딘입니다. 영국 사람들 중 살라딘
을 모르는 사람은 별로 없다는 이야기도 있지요. 그런데
누군가 우리에게 살라딘을 아느냐고 물어본다면 뭐라 답
할 수 있을까요?

살 라 딘 이 태 어 날 무 렵 서 아 시 아 세 계

7세기 초반 등장한 이슬람교는 아랍인에게 보급되기 시작하여
그 세력을 확대해 나갔습니다. 8세기 중반까지 이슬람 세계는, 동쪽으
로는 오늘날 이란과 아프가니스탄에 해당하는 페르시아까지, 서쪽으로
는 유럽의 이베리아 반도까지 확대되어 대제국이 형성되었습니다. 이
슬람 제국 내에는 아랍인, 페르시아(이란)인, 북아프리카인 그리고 유럽
인까지 3대륙에 걸친 다양한 민족이 함께 살게 된 것입니다. 그러니 제

국이 하나의 권력 구조로 묶여 있기에는 힘든 상황이었습니다.

당시에는 이슬람교를 연 아랍족들, 특히 시리아 중심의 아랍족들이 이슬람 세계를 주도하였고 이슬람으로 개종한 다른 민족들은 차별을 받는 상황이었습니다. 이러한 상황에 반대하여 이슬람 초기의 모습으로 돌아가야 한다고 주장하는 비아랍계, 비시리아계 아랍 무슬림(이슬람교도)들이 뭉쳐 '시아파' 라는 새로운 종파를 만들었습니다. 이들은 이슬람 세계를 주도하던 아랍족(수니파)과 맞서 싸워 승리했습니다.

시아파는 아랍족과 맞서 이겼으므로 당연히 이슬람 세계의 최고 지도자 자리인 칼리프 자리를 가져와 '아바스 왕조' 를 열었습니다.

이 사건을 계기로 다른 비아랍계 민족의 지도자들도 스스로 칼리프라 칭하며 이슬람 제국으로부터 떨어져 나갔습니다. 대표적인 것이 이집트의 '파티마 왕조' 입니다.

이런 이슬람 세계의 분열은 10~11세기에 걸쳐 계속 이어졌습니다. 그러나 이 분열의 시대에 새로운 변화가 생겼습니다. 바로 중앙아시아에서 살던 투르크인(오늘날의 터키인)들이 쳐들어온 것입니다.

투르크인의 여러 부족 중 셀주크라는 부족이 아바스 왕조를 물리치고 아랍인과 페르시아인을 지배하며 서아시아 지역의 새로운 주도 세력으로 떠올랐습니다. 덕분에 아랍인, 페르시아인, 투르크인들 사이의 갈등과 견제는 매우 심했습니다.

이런 상황 때문이었을까요? **셀주크 투르크**의 일원적 지배는 반세

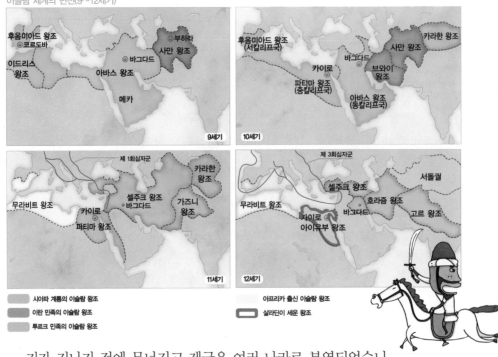

이슬람 세계의 변천(9~12세기)

9세기
후옴미아드 왕조
코르도바
이드리스 왕조
아바스 왕조
바그다드
부하라
사만 왕조
메카

10세기
후옴미아드 왕조 (서칼리프국)
카이로
파티마 왕조 (중칼리프국)
바그다드
브와이 왕조
사만 왕조
카라한 왕조
아바스 왕조 (동칼리프국)

11세기
무라비트 왕조
카이로
파티마 왕조
셀주크 왕조
바그다드
제 1회십자군
카라한 왕조
가즈니 왕조

12세기
무라비트 왕조
카이로
아이유브 왕조
셀주크 왕조
바그다드
제 3회십자군
호라즘 왕조
서돌궐
고르 왕조

시아파 계통의 이슬람 왕조
이란 민족의 이슬람 왕조
투르크 민족의 이슬람 왕조
아프리카 출신 이슬람 왕조
살라딘이 세운 왕조

기가 지나기 전에 무너지고 제국은 여러 나라로 분열되었습니다. 이 틈을 이용해 유럽의 십자군이 침입해 왔고, 예루살렘에 기독교 왕국(라틴 왕국이라고도 함)을 건설하였습니다.

　　12세기 들어 이슬람 세계는 시리아를 중심으로 한 투르크 계열의 왕국과 지중해 연안 지역을 중심으로 한 기독교 왕국 그리고 이집트를 중심으로 한 파티마 왕국으로 나뉘어 있었습니다. 이렇게 복잡하고 위험천만한 서아시아의 상황 속에 태어난 이가 **살라딘**이었습니다.

수니파 이슬람 세계 내 정통파. 시아파들이 반란을 일으켜 아바스 왕조를 세우기 전에 이슬람 세계를 지배한 아랍족의 정통성을 중시하는 종파이다. 당시 이집트의 파티마 왕조는 시아파였다.

셀주크 투르크 족장의 이름을 딴 부족의 이름. 셀주크 투르크가 서아시아 지역에 들어왔을 무렵 이슬람 세계에는 종교적 열정은 식고 권력을 차지하기 위한 욕구만이 넘쳐 있었다. 하지만 셀주크 투르크인이 들어와 이슬람으로 개종하면서 순수한 종교적 열정이 다시 일어나고, 이슬람 세계는 다시 부흥하게 된다.

살라딘 공식 이름은 '알 말리크 앗 나시르 살라흐 앗 딘 유스프 이븐 아이유브'다. 이를 해석해 보면 '성스런 왕이자 이슬람의 영예인 아이유브의 아들 유스프'라고 할 수 있다.

학 식 과 도 덕 을 갖 춘 전 사 로 성 장 하 다

살라딘은 1138년경에 태어났습니다. 살라딘은 오늘날 이라크 북부의 '티그리트'라는 곳에서 태어났습니다. 아랍인과 페르시아인이 많이 살던 지역이었지만 살라딘은 **쿠르드인** 출신이었습니다. 쿠르드인은 유럽인들의 조상인 아리아인 계통의 사람들로 구속받기를 싫어하며 용맹하고 싸움하기를 즐기는 타고난 전사, 싸움꾼이라고 하네요.

그의 아버지는 티크리트 지역의 지휘관이었던 아이유브였습니다. 그러므로 살라딘은 비교적 지위가 있는 전사 가문에서 태어난 것이지요. 물려받은 기질로 보나 가문의 특징으로보나 당연히 전사가 될 수밖에 없었을

살라딘 동상

139

것입니다. 게다가 시대 역시도 혼란스러웠으니 살라딘은 전사가 될 운명이었나 봅니다.

　당시 이슬람의 지도자들은 전사로서 용맹하게 싸우는 것을 중요한 덕목으로 삼고 있었습니다. 더불어 학문과 예술을 사랑하며 장려하는 것도 매우 중요한 덕목이었습니다. 지역 지휘관이었던 아버지 아이유브 밑에서 성장한 살라딘도 어려서부터 학문과 예술을 배우며 성장했습니다. 다양한 영역의 공부를 했지만 그중 이슬람의 교리를 가장 핵심적으로 배웠습니다. 이런 공부들로 인해 그는 관용의 미덕을 가지게 되었을 것입니다.

쿠르드인 　서아시아의 쿠르디스탄 산악 지역에 사는 민족. 유럽인의 조상인 아리아인 계통의 사람들로, 유목 생활을 했다. 그들은 이슬람 제국 내에서 살다가 제1차세계대전 이후 거주지가 연합국에 의해 분리되어 지금은 터키, 이라크, 이란, 시리아, 아르메니아 등지에서 산다. 그들은 독립 의지가 강해 각 나라에서 많은 탄압을 받는데 터키나 이라크 지역은 매우 심각하다.

행운의 여신이 살라딘에게 미소 짓다

　분열된 투르크계 이슬람 세계를 통일하고자 노력했던 사람들이 있었습니다. 시리아 지역의 왕인 '장기'와 그의 아들 '누르 앗 딘'이었습니다. 특히 누르 앗 딘은 이슬람 세계의 수호자로 인정되어 살라딘 다음으로 중요하게 여기는 사람입니다. 누르 앗 딘의 부하 장수 중에는 살라딘의 삼촌인 '시르쿠'가 있었는데, 그는 누르 앗 딘의 마음을 얻어 나

중에 누르 앗 딘에 못지않을 만큼 강한 권력을 갖게 됩니다.

1164년, 시르쿠가 이집트를 정벌하러 떠나게 됩니다. 이때까지는 살라딘에 대한 기록이 전혀 없던 것으로 보아 그저 평범한 청년이었던 모양입니다. 그런데 살라딘이 삼촌인 시르쿠에게 발탁되어 이집트로 같이 가게 됩니다. 이 원정을 통해 살라딘은 역사의 전면에 등장합니다.

시르쿠는 매우 뛰어난 장군이었습니다. 뛰어난 장군인 삼촌과 함께 이집트 원정을 가게 된 것은 살라딘에게 큰 행운이었습니다. 시르쿠가 단숨에 이집트를 점령하자 호시탐탐 노리던 기독교계 라틴 왕국은 이집트를 침략했습니다. 이 전쟁에서 살라딘은 공을 세우며 시르쿠의 신임을 얻었습니다. 당시 이집트는 어린 왕자들이 왕이 되는 경우가 많았기 때문에 노련한 재상들이 실질적인 왕 노릇을 했습니다. 경쟁자들을 물리친 시르쿠는 이집트의 재상이 되었으나 두 달 만에 열병에 걸려 죽습니다. 그 뒤를 이어 이집트의 재상이 된 사람이 살라딘이었습니다 (1169). 뛰어난 장군의 조카인 것, 삼촌이 일찍 죽어 재상이 된 것, 우연일지 운명일지 모르지만 어쨌든 살라딘에겐 행운이었습니다.

이런 행운은 또 있었습니다. 살라딘은 뛰어난 정치가였습니다. 이집트의 실질적 지배자가 되자 누르 앗 딘과 일정한 거리를 두며 세력을 확대해 나갔습니다. 살라딘은 1169년 '아이유브 왕국'을 카이로에 건설하여 누르 앗 딘으로부터 독립했으며, 1171년엔 파티마 왕조를 완전히 멸망시키고 이슬람 세계를 수니파로 통일시키고자 했습니다.

이 사건은 이슬람 세계의 분열을 막는 계기가 되었고, 살라딘 자신에게는 이슬람 세계의 새로운 지도자로 떠오르는 계기가 되었습니다. 물론 누르 앗 딘은 이를 가만 보고 있지 않았습니다. 1174년 살라딘을 벌하기 위해 이집트 원정을 감행했지만 그 역시 열병으로 죽었습니다.

살라딘은 이때를 이용하여 시리아로 진격하였고, 시리아 왕국의 어린 왕을 끌어 내리고 왕이 되었습니다. 그리고 차례차례 그에게 반대하는 지역과 세력들을 정복하여 나갔습니다. 이제 그는 이슬람 세계의 최고 지도자가 되었습니다. 물론 살라딘의 뛰어난 능력이 이를 가능케 했을 겁니다. 하지만 행운도 그와 함께했던 것 같습니다. 하늘은 스스로 돕는 자를 돕는다고 했으니까요.

이 슬 람 의 영 예 , 살 라 딘

살라딘이 이슬람 세계나 기독교 세계에 잘 알려진 것은 바로 십자군과의 전쟁에서 행한 그의 활약 때문입니다. 이슬람 세계의 입장에서 보면 살라딘은 유럽인에게 빼앗겼던 성지 예루살렘을 다시 되찾아온 주인공으로 기억될 것이고, 유럽인 입장에서 보면 살라딘은 십자군과의 전쟁에서 전설 같은 행동들을 보여 준 관용적인 사람으로 기억될 것입니다.

그의 행동이 왜 유럽인들에게 깊은 감동을 주었는지는 십자군의 행동을 통해 알 수 있습니다. 유럽의 십자군은 1096년에 처음으로 시작됩니다. 성지 예루살렘을 회복하는 것이 그들의 공식적 목표였습니다. 그 공식적 목표를 유일하게 달성한 것은 1차십자군원정 때인 1099년이었습니다. 이해 예루살렘에 들어간 십자군은 그곳에 거주하는 유대교인과 이슬람인을 모조리 살해했습니다. 그들의 기록에 의하면 예루살렘이 피로 가득하여 그들이 타고 있던 말의 무릎까지 피로 물들었다고

살라딘에게 항복하는 십자군

합니다. 십자군들은 이교도들의 피를 성지 곳곳에 발라야지만 기독교의 성스러움이 다시 부활할 수 있다고 믿었답니다. 이런 살육은 당연히 약탈, 강간, 방화 등과 같은 행위와 함께 일어났고 살아남은 이교도들은 남녀노소를 가리지 않고 노예 시장으로 넘어갔습니다.

십자군의 이런 행위들 때문에 무슬림들의 기독교도에 대한 복수심은 하늘을 찌를 듯했습니다. 그렇지만 살라딘이 1187년 예루살렘을 다시 되찾은 후에 이슬람 병사들이 기독교도들을 함부로 죽이는 일은 없었습니다. 또한 포로들은 해당 국가로부터 돈을 받고 풀어 주었는데

144

더 이상 받을 수 없는 상황이 되자 수천 명의 포로를 무료로 풀어 주었다고 합니다. 게다가 남편과 아버지를 잃은 기독교도 여인과 아이들에게 돈을 나눠 주기도 했으며, 그들을 데리고 예루살렘에서 철수를 할 때 여자들과 아이들이 지치자 이슬람군의 말에 태우게 하고 이슬람 군인들이 짐을 들어 주거나 아이를 안고 가게 했습니다.

살라딘의 배려는 단지 약자에게만 이뤄진 것은 아닙니다. 살라딘의 예루살렘 회복은 제3차십자군원정을 가져왔습니다. 제3차십자군원정대의 대표는 영국 국왕인 사자왕 리처드였습니다. 그는 유럽 세계를 대표하는 왕이자 기사였습니다. 사자왕이란 별칭은 그가 그만큼 용맹했음을 의미합니다.

살라딘과 리처드는 1191년에 아르수프에서 맞대결을 펼쳤습니다. 이 대결에서 살라딘은 패배했습니다. 하지만 리처드가 부상을 입었다는 소식을 듣고 자신을 돌보는 의사를 보내 상처를 치료하게 했습니다. 게다가 리처드가 말을 잃어버리자 다른 말을 보내어 사용하게 하고 신선한 과일을 눈으로 덮어 보내기도 했습니다. 이러한 살라딘의 마음 씀씀이로 인해 리처드는 살라딘을 신뢰하게 되었고, 예루살렘을 무슬림들의 지배하에 두되 기독교도들의 성지

사자왕 리처드

방문은 자유롭게 할 수 있도록 하는 평화협정을 체결했습니다. 리처드는 살라딘에게 협정 체결 과정에서 존경을 표하기도 했지요.

　　삼촌을 따라 이집트 원정을 나선 이후 살라딘은 쉬지 않고 전장을 누빈 용맹한 전사였습니다. 또한 관대하고 품위 있는 위대한 정치가였고 유능한 협상가였습니다. 그의 이런 노력은 이슬람을 지켜 내기 위한 것이었습니다. 이 열정이 그의 목숨을 조금씩 갉아먹었던 모양입니다. 1193년 십자군의 침입을 막아 내고 시리아의 수도 다마스쿠스에 돌아오자마자 살라딘은 병에 걸렸고 이내 세상을 뜨고 말았습니다.

그의 죽음 이후 사람들은 또 한 번 그에게 놀랍니다. 사람들이 열어 본 그의 금고에는 자신의 장례식을 치르기에도 부족한 돈이 있었다고 하는군요. 그는 재산의 대부분을 어려운 사람들을 돕는 데 사용했던 것입니다.

그는 전장에서는 무시무시한 전사였고, 승리했을 때는 더없이 너그러운 사람이었습니다. 약속은 반드시 지키고, 자신의 종교에 충실하며, 그 가르침대로 살기 위해 노력한 사람이었으며, 가난하고 어려운 사람들을 위해 자신의 것을 아낌없이 나누는 사람이었습니다.

세상에 수많은 지도자들이 있지만 적에게 칭송을 받는 이는 살라딘이 유일하지 않은가 싶습니다. 14세기 유럽의 지식인들은 살라딘의 이러한 삶의 태도를 칭송하고 따르려 했습니다.

살라딘이 쓴 교과서

십자군은 왜 이슬람 세계를 침략했을까?

표면적인 이유는 기독교도들의 자유로운 성지순례를 막는 세력을 몰아내고 성지 예루살렘을 기독교의 성지로 회복하는 것이었습니다. 그런데 하나 알아 두어야 할 것은 예루살렘은 기독교의 모태가 되는 유대교의 성지이기도 하고, 동시에 유대교와 기독교의 영향을 받은 이슬람교의 성지이기도 하다는 것입니다. 어느 한 종교가 독점해서는 안 되는 공간이었지요.

물론 이슬람 세력이 막강하던 시절에는 기독교도들의 예루살렘 순례가 가능했습니다. 그렇지만 그런 상황이 10세기부터 변화하기 시작했습니다. 앞에서 설명했다시피 10세기 들어 이슬람 제국은 분열되고 있었고, 특히 11세기 들어 셀주크 투르크라는 세력이 예루살렘을 포함한 이슬람 세계를 지배하게 되자 셀주크 왕조의 지배를 벗어나고자 하는 세력들은 더욱 힘을 키우기 위해 노력했을 것입니다.

이 과정에서 예루살렘으로 향하는 길목 위에 있던 세력들은 순례자들에게 통행세를 받으며 그들의 순례 행렬을 방해했습니다. 이것이 갈등의 시작이었습니다. 하지만 이런 문제는 기독교 세계에서 정치적으로 충분히 해결할 수 있는 문제였습니다. 그런데도 전쟁을 선택한 이유는 무엇이었을까요?

첫째는 교회의 우두머리인 교황의 욕심 때문이었습니다. 당시 기독교 세계는 둘로 나뉘어 있었습니다. 그 둘은 **비잔틴 제국**과 서유럽 세계였습니다. 비잔틴 제국의 교회는 황제가 최고 지도자였습니다. 반면 서유럽 교회의 최고 지도자는 교황이었습니다. 비잔틴의 황제에게는 거대한 제국과 군대가 있었던 반면 서유럽의 교황은 그렇지 못했습니다. 그리고 비잔틴의 황제가 역사적으로 보면 더 우위에 있는 존재라 그의 요구나 간섭을 피하기가 어려웠습니다.

그런데 그러한 존재가 이슬람 세계의 도전을 받으면서 교황에게 도움을 먼저 요청하게 된 것입니다. 이 기회를 이용해서 교황은 동서 교회를 통합하고 비잔틴 황제를 굴복시켜 교회의 유일한 지배자가 되고 싶었습니다.

전쟁을 벌인 둘째 이유는 왕이나 **영주**들의 욕심 때문이었습니다. 11세기에 들어 서유럽 사회는 전쟁이 줄고 안정적인 모습을 갖추게 되었습니다. 전쟁이 줄어들었다는 것은 새로운 영토를 확보할 수 없게 되었다는 것이고, 새로운 영토를 확보하지 못한다는 것은 자신이 지배하는 영토를 운영하는 데 필요한 경비를 확보하지 못한다는 것을 의미했습니다. 이때 교황이 등장하여 왕이나 영주들의 영토 확보 욕망을 채워 줄 수 있는 제안을 했던 것입니다. 아마도 이렇게 말했을 겁니다.

"(큰 목소리로) 성지 예루살렘을 되찾으러 갑시다. 하느님이 우리에게 준 사명입니다. (작은 목소리로) 무슬림들을 쫓아낸 후엔 당신들이 그곳을 차지하시오. 거기에는 금은보화와 물자가 풍부하다오."

세 번째 이유는 상인들의 욕심 때문이었습니다. 상인들은 이슬람 세계에 빼앗긴 동서 무역의 막대한 이익을 이참에 다시 찾아오고 싶었습니다. 그래서 적극적으로 십자군을 후원했으며 교황을 돕는 일에 앞장섰습니다.

마지막으로는 힘없는 농민들의 자유를 향한 욕심 때문이었습니다. 당시 농민들은 자유인이었지만 자신이 살고 싶은 곳에 살 수가 없었습니다. 항상 왕이나 영주의 허락을 받아야만 가능했고, 그들에게 자신의 노동력과 재물을 바쳐야만 했습니다. 그런데 왕과 영주가 농민들에게 십자군 원정에 참가하면 자유를 주겠다고 약속했습니다. 게다가 교황은 이번 원정에 참여하면 농민들의 '원죄'를 깨끗이 씻을 수 있게 된다고 유혹했습니다. 이런 말들에 현혹된 농민들은 원정에 참여했습니다.

십자군 원정은 출발부터 각 계층의 현실적 욕망으로부터 시작된 것이었습니다. 다만 종교적 명분을 통해 자신의 진짜 욕망을 숨길 수 있었던 것이죠. 하지만 십자군에 참여한 사람들 중에는 신을 위해 정의로운 일을 하는 것이라고 진심으로 믿는 사람도 있었을 것입니다.

비잔틴 제국 동로마 제국이라고도 한다. 로마 제국 말기에 제국은 동·서 둘로 나누게 되는데 동로마는 그리스나 동방적 요소를 수용하면서 발전했기 때문에 로마적 전통에서 벗어났다 하여 '비잔틴 제국'이라 부른다. 비잔티움 제국이라고 부르기도 하는 이 용어는 학자들에 의해 붙여진 명칭으로, 제국의 수도였던 콘스탄티노플의 고대 지명에서 따왔다.

영주 서유럽의 중세 왕국들은 봉건제도에 의해 운영되었다. 봉건제도는 왕이 싸움을 잘하는 전사(기사)에게 땅을 주고 대신 충성을 약속받는 계약을 통해 이뤄졌다. 이때 땅을 가지고 있는 기사들을 영주라고 한다. 영주는 왕의 간섭 없이 자신이 소유한 땅을 직접 지배할 수 있었고, 그 땅을 다시 기사들에게 나눠 주어 군대를 소유할 수 있었다.

원죄 기독교에서 아담과 하와가 신의 명을 어기고 선악과를 따 먹은 죄 때문에 모든 인간이 날 때부터 가지고 있다는 죄를 말한다.

교과서로 점프

중학교 2학년 사회 – 예루살렘을 탈환하러 십자군이 간다
11세기 무렵부터 유럽 사회는 전반적으로 안정을 이루어 농업이 크게 발전했고 인구도 증가했다. 이처럼 새로운 활력을 얻게 된 유럽 사회는 그 힘을 밖으로 뻗치기 시작했는데 십자군 원정이 그중 하나다.

고등학교 2학년 세계사 – 십자군 원정의 배경
11세기 후반 셀주크 투르크족이 비잔틴 제국을 위협하자 황제는 교황 우르반 2세에게 도움을 청했다. 1095년 프랑스의 클레르몽 종교회의에서 교황은 성지로의 제1차십자군원정을 선포했다.

칼리프와 술탄은 어떻게 다른가요?

칼리프는 원래 종교적 지도자를 의미했습니다. 하지만 마호메트 시절 이후 이슬람 세계의 최고 지도자를 의미하게 됐습니다. 마호메트 시절에 무슬림들은 이교도들의 탄압으로부터 살아남기 위해 마호메트 중심으로 똘똘 뭉쳐야 했는데, 이 과정에서 마호메트는 이교도들과 싸우기 위해서 군사 지휘관 역할을 해야 했으며, 평상시에는 사람들의 분쟁을 조정하는 정치가 역할도 해야 했습니다. 따라서 이슬람 세계가 확대되면서 칼리프는 종교 지도자의 역할과 왕의 역할을 함께하는 존재가 되었습니다. 그리고 거대한 이슬람 세계를 운영하고 지배하는 유일한 존재가 되었습니다.

이슬람 세계가 대제국을 건설하다 보니 각 지역을 다스려야 하는 사람들이 필요했습니다. 이들에게 사람들의 분쟁을 조정하는 정치가의 능력과 외부 세력의 침입을 막을 수 있는 군 지휘관의 능력이 가장 필요했습니다. 그 다음에 이슬람의 가르침을 전달할 수 있는 능력이 필요했겠지요. 달리 말하면 칼리프 밑에서 일하는 지방 장관 정도가 되겠지요. 물론 이들에게는 독자적 지배권이 있었지만 종교적으로 선지자인 칼리프의 말을 따라야 하는 것이 당연했기 때문에 반란을 일으킬 염려는 적었습니다. 이런 지방의 장관을 '술탄'이라고 불렀습니다. 요약하면 '각 지방의 정치적 지배자'를 술탄이라 부른 것이죠.

그런데 셀주크 제국이 성립하면서 술탄은 지방의 정치적 지배자가 아닌 이슬람 세계 전체의 정치적 지배자가 되었습니다. 게르만족이 기독교의 수장인 교황의 자리를 넘보지 않았던 것과 마찬가지로 셀주크 투르크 족도 이주해 들어온 사람들이었기 때문에 이슬람 세계의 정신적 지주인 칼리프의 자리를 차지하지 않았습니다. 다만 칼리프의 종교적 권위는 인정하되 그의 정치적 지배력만을 가져와서 제국을 지배했던 것입니다. 그래서 셀주크 제국 시절에 이슬람 세계는 정치적 지배자와 종교적 지배자가 구분되었습니다.

후에 오스만 제국 시절엔 술탄이 이슬람 세계 전역에 대한 지배권을 강화하기 위해 칼리프의 자리도 차지하게 됩니다. 이로 인해 오스만 제국 말기에 반란이 일어나기도 했습니다.

파란만장한 리처드 씨

    살라딘과 싸웠던 유럽의 왕은 여럿이 있지만 그중 가장 유명한 사람이 영국의 왕 리처드 1세입니다. 왕은 그 업적에 따라 칭송하는 다른 이름을 가지는데, 리처드 1세는 '사자의 마음을 가진 왕'이란 이름이 있었습니다. 리처드 1세는 중세 기사들로부터 존경받던 인물이니 당연히 싸움도 잘하고, 성격도 거칠었을 것이며, 모험을 즐겼을 것입니다. 그의 일생은 싸움과 모험의 연속이었습니다. 그는 왕이 되기 전에 이미 왕위를 놓고 형제간에 싸움을 해야 했고 아버지와 갈등을 겪어야 했습니다. 이런 고비를 넘기며 결국 그는 영국의 왕이 되었습니다.

    왕이 된 후에는 프랑스 국왕, **신성로마제국** 황제와 제3차십자군원정을 떠나야 했습니다. 물론 중간에 갈등으로 서로 갈라져 각자 십자군 원정을 떠났지만 말입니다. 살라딘과 평화를 위한 휴전협정을 체결하는 과정에서는 이슬람 포로 2,700명을 학살하는 어처구니없는 짓도 했다고 합니다.

휴전협정을 체결한 후 고향으로 돌아가던 리처드 1세는 풍랑을 만나고 배가 난파당해 육로로 가야 했습니다. 고향으로 가던 육로에서는 동생 존이 왕의 자리를 빼앗으려 한다는 소식을 듣게 됩니다. 그런데 오스트리아 지역의 영주에게 붙잡혀 포로 신세로 지내게 됩니다. 결국 그는 거금을 주기로 약속하고 풀려났습니다. 영국으로 돌아온 후 존을 내쫓고 다시 왕의 자리에 올랐지만 그는 얼마 지나지 않아 동생 존을 왕위에 앉히려 했던 프랑스 국왕을 혼내

존 왕 리처드 왕의 동생으로 형의 왕 자리를 빼앗으려 했다.

주기 위해 프랑스로 달려가 전쟁을 벌입니다. 결국 이 전쟁에서 리처드 왕은 화살을 맞아 42세의 나이에 죽음을 맞이했습니다.

그는 유럽 기사들에게 존경받는 왕이었지만 실제 영국에서 왕 노릇을 한 것은 6개월 밖에 되지 않았습니다.

신성로마제국 오늘날 독일, 오스트리아 등의 동유럽과 북유럽의 여러 국가의 기원이 되는 나라로 중세에서 근대 초까지 이어졌다. 18세기에는 지금의 독일, 체코, 오스트리아, 벨기에, 폴란드를 포함해서 네덜란드, 스위스, 프랑스, 이탈리아의 일부까지 포함했었다. 이 지역들은 황제국인 오스트리아 지역을 중심으로 각자 독립적인 제후국을 이루고 있었다. (자세한 내용은 〈비스마르크〉 참조)

바투
(Batu, 1207?~1255)

13세기 들어 유럽 사람들은 공포에 떨어야만 했습니다. 칭기즈 칸과 그의 장군들이 그들을 정복하러 왔기 때문입니다. 칭기즈 칸이 죽은 이후 잠시 멈췄던 유럽 원정은 다시 시작되었으며 몽골족은 240여 년 동안 동유럽 일대를 지배했습니다. 그 출발점에 바투가 있었습니다.

칭기즈 칸의 손자, 바투

13세기경, 오늘날 몽골 지역의 유목민족이었던 몽골족들이 부족을 통합하여 나라를 건설했습니다. 그 중심에 테무친이 있었고 후에 그는 칭기즈 칸이 됩니다. 유목 민족에게 전쟁을 통해 물자를 얻는

칭기즈 칸 초상화

것은 곧 생산 활동이었습니다. 전쟁에서 승리한 사람은 성공과 부를 얻은 사람이었습니다. 따라서 전쟁을 잘하고 승리하는 사람만이 최고 지배자가 될 수 있었습니다. 테무친이 칭기즈 칸이 될 수 있었던 것은 뛰어난 전사이자 지휘관이었기 때문입니다.

칭기즈 칸의 정복 사업에는 그의 아들들과 장군들이 참여했습니다. 칭기즈 칸에게는 4명의 아들이 있었습니다. 첫째 주치, 둘째 차가타이, 셋째 오고타이, 넷째 툴루이였습니다. 이 중 서쪽 방면 원정에서 중요한 역할을 한 아들이 첫째 주치와 둘째 차가타이입니다. 주치는 유럽 쪽에 가까운 지역으로, 차가타이는 중앙아시아 쪽으로 원정을 갔고, 칭기즈 칸이 몽골로 돌아간 후 그 지역의 지배자로 남게 되었습니다. 그들은 원정을 갈 때 대부분 후계자를 데리고 갔는데, 당시 주치는 둘째 아들 바투를 데려 갔습니다. 바투 역시 그의 할아버지인 칭기즈 칸을 닮아 유럽 세계를 정복하는 데 뛰어난 능력을 발휘했습니다.

칸 몽골족 내의 부족장을 의미하는데, 통합 과정을 거치면서 왕 또는 영주의 개념으로 확대된다. 칭기즈 칸은 '칸 중의 칸' 이라는 뜻이니 '대왕' 또는 '황제' 라는 의미로 이해해도 좋다.

오고타이 초상화

러 시 아 를 　 정 복 한 　 바 투

바투는 1207년 무렵에 태어났습니다. 그에 대한 어릴 적 기록이 없어 알 수는 없지만 할아버지와 아버지 밑에서 그는 뛰어난 전사로서 자랐으며 지휘관으로서도 뛰어난 능력을 가지고 있었음을 짐작할 수 있습니다. 그렇지 않았다면 주치가 그를 후계자로 삼지 않았겠지요.

주치는 아버지 칭기즈 칸과 동생 차가타이와 함께 중앙아시아에 있는 이슬람 왕국 '호라즘' 을 정복한 후 북서쪽으로 이동하여 자리를 잡고 그 지역의 지배자가 되었습니다. 하지만 얼마 지나지 않아 병이

들어 사망하자 막 20대에 들어선 바투가 그 자리를 이어받았습니다. 주치가 죽은 지 얼마 지나지 않아 칭기즈 칸도 세상을 떠났습니다. 그 뒤를 셋째 아들인 오고타이가 차지하곤 바투에게 유럽 원정을 명령했습니다.

이 명령을 받은 바투와 칭기즈 칸의 오른팔 수부타이 그리고 그의 사촌 형제들은 1236년 유럽으로 말의 기수를 잡았습니다. 그들은 다른 어떤 때보다 이 원정에 열정을 쏟았습니다. 왜냐하면 이 원정에서 공을 많이 세우면 세울수록 다음 칸의 자리에 오를 수 있는 가능성이 높았기 때문입니다.

바투의 원정대가 서쪽으로 진출하기 위해서는 당시 '루시'라고 불리는 오늘날의 러시아 지역을 먼저 정복해야 했습니다. 그들의 첫 목표는 라잔 **공국**이었습니다. 1237년 겨울 몽골 군은 이 라잔 공국과 격전을 펼칩니다. 라잔 사람들은 몽골 군에게 끝까지 버텼지만 성벽이 무너진 후 철저한 보복을 당해야 했습니다. 러시아의 기록에 의하면 해질 무렵 라잔이 완전히 몽골 군에 정복당했는데 살아남은 사람이 하나도 없었다고 합니다.

라잔을 함락한 후 바투 일행은 모스크바로 진출하여 러시아의 도시들을 정복해 나갔습니다. 모스크바는 오늘날 러시아의 수도이지만 당시에는 별 볼 일 없는 시골 마을 수준이었습니다(노브고르트 공국이나 키예프 공국과 같은 지역이 당시 러시아를 대표하는 지역이었습니다). 모스크바를 간단

수즈달(러시아 동쪽에 있는 도시)을 공격하는 바투

하게 점령한 바투는 전열을 재정비하기 위해 1년 남짓 휴식을 취한 후 1239년에 다시 러시아 원정을 감행했습니다. 그의 목표는 키예프 공국이었습니다.

키예프는 러시아라는 국가의 기원이 되는 지역이었으며 상업과 수공업 그리고 러시아의 국교인 러시아 정교의 중심지였습니다. 매우 아름답고, 번성한 도시였기에 바투에게는 참으로 탐나는 도시였습니다. 몽골 군은 결국 키예프 사람들의 격렬한 저항에도 불구하고 점령에 성공했습니다. 키예프인들은 저항의 대가로 잔인하게 응징을 당했다고 합니다.

라잔과 키예프에 대한 철저한 응징은 곧 유럽 세계에 전파되었습니다. 유럽인들은 몽골의 원정대가 유럽까지 들이닥칠 것이란 예상을 할 수밖에 없었습니다.

공국 중세 유럽 사회에서는 왕 밑에 공작, 후작, 백작, 자작, 남작과 같은 귀족이 있었다. 이들은 직접 지배하는 독립적 지역을 가진 귀족이 된다. 이 중 가장 넓은 땅을 차지하고 강력한 힘을 가져, 왕으로부터 실질적으로 독립된 귀족이 공작이었다. 형식적으로만 왕의 신하이고 실질적으로는 그 지역의 왕이었던 것이다. 그런 공작이 지배하는 지역을 공국이라고 한다.

십 년 감 수 한 유 럽 인 들

키예프 점령은 러시아 정복의 마감을 의미하는 것이었습니다. 몽골 원정군은 유럽으로 발걸음을 옮겼고, 원정은 두 방향으로 나뉘었습니다. 한쪽은 폴란드 쪽이었고, 다른 한쪽은 헝가리 쪽이었습니다.

폴란드 쪽은 차가타이의 아들이 맡았고 헝가리 쪽은 바투가 맡았습니다. 당시 서유럽은 교황과 황제 간의 분쟁이 있었고, 각 지역의 제후들은 이 틈을 타 독자적 발전을 모색하고 있었기 때문에 강력한 몽골군에게 효과적으로 대응하지 못했습니다.

몽골 제국과 바투의 유럽 원정

　　폴란드와 헝가리 쪽의 지배자들은 독일과 오스트리아의 지원을 받으며 몽골 군에 저항했지만 오히려 몽골 군의 잔인한 응징만을 가져왔습니다. 폴란드와 헝가리 쪽을 격파한 몽골 군은 오늘날 오스트리아와 독일에 접근하여 서유럽으로 진출하기 직전이었고, 독일과 이탈리아 지역 쪽은 헝가리와 폴란드 쪽에서 도망 나온 피난민과 그들이 가져온 무서운 소식들로 혼란스러울 뿐이었습니다.

　　시시각각 다가오던 몽골 군의 공포는 1242년 일순간 멈춰 버렸습니다. 몽골의 본국에서 오고타이 칸이 죽었다는 소식이 전해지면서 왕자들의 귀국 명령이 내려졌기 때문입니다. 이 우연한 사건으로 유럽 세계는 몽골의 침입이라는 공포로부터 벗어날 수 있었습니다.

러 시 아 를 지 배 하 다

오고타이 칸이 죽자 바투에게도 본국으로 돌아오라는 명령이 내려졌습니다. 하지만 바투는 본국으로 돌아가는 것을 미뤘습니다. 당시 바투는 능력 면에서 보나, 나이 면에서 보나 여러 왕자들 중 가장 우위에 있었습니다. 하지만 본국에 있는 왕자들은 그의 영향력을 이용하여 대칸 자리에 오르려 할 뿐 그에게 대칸의 자리를 내놓을 생각은 하지 않았습니다.

바투는 이러한 정치적 상황을 파악하고 아버지와 자신이 정복한 지역에서 독립적 지배자로 남고자 했습니다. 또한 본국의 권력 투쟁으로 인해 대칸의 자리가 2년 동안 빈자리로 있게 되자 이 틈을 이용하여 그는 정복 지역의 지배자로서의 입지를 더욱 굳혔습니다. 그가 독립적 지배자로 있던 지역이 바로 '킵차크 칸국'이었습니다. 바투는 **킵차크**의 1대 칸이었습니다. 킵차크 칸국은 단순히 몽골인들의 지배 지역을 의미하지만은 않았습니다. 몽골족은 킵차크 칸국에서 240여 년 동안 직접 러시아를 지배하였습니다.

유럽 세계를 공포의 도가니로 몰고 가던 명장 바투도 킵차크 칸

터키에 남아 있는 바투 흉상

국의 계속된 원정으로 지배자가 될 즈음에는 기력을 점점 잃고 있었습니다. 오고타이 칸이 죽고 본국으로 돌아오라는 명령을 받은 바투는 정치적 이유도 있었지만 몸 상태가 좋지 않아 가지 못했던 이유도 있었습니다.

유럽 원정 중 바투를 도와주던 **몽케**가 1251년 칸의 자리에 오르기 위해 권력 투쟁을 할 때도 지원군을 보내긴 했지만 끝내 그 자신은 가지 않았습니다. 그런 것으로 보아 꽤 오랫동안 병석에 있었던 것 같습니다. 결국 1255년 바투도 세상을 떠나고 말았습니다.

킵차크   킵차크 지역은 오늘날 러시아 남부 지역에 있는 대초원 지대다. 현재 이 지역은 러시아, 우크라이나, 카자흐스탄 3개국에 걸쳐 있다. 초원 지대였기 때문에 몽골과 같은 유목민족이 생활하기에 좋은 곳이었다.

몽케   칭기즈 칸의 넷째 아들인 툴루이의 아들

바투가 쓴 교과서

동유럽에 많은 영향을 끼친 킵차크 칸국

러시아를 포함한 동유럽 지역은 서유럽 세계와 다른 역사 과정을 가집니다. 특히 15세기 이후 서유럽 사회는 중앙집권제를 수립하고 2차 산업을 발전시켜 자본주의 체제로 전환하고 있을 때, 동유럽 사회는 지방 세력이 강한, 농업 중심의 사회를 계속 유지하고 있었습니다.

물론 17세기 이후 러시아와 동유럽도 서유럽과 같이 중앙집권화와 산업화를 모색하며 체제의 전환이 이루어지지만 그 내용은 서유럽과 사뭇 달랐습니다.

서유럽 세계는 산업화가 진행되면서 시민들의 입김이 강화되어 강력한 왕정(절대왕정)을 무너뜨리고 시민들이 정치권력을 장악하는 민주정 체제를 수립했습니다.

하지만 같은 시기, 러시아와 동유럽의 국가들은 토지를 소유한 귀족들의 세력이 더욱 강해졌습니다. 그들은 농민들을 더욱 강력하게 지배하면서 농산물을 생산하여 산업화된 서유럽 시장에 내다 팔아 재산을 늘리고, 그를 통해 사회적 · 정치적 지배력도 강화해 갔습니다. 이 같은 현상은 이후 역사 전개 과정에서 서유럽과 다른 특징을 갖게 하였습니다. 이 같은 현상이 일어나게 된 원인은 다양합니다. 그중 하나가 몽골의 유럽 원정과 킵차크 칸국의 지배입니다.

몽골의 유럽 원정에 직접적 피해를 입은 곳은 러시아와 동유럽 지역이었습니다. 이들 지역은 또다시 쳐들어올지 모르는 몽골의 침입에 대비해야 했습니다. 농민이나 도시에 사는 일반인들은 자신들을 지켜 줄 전사 집단에게 더욱 의존할 수밖에 없었는데, 전사 집단을 보유하고 있었던 존재는 귀족들이었습니다.

그래서 귀족들은 농민들을 보호한다는 명분 아래 그들을 계속적으로 강력하게 지배할 수 있었던 것입니다. 서유럽에서는 이런 지배 형태가 이미 무너지고 있었는데도 말입니다.

동유럽 사회보다 이러한 영향을 더욱 많이 받은 것은 러시아였습니다. 남러시아 지역에는 킵차크 칸국이 있었기 때문입니다. 이 킵차크 칸국은 러시아를 약 240여 년 동안 지배했습니다. 그런데 킵차크에는 원정을 가서 정착까지 하게 된 몽골인들보다 현지인들이 훨씬 더 많았습니다. 칸은 나라를 효과적으로 다스리기 위해 러시아 내 귀족들을 잘 이용할 수밖에 없었습니다.

당시 귀족들은 앞에서 말한 바와 같이 자신이 직접 지배하고 통치하는 지역이 있었습니다. 이런 이들을 '영주'라고 하지요. 따라서 칸은 영주들에게 자신의 영지에서 거두어들인 세금의 10분의 1을 해마다 바치고 충성하면 과거처럼 자유롭게 영지를 통치하게 해줄 것이라고 약속합니다. 기존의 영주들 입장에서 보면 그들이 충성해야 할 대상이 왕에서 칸으로 바뀐 것일 뿐 손해 볼 것이 없었습니다. 약간의 자존심을 접는다면 말이죠.

결국 러시아에서는 귀족들이 농민들을 착취하는 구조가 더욱 탄탄해졌습니다. 이러한 구조는 칸의 세력을 물리친 이후에도 쉽게 바꿀 수 없을 만큼 러시아에서 강력히 자리 잡았습니다. 그 결과 서유럽에서 귀족들의 농민 지배가 사라지고 절대왕정의 성립과 시민들의 성장이란 역사적 변화를 겪고 있을 때 러시아에서는 여전히 귀족들의 강력한 농민 지배가 유지되었던 것입니다.

킵차크 칸국의 지배는 러시아 정치 세력의 중심도 바꾸어 놓았습니다. 러시아 지역 내에서 키예프 공국과 노브고르트 공국의 영향력은 컸습니다. 하지만 이 두 지역은 몽골의 유럽 원정 과정에서 대결을 피할 수 없었고, 결국 몽골에게 무릎을 꿇었습니다.

그 후 칸의 지배 기간 동안은 모스크바가 러시아의 중심으로 떠오르기 시작합니다. 그것은 모스크바의 지도자들이 칸에게 최대한 협조했기 때문입니다. 몽골의 침입 이전에 모스크바는 한적한 시골 마을 수준이었으나 칸의 지원을 받아 러시아 내 중심이 된 것입니다. 후에 모스크바는 킵차크 칸국을 물리치고 러시아의 중심으로 우뚝 서게 됩니다.

중학교 1학년 사회 – 세계가 몽골족의 말발굽 아래 놓이다
칭기즈 칸은 아시아에서 동부 유럽에 걸친 넓은 지역을 정복하고 몽골 제국을 세웠다. 그가 죽은 후 정복한 영토는 몽골 풍습에 따라 아들이나 손자에게 분할하여 상속되었다. 이리하여 오고타이 한국, 차가타이 한국, 일한국, 킵차크 한국 등 4한국이 생겼다.

고등학교 2학년 세계사 – 몽골 제국과 원
몽골족은 금을 멸망시키고 중앙아시아 일대를 정복했으며, 유럽 세계를 위협하는 한편 아바스 왕조를 멸망시켜 역사상 최대의 제국을 만들었다.

한국 칸국의 한자어 발음 표기이다.

칭기즈 칸은 왜 서쪽으로 갔을까?

궁금한건 못참아!

전통적으로 중국 북변에서 나라를 건설한 유목민족들은 중국을 공격하여 그들의 영토와 물자를 빼앗으려 했습니다. 진나라와 한나라를 위협하던 흉노 제국이 그랬고, 송나라를 위협하던 거란족의 요나라와 여진족의 금나라가 그랬습니다. 그런데 몽골은 그렇지 않았습니다. 오히려 초기에는 중국을 놔두고 서쪽으로 그 세력을 확대해 나갔습니다. 그 이유가 무엇이었을까요?

국가를 운영하기 위해서는 비용이 필요합니다. 그것도 정기적이어야 국가 운영을 안정시킬 수 있습니다. 이 비용은 세금이란 방식으로 충당하지요. 농사짓는 민족들이 세운 국가에서는 보통 한 해 농사가 끝나면 세금으로 곡식을 거뒀습니다. 하지만 유목민족에게는 정기적인 수입이 없었습니다. 그들의 가축이 언제 새끼를 낳을지, 언제 전쟁에서 승리해서 전리품을 얻을지 알 수가 없기 때문입니다.

유목민족이 정기적인 세금을 얻을 수 있는 방법은 농경민족을 지배하여 그들로부터 빼앗아 오는 것입니다. 중국을 점령했던 많은 유목민족 국가들이 이 방법을 사용했습니다. 그런데 문제는 이 나라들이 모두 중국 문화에 물들어 망하거나 세력이 약해졌다는 것입니다.

몽골의 칸들은 이런 점을 잘 알고 있었던 것 같습니다. 그래서 농경민족을 지배하는 방식을 버리고, 서쪽으로 원정을 떠났습니다. 그들은 서쪽으로 진출함으로써 전쟁을 계속할 수 있었고, 유목민족이 가지고 있는 **호전성**을 그대로 유지할 수 있었습니다. 이를 통해 그들의 군대를 강화했으며, 강화된 군대를 통해 농경민족을 강력하게 지배할 수 있었습니다.

서쪽으로 간 더 큰 이유는 유럽과 중국을 잇는 동서 무역의 교통로를 장악하여 상인들로부터 통행세를 받거나 상업 활동을 함으로써 안정적인 수입을 확보하려 했기 때문입니다. 후에 제국의 분열로 빛을 잃긴 했지만 이 교통로는 몽골족에 의해 지배된 칸국들에 의해 유럽과 아시아 사이의 교역로로 그대로 사용되었습니다. 칸국들에게는 국가 운영비를 대주는 매우 중요한 역할을 했기 때문에 교통로를 폐쇄하지 않은 것입니다. 물론 몽골계 칸국들이 망한 이후에 이 길은 다시 막히게 됩니다.

호전성 싸움을 좋아하는 성향. 유목민족은 이동 과정에서 항상 도적이나 다른 부족의 공격을 방어하거나 다른 부족을 약탈해야 하기 때문에 일상생활이 전쟁이었다.

칸의 계승은 어떻게 할까요?

유목민족의 첫째, 둘째 등 성장한 아들들은 아버지와 함께 전쟁터에 나가야만 했습니다. 유목민족에게 전쟁은 생산 활동이었기에 성장한 아들들은 전쟁터에 나가야 하는 책임이 있었습니다. 따라서 집안의 행사를 챙기고 어머니를 모시는 일은 막내아들이 했습니다. 당연히 막내아들이 살아남을 가망성도 많았기 때문에 그에게 상속권이 있었습니다.

막내아들이 상속권을 가지지만 실제 가정의 운영권은 어머니에게 있었습니다. 전쟁터를 나간 남편과 아들들을 대신해서 가정을 꾸려야 하는 것은 어머니 몫이었습니다. 그러다 보니 남편이 없을 때는 어머니가 가정사를 담당했습니다. 그래서 유목민족에게는 어머니의 영향력이 매우 컸으며 이런 현상은 칭기즈 칸이 죽은 후 대칸 계승 과정에서도 나타났습니다.

일반 가정에서의 상속은 크게 나눌 것이 없으니 형제들의 양보나 이해로 쉽게 해결될 수도 있습니다. 하지만 제국이 된 몽골을 놓고 상속 문제에 접해야 하는 왕자들은 좀 다른 생각을 했을 것입니다. 왕자들은 대부분 자신이 칭기즈 칸의 뒤를 이어 대칸에 오르고 싶었을 것입니다. 그래서 칭기즈 칸이 죽고 난 후 왕자들 간의 권력 투쟁은 심각하였습니다.

앞에서도 말했지만 상속권은 막내에게 있지만 대칸의 자리는 그런 원칙으로 계승할 수 없었습니다. 따라서 아들이나 손자들 중 가장 우수한 능력을 가진 사람에게 대칸의 자리가 계승되었습니다. 그 결정은 몽골의 부족장(칸)들이 모두 모이는 '쿠릴타이'라는 회의에서 결정됩니다. 물론 여기에는 대칸도 참여하고, 그가 살아 있을 땐 그의 의도대로 결정 났습니다.

하지만 대칸이 죽었을 경우에 상황은 매우 복잡해졌습니다. 쿠릴타이를 이끌 대칸이 없을 뿐만 아니라 왕비들이 자신의 아들을 대칸의 자리에 앉히고자 했기 때문입니다. 각 왕자들의 힘이 비슷할 때는 쿠릴타이에서 존경받는 원로에게 지원받는 것이 대칸의 자리에 오를 가능성이 높아졌겠지요. 그래서 바투에게 도움을 요청하는 사람이 많았던 것입니다.

어쨌든 대칸의 자리는 일반 가정과 같지 않기 때문에 쿠릴타이에서 제국을 이끌 수 있는 능력이 충분하다고 생각되는 사람을 선정합니다. 그래서 막내가 계승권을 가지는 원칙과 달리 다른 형제들이 대칸에 오르곤 했습니다.

잔 다르크

(Jeanne d'Arc, 1412~1431)

잔 다르크는 프랑스라는 나라를 구한 충성스러운 소녀로 우리
에게 알려져 있습니다. 하지만 잔 다르크는 서유럽 세계에서
는 그보다 훨씬 더 중요한 인물입니다. 바로 봉건제하의 중세
사회를 무너뜨리는 데 중요한 역할을 했기 때문입니다.

신 의   계 시 를   받 은   시 골   소 녀

1412년 프랑스의 동북쪽에 있는 시골 마을인 '동레미'에서 잔
다르크는 태어났습니다. 영웅들은 보통 어려운 환경에서 자라났는데
잔 다르크는 비교적 부유한 농민의 딸이었습니다. 당시 서유럽의 중세
사람들은 모두 가톨릭교도들이었지만 잔 다르크의 부모는 좀 남달랐다
고 합니다. 잔 다르크는 어려서부터 이런 종교적 분위기 속에서 성장하
여 더욱 깊은 신앙심을 가지게 됐던 모양입니다.

잔 다르크는 13세가 되던 해 하느님으로부터 계시를 받았다고 합니다. 프랑스 영토에서 영국인을 몰아내고 프랑스 국왕을 프랑스 전역을 지배하는 최고 지배자로 만들라는 계시였습니다. 믿거나 말거나지만 말이죠. 어쨌든 잔 다르크는 마을 사람들에게 그 이야기를 했습니다. 마을 사람들은 처음에는 믿지 않았지만 계속되는 잔 다르크의 주장을 믿기로 하였습니다.

1429년 마침내 잔다르크는 동레미 마을 사람들의 도움을 받아 칼과 말 그리고 남자 복장을 준비한 후 국왕을 만나러 마을을 떠납니다. 그때 그녀의 나이는 17세였습니다.

잔 다 르 크 가 도 와 줘 야 할 프 랑 스 국 왕

잔 다르크가 활약하기 직전 프랑스에서는 내란이 발생했으며 엎친 데 덮친 격으로 오랜 기간 중단되었던 영국과의 '백년전쟁'이 다시 시작되었습니다. 당시 프랑스의 국왕은 샤를 6세였는데 어려서 왕위에 올랐기 때문에 권력을 차지하기 위한 귀족들의 다툼이 끊이질 않았습니다. 게다가 샤를 6

샤를 6세의 대관식 모습

세가 성인이 되었을 때는 정신병이 발병하여 정치를 할 수 없는 상황이었습니다. 이렇게 되자 귀족들 간의 대립은 더욱 심각해졌습니다. 권력 다툼의 두 주인공은 오를레앙을 중심으로 한 '아르마냐크 파'와 왕국의 동부와 북부를 장악하고 있는 '부르고뉴 파'였습니다. 이들의 갈등은 내전 수준이었습니다. 이러한 상황을 이용하여 영국은 다시 전쟁을 일으켰습니다.

당시 프랑스는 크게 셋으로 나뉘어 있었습니다. 노르망디부터 파리 근교까지를 지배하던 영국, 부르고뉴 파, 아르마냐크 파와 프랑스 왕실이었습니다. 아르마냐크 파와 부르고뉴 파는 상대방을 없애기 위해 영국을 서로 자신의 편으로 끌어들이려 했습니다.

영국과 손을 잡게 된 것은 부르고뉴 파였습니다. 아르마냐크 파가 그들의 우두머리를 암살했기 때문에 영국과 손을 잡고 아르마냐크 파를 응징하려 했습니다. 당시 영국의 국왕은 헨리 5세였는데 1415년 아장쿠르에서 프랑스군에게 대승을 거두어 프랑스 왕실에 위기감을 줬던 인물입니다.

이 상황을 이용하여 부르고뉴 파는 영국과 프랑스 왕실 간의 강화 조약을 체결하게 했고, 그 조건으로 샤를 6세의 딸과 헨리 5세의

헨리 5세

샤를 7세

결혼을 추진했습니다. 또 헨리 5세는 샤를 6세의 아들이 왕위를 계승하지 못하도록 하고 자신을 프랑스의 왕위 계승자로 인정하게 했습니다. 프랑스 국왕 자리는 형식적으로 영국 왕이 차지하게 된 것입니다.

헨리 5세에 의해 왕위에 오르지 못하게 된 이가 잔 다르크의 도움을 받아 왕에 오르게 되는 샤를 7세입니다. 잔 다르크를 만나기 전까지 왕자 샤를은 운이 없던 사람입니다. 그는 영국과 부르고뉴 파의 공격을 받으며 프랑스 북부의 대부분을 상실했고 그들의 공격을 피해 그의 근거지인 오를레앙으로부터 나와 남쪽으로 피신해야 했습니다.

1422년 프랑스의 샤를 6세와 영국의 헨리 5세가 잇달아 사망했습니다. 그래서 영국의 헨리 6세가 아직 아이임에도 불구하고 영국과 프랑스의 왕이 되었습니다. 프랑스의 불쌍한 왕세자 샤를은 부르주에서 스스로 자신을 프랑스 국왕이라 부르며 샤를 7세라 했습니다. 하지만 그가 프랑스 왕임을 공식적으로 인정받지는 못했습니다.

프랑스를 구한 잔 다르크

1429년 2월, 잔 다르크는 그녀가 구해야 할 프랑스와 왕세자 샤를을 만나기 위해 고향을 떠났습니다. 그리고 드디어 샤를을 시농에서 만났습니다. 전하는 이야기에 따르면 샤를은 잔 다르크를 믿지 않아 그녀가 자신을 만나러 왔을 때 변장을 하고는 신하들 틈에 있었다고 합니다. 그러나 잔 다르크는 샤를을 바로 찾아내 경의를 표했다고 하더군요. 잔 다르크의 애국심과 충성심, 깊고 순수한 신앙심과 도덕성에 감동한 샤를은 그녀를 프랑스 군의 일원으로 참가할 수 있게 해줬습니다.

잔 다르크는 이렇게 프랑스 군에 참여하여 전장에 나가게 됐습니다. 사실 신의 계시를 받은 소녀라고는 하지만 전장에서 그녀가 할 수 있는 일은 별로 없었습니다. 칼과 창을 들고 전사들과 싸우는 일은 어린 그녀가 감당할 수 없는 일이었으니까요. 그래서 잔 다르크는 병사들에게 프랑스를 위해 싸워야 하며 승리해야 한다는 생각을 일깨워 주는 일을 했습니다. 이것은 신의 명을 받들어 하는 의로운 싸움이며, 계시를 받아 치르는 전쟁이기에 승리할 수밖에 없음을 사람들에게 알려 두려움을 없앴습니다. 그녀는 가장 눈에 띄는 갑옷과 말을 타고 병사들의 최전선에서 깃발을 들고 나아갔습니다. 그 깃발을 든 소녀를 보면서 프랑스인들은 자신과 프랑스를 위해 영국과의 이 전쟁을 빨리 끝내야 한다는 생각을 갖게 되었습니다.

그녀가 처음 벌여야 했던 전투는 오를레앙 성을 포위하고 있는

잔 다르크의 오를레앙 전투를 묘사한 그림

영국군과의 전투였습니다. 오를레앙은 왕세자 샤를의 근거지며 전술적
으로 보았을 때 대단히 중요한 요충지였기 때문입니다. 1429년 4월 29
일에 오를레앙에 도착한 프랑스 군대는 잔 다르크의 독려 속에 오를레
앙을 해방시켰습니다. 잔 다르크는 이제 프랑스 군대의 마스코트가 됐
습니다. 그리고 그녀와 함께 전투에 임하면 항상 승리할 수 있다는 생각
을 하게 됐습니다. 그녀는 신과 프랑스에 승리의 영광을 돌렸습니다. 프
랑스 군인들은 자신도 모르는 사이 그녀와 같이 프랑스에 충성을 다하
는 마음을 갖게 됐습니다.

그 다음 목표는 랭스였습니다. 샤를 왕세자를 영국의 왕보다 먼

저 프랑스 국왕의 자리에 앉히기 위해서였습니다. 당시 프랑스의 국왕은 랭스 대성당에서 신의 이름하에 프랑스 왕관을 썼습니다(이를 대관식이라고 합니다). 그래서 왕세자 샤를과 잔 다르크에게는 영국의 손아귀에 있는 랭스가 필요했습니다. 잔 다르크가 이끈 프랑스 군대는 오를레앙을 출발하여 1429년 6월 한 달 동안 잇달아 승리를 거뒀으며 랭스를 해방시켰습니다. 7월에는 드디어 대관식을 거행케 하여 프랑스 국왕 샤를 7세를 프랑스 국왕으로 만들었습니다.

애 국 소 녀 의   최 후

샤를 7세의 정치적 목적은 달성되었습니다. 따라서 계속되는 전쟁은 그에게 큰 의미가 없을 뿐만 아니라 위험 부담마저 있었습니다. 그에게 필요한 것은 휴전이었습니다. 8월부터 샤를 7세는 부르고뉴 파와 휴전하고자 했습니다. 하지만 잔 다르크는 프랑스를 영국으로부터 구하라는 것이 신의 계시였기 때문에 이를 멈출 수가 없었습니다. 프랑스의 전 국토를 프랑스 사람들에게 돌려놓는 일이 그녀의 할 일이었기 때문입니다.

그녀는 9월에 왕과 귀족들의 반대에도 불구하고 파리를 공격하다 실패하고 부상마저 입었습니다. 하지만 그것이 그녀의 열정을 막을 수는 없었습니다. 잔 다르크는 영국에 대한 공격을 다시 시작했습니다.

외교적인 방법을 통해 문제를 해결하려던 왕과 귀족들은 이러한 그녀의 행동이 마음에 들지 않았습니다. 서서히 그녀를 배신하고자 하는 분위기가 무르익어 갔습니다. 1430년 5월, 잔 다르크는 파리에서 북동쪽으로 70킬로미터 즈음 떨어진 콩피에뉴를 지키기 위해 벌인 전투에서 영국과 손잡고 있던 부르고뉴 파에게 포로로 붙잡혔습니다. 왕의 배신으로 지원군을 얻지 못한 상태였습니다.

부르고뉴의 공작은 샤를 7세에게 잔 다르크의 몸값을 요구했으나 그가 받아들이지 않자 거액의 몸값을 받고 영국에 그녀를 넘겼습니다.

영국은 잔 다르크를 루앙으로 데리고 왔습니다. 그리고 잔 다르크가 신의 계시를 받지 않은 사기꾼임을 입증하고, 그 사기꾼에 놀아난 프랑스 왕실을 깎아 내리기 위해 그녀를 종교재판에 회부했습니다. 영국에 의해 주도된 이 종교재판에서

재판을 받는 잔 다르크를 묘사한 그림

180

화형 당하는 잔 다르크

잔 다르크는 신성한 사제를 통하지 않고 신의 계시를 직접 받은 것은 이단이고, 여자가 남장을 하고 다니는 것은 종교적인 범죄라는 것 등 70개 항목의 죄를 추궁받습니다.

　이 재판에서 영국은 잔 다르크에게 변호인을 둘 수 없게 했으며 그녀를 도울 증인조차 부를 기회를 주지 않았습니다. 반면 자신들은 70여 명의 법률인단을 구성하여 잔 다르크를 마녀로 만들기 위해 온 힘을 기울였습니다. 잔 다르크는 홀로 자신을 변호하며 재판 경험이 풍부한 사제들과 맞섰습니다. 학식과 경험이 풍부한 사제와 글도 읽을 줄 모르는 시골 출신 소녀의 논리 대결은 일곱 번 진행되었는데, 잔다르크는 끝까지 무죄를 주장했습니다. 1431년 5월, 애국 소녀 잔 다르크는 끝내 영국에 의해 마녀가 되었고, 루앙의 광장에서 화형으로 19세 인생을 마감했습니다.

산 다르크가 쓴 교과서

프랑스 땅에는 프랑스 사람만 살아야 해!

여러분은 오래전 영국과 프랑스의 관계에 대해 알고 있나요?

서프랑크 왕국 시절 프랑스의 서해안 지역엔 오늘날 바이킹으로 알려져 있는 노르만족들이 자주 침입해 약탈을 일삼곤 했습니다. 서프랑크 왕실은 이를 막아 낼 힘이 없었기 때문에 당시 노르만족의 지도자를 공작으로 임명하여 프랑스에 정착시켰습니다. 그리고 이 지역을 노르망디 공국이라 했습니다.

노르망디 공국은 11세기 들어 바다 건너 영국으로 건너가 그곳에 먼저 왕국을 세웠던 앵글로 색슨 왕국들을 정복하고 노르만 왕조를 건설했습니다. 게다가 프랑스 내에서도 세력을 확장하여 많은 영역에 영향을 미치는 존재가 되었습니다.

후에 노르망디 공국은 지배력이 약화되어 동맹을 맺거나 연합한 다른 제후들에게 넘어갔고, 영국의 지배권도 함께 넘어갔습니다. 결과적으로 노르망디 공국은 사라졌지만 영국은 계속 프랑스 제후가 지배하는 나라였던 셈입니다. 그래서 영국 왕실과 귀족들은 프랑스어를 사용했고 영국 문화와 영국 사람들을 우습게 보곤 했습니다.

영국을 지배하던 세력들은 한때 프랑스 영역의 절반 정도를 차지할 정도로 강력한 힘을 갖던 시절도 있었습니다. 그들은 왕국의 면모를 갖추고 프랑스와 어깨를 나란히 하려 했습니다. 하지만 프랑스 입장에서 본다면 인정할 수 없는 부분이었을 것입니다. 프랑스는 영국 왕에게 신하로서의 예를 갖출 것을 종종 요구했고, 영국 왕도 가끔 정치적 이유로 신하인 척하기도 했습니다.

12세기 말부터 백년전쟁이 일어나기 직전까지 프랑스 왕실은 프랑스 내 영국 영토를 대부분 회복하고 영국을 섬으로 몰아냈습니다. 그런데 일

백년전쟁을 묘사한 그림

부 지역이 영국 영토로 남아 있었기 때문에 영국은 다시 이런 영토들을 회복하고자 했습니다. 그래서 프랑스와 영국은 전쟁을 벌이게 되었는데 이것이 '백년전쟁'입니다.

한 나라에 다른 두 나라가 존재할 수 있었던 것은 봉건제에 의해 운영되던 중세 사회의 특수성 때문이었습니다. 그들은 한 나라 안에서 같은 말을 쓰고 같은 문화 속에 살지만 서로 원수처럼 살았습니다.

당시 사람들은 매우 혼란스러웠을 것입니다. 자신이 프랑스인인지 영국인인지 매우 헛갈렸을 것입니다. 그런 혼란을 마감시켜 준 사람이 바로 잔 다르크였습니다. 잔 다르크는 프랑스인이라는 정체성을 일깨워 주었습니다. 그리고 프랑스 영역에는 프랑스인만이 살아야 한다는 것을 일깨워 주었습니다.

백년전쟁이 끝나고 프랑스에는 영국의 영토가 하나도 남지 않게 되었습니다. 프랑스 국왕은 전국을 혼자 지배할 수 있게 된 것입니다. 영국 역시 섬 지역만이 영국이라는 인식을 갖게 되었습니다. 마침내 봉건제하의 혼란은 사라지고 하나의 국가에 하나의 정부만이 있게 되는 새로운 상황이 유럽에 전개되었던 것입니다.

교과서로 점프

중학교 2학년 사회 – 영국과 프랑스가 중앙집권국가가 되는 과정에는 어떤 사건이 있었을까?
플랑드르 지방의 모직물 공업에 대한 지배권과 프랑스의 왕위 계승권을 둘러싸고 영국과 프랑스는 1337년에서부터 1453년에 걸쳐 약 100여 년간 전쟁을 벌였는데, 이것을 백년전쟁이라 한다. 처음에는 영국이 우세했으나 잔 다르크의 활약에 힘입어 프랑스가 승리했다.

고등학교 2학년 세계사 – 떠오르는 국왕권, 드러나는 국민국가

영국과 프랑스는 왕권 강화에 힘쓰던 중에 프랑스 내 영국령과 모직물 산지인 플랑드르에 대한 지배권을 둘러
싸고 대립하게 되었다. 마침 프랑스에 발루아 왕조가 들어서자 영국 왕이 프랑스의 왕위 계승을 주장하면서 두
나라 사이에 백년전쟁이 벌어졌다. 처음에는 영국군이 우세했으나 잔 다르크의 출현으로 전세가 역전되어 결국
프랑스가 승리했다. 그 결과, 프랑스는 국토를 통일하고 동시에 국민의 자부심과 일체감이 높아져 중앙집권 체
제를 강화시킬 수 있었다.

궁금한 건 못참아!

봉건제가 뭔가요?

중세 사회의 주인공은 게르만족들이었습니다. 이들은 싸움하기를 좋아하고 약탈과 파괴를 즐겼습니다. 따라서 중세 사회는 곳곳에서 전쟁이 끊임없이 이어지며 혼란스러웠습니다. 중세 초기, 고대 로마 사회가 만들어 놓은 사회 기반 시설은 다 파괴되었고, 사람들은 생존을 위협받았습니다. 살기 위해서는 자신을 보호해 줄 수 있는 정치·군사적 능력을 갖춘 전사들을 찾아가 보호를 요청해야 했습니다. 각 지역에 그런 능력을 갖춘 전사들이 곳곳에 생겼고 그들 밑에는 많은 농민들이 있었습니다. 그들 중 일부는 스스로 왕이 되거나 교황의 지원을 받으며 황제가 되었습니다. 이들은 생존을 위해 서로 경쟁했기 때문에 점점 더 군사력을 키워야 했습니다. 왕들은 당시 각 지역에 있는 유력한 전사들에게 협력을 요청했습니다. 이때 왕은 그들을 끌어들이기 위해 작위와 토지를 주겠다고 했습니다.

지방의 유력자들 입장에선 아쉬울 것이 없는 상황이었지요. 작위와 토지를 얻을 수 있고 필요할 때 보호도 받을 수 있으니까요. 이런 상황에서

성립된 것이 바로 봉건제였습니다.

　왕의 신하가 된 유력자들을 '제후' 라고 했습니다. 그들의 임무는 왕 앞에서 충성을 맹세하는 것으로부터 시작됐습니다. 그들이 속으로 무슨 생각을 하고 있는가는 별개의 문제였습니다. 그들은 왕과 약속한 몇 가지 사안에서만 충성하면 되는데, 대표적인 예로 '군사적 봉사' 가 있습니다. 이것도 보통 매년 40일 정도만 왕을 위해 시간을 내면 됐습니다. 그 외의 군사적 봉사는 제후들이 동의해야만 가능했습니다. 왕에게 바쳐야 할 경제적 지원 역시 포로가 된 왕을 위해 내는 몸값, 왕의 장남이 기사가 될 때 내는 축하금, 왕의 큰 딸이 결혼할 때 내는 축하금, 왕이 성지순례를 갈 때 내는 경비 정도만 지원하면 됐습니다.

반면 제후들은 기존에 가지고 있던 토지와 왕으로부터 받은 토지를 합한 자신의 영지에선 왕처럼 행동해도 된다는 보장을 받았습니다. 즉 왕은 제후의 영지 내에서 무슨 일이 일어나더라도 간섭할 수가 없도록 약속했던 것입니다(불입권). 제후들은 영지를 뛰어난 전사들에게 나눠 주어 그들을 신하로 삼았습니다. 제후의 전사들은 왕의 신하가 아니었습니다. 그러다 보니 왕보다 강한 제후들이 등장하게 됐던 것입니다.

　　바로 프랑스 내 노르망디 공국의 공작이 영국의 왕이 된 것처럼 말입니다. 이러한 정치 체제를 '봉건제' 라 하며, 이 제도가 중세를 이끌어 간 정치 논리가 되었습니다.

프랑스는 언제부터
프랑스라고 부르게 되었을까?

서유럽 중앙에 있는 프랑스의 기원은 앞에서 이야기한 카롤루스 제국의 프랑크 왕국이었습니다. 카롤루스 대제가 사망하고 프랑크 왕국은 동과 서 그리고 중부 이렇게 셋으로 나뉘었지요. 그중 서부 프랑크가 오늘날 프랑스가 됩니다.

'프랑스(France)'라는 말의 기원은 당시 서유럽의 공용어인 라틴어 '프란시아(Francia)'에서 시작됩니다. 그 뜻은 '프랑크인의 땅, 프랑크인이 사는 땅'이라는 뜻입니다. 처음에는 프랑크인이 사는 지역을 가리키는 말이었습니다.

987년 이 지역에서 카롤루스의 후계자가 등장하지 않자 왕의 자리가 공석이 되었습니다. 이때 지역의 귀족들이 모여 회의한 끝에 선출을 통해 '위그 카페'를 왕위에 앉혔습니다. 이렇게 하여 프랑스 지역에 '카페 왕조'가 시작되었습니다. 카페 왕조 초기엔 왕권이 매우 약했지만 12세기 이후 여러 왕들의 노력으로 왕권이 점점 강화되었습니다. 이 과정에서 프랑스는 프랑크족이 사는 땅이란 뜻이 아닌 왕국의 이름으로

위그 카페

바뀌었습니다. 이 시기 카페 왕조의 영향력하에 있던 지역을 프랑스라 불렀던 듯하고 오늘날 프랑스 영역의 전체를 부르게 된 것은 백년전쟁이 끝나고 난 뒤부터입니다.

18세기와 19세기 시민혁명기를 지나면서 민주정이 수립됐는데, 이때부터 명칭이 프랑스 왕국에서 프랑스 공화국으로 바뀌었습니다. 우리가 흔히 프랑스라고 하지만 공식 명칭은 '프렌치 공화국(French Repulic)' 입니다.

시 대 를 앞 선 **농 민 출 신 황 제**

이자성

(李自成, 1606~1645)

농민은 지배계급을 위해 희생돼야 한다는 생각을 대부분의 사람들이 하고 있을 때 그들도 행복한 삶을 살아야 한다고 주장한 사람이 있었습니다. 바로 중국 명나라 말의 이자성입니다. 그는 지배계급 중심의 사회에 문제를 제기하며, 좀 더 평등한 사회를 건설해 보겠다는 생각을 가진 시대를 앞서 간 사람이었습니다. 그의 생각과 행동은 이후 억압받는 사람들의 생각과 행동에 커다란 영향을 줬습니다.

척 박 한   땅 에 서   태 어 나 다

이자성은 중국 섬서성(산시 성) 미지 출신의 명나라 사람입니다. 이 지역은 오늘날 중국 연안 근처인데, 연안보다 동북쪽에 있으며 조금 더 가면 몽골 사막에 이르는 아주 외진 곳입니다. 1606년에 태어났고 농민의 아들이란 것은 확실하지만 전하는 기록에 따라 부유한 집안이라고도 하고 가난한 집안이라고도 하니 성장 과정에 대한 것은 의문으로 남아 있습니다.

원래 이름은 자성이 아니었습니다. 그의 어릴 적 이름에 대한 여러 기록들이 서로 달라서 정확히 알 수는 없지만 '황래'라는 이름이 여러 기록에 많이 등장한다고 합니다. 자성이란 이름은 그가 도적 무리에서 높은 위치에 오르면서 얻은 이름입니다.

그는 큰 키에 우람한 체격을 가진 건장한 청년으로 사람들이 무서워할 만큼 부리부리한 눈매와 얼굴을 가졌다고 합니다. 오늘날에는 이런 사람이 여러 방면에서 활동할 수 있으나 당시에는 군인이 되거나 시장에서 폭력배 노릇을 하는 것 외에는 할 일이 없었을 것입니다.

이자성이 나고 자란 미지라는 곳은 풍토와 기후가 거친 곳이었습니다. 그곳에 살아야 하는 사람들, 특히 남자들은 거친 자연 환경 속에서 성격이 거칠어질 수밖에 없었을 것입니다. 이자성은 어려서부터 무예를 즐겨 연습했다고 하는데, 아마 이 지역에 사는 어린 남자 아이들은 다 그러했을 것입니다. 후에 그가 농민 집단의 지도자가 될 수 있었던 것도 이런 환경 때문인 듯합니다.

도적의 무리에 들어간 이자성

청년이 된 이자성은 아버지가 죽은 후 집안을 꾸리기 위해 일자리를 찾아야 했습니다. 당시 지방에서

일자리라는 것은 남의 집 농사일을 돕거나 군인이 되는 것 이외에는 없었습니다. 젊고 패기 있고 건장한 청년의 선택은 당연히 군인이었습니다. 1629년 이자성은 군인이 되었습니다.

하지만 군 생활은 그의 기대를 만족시켜 주지 않았습니다. 당시 명나라 중앙 정부는 부패하고 혼란스러웠습니다. 이런 상황은 지방 관리들이 자신의 욕심을 채우는 일을 통제하지 못하는 상황을 낳았습니다. 이자성이 근무하던 지방 군대의 지휘관들도 이를 기회로 삼아, 병사들에게 돌아가야 할 식량과 급여를 중간에서 가로챘습니다. 당연히 병사들의 불만은 높아만 갔습니다.

이자성은 입대한 해에 다른 병사들과 함께 반란을 일으켜 지휘관을 죽이고 군대에서 이탈했습니다. 반란을 일으킨 사람들은 죄인이기 때문에 그들을 받아 주는 곳도 도적의 무리뿐이었습니다. 이자성도 이렇게 하여 도적의 무리 속에 들어갔습니다. 당시 도적들은 대부분 관리와 지주들의 가혹한 착취를 피해 고향을 버린 농민들이었습니다. 따라서 이자성처럼 군대 경험이 있는 사람은 무리 내에서 지휘관의 역할을 맡곤 했습니다. 게다가 이자성은 지휘관에 합당한 능력과 외모도 갖추고 있었으니 더욱 좋은 조건이었습니다.

도적 무리의 우두머리가 되다

명나라 말기인 이 시기에는 수많은 농민들이 고향을 등지고 도적이 되었던 시기입니다. 이러한 도적의 무리들은 항상 관군의 공격 목표였기 때문에 쉽게 사라지기도 했다가 다시 쉽게 새로 등장하기도 했습니다. 이자성 역시 여러 번 무리들을 옮겨 다니며 경력을 쌓아 나갔습니다.

1631년 이자성은 고영상이 이끄는 세력에 들어가 주요한 지휘관이 되었고 자기 명령에 따라 움직이는 독립적인 부대까지 운영하게 되었습니다. 이자성은 비교적 성품이 검소하고 온화했으며, 함께하는 사

람들의 아픔을 잘 읽고 헤아
렸다고 합니다. 그는 부하들
과 같은 음식을 먹고 같은 생
활을 하려 노력했던 모양입니다.
그러니 그의 부하들은 그를 진심으로
따랐을 것입니다. 그는 좋은 리더로
서의 자격을 갖추고 있었던 것입니다.

이자성은 부대를 지휘하며 한때 관군에 포위되는 위기를 겪기도
했습니다. 하지만 거짓 투항하여 관군이 마음을 놓은 사이 다시 관군을
제압하여 위기를 극복하였습니다.

이후 이자성은 자신의 위상을 차곡차곡 높여 갔습니다. 1635년
하남성(허난 성)의 영양이란 곳에서 농민 반란군 지도자들이 모여 회의를
했을 때 이자성은 여러 세력이 힘을 합하여 공동으로 싸우자는 의견을
내놓아 주목받기도 했습니다.

1636년 고영상의 부대가 서안을 공격하는 과정에서 고영상이 관
군에게 사로잡혀 처형되었을 때, 흩어진 무리들이 이자성에게 모여들
었고 이자성은 그들을 규합하여 고영상의 자리를 계승했습니다. 당시
고영상은 자신의 부하들로부터 용맹한 왕이란 뜻인 '틈왕(闖王)'이라 불
리었는데 이자성은 그 호칭을 그대로 물려받았습니다. 이제 이자성은
도적 무리를 이끄는 지휘관이자 무리의 왕이 된 것입니다.

도적이란 멍에를 벗고 명을 멸망시키다

이자성은 농민군을 이끌고 그 세력을 확대하여 중국의 서부 지역 곳곳으로 진출했습니다. 명 조정은 곧 대대적인 토벌을 감행했습니다. 1637년 이자성은 명나라 군대에게 크게 패하여 산속으로 숨어야 할 지경에 이르렀습니다. 이때 중국 북쪽에 있던 여진족의 청나라가 명에 대한 대규모 공격을 시작해 명나라 군대가 철수를 하는 바람에 이자성은 위기에서 벗어날 수 있었습니다.

1639년 명이 청과 전쟁을 하고 있는 동안 중국 전역에 가뭄이 들었습니다. 농민들은 전쟁을 위해 세금과 노동력을 제공해야 했고, 가뭄이라는 재앙의 이중고를 겪어야 했습니다. 농민들이 살기 위해 선택할 수 있는 길은 대정부 투쟁을 하는 길뿐이었습니다. 농민들은 각 지역에서 들고 일어나 도적 무리에 참여했습니다.

이자성이 이끄는 무리의 세력은 점점 커져만 갔습니다. 이런 분위기는 이자성에게 변화를 요구했을 것입니다. 도적이란 정체성으로 무리를 유지하기에는 조직이 너무 거대해졌고, 조직에 참여한 많은 사람들은 안정적인 삶을 요구했습니다. 거대한 조직을 유지하기 위해서는 계속 이동하면서 약탈을 해야 하는데, 그것은 한계가 있었습니다. 따라서 이자성은 '점령'과 '통치'라는 방법을 선택할 수밖에 없었습니다. 이때 필요한 것은 점령지 사람들로부터 지지를 받는 것이었습니다.

이자성은 엄격한 규율을 통해 부하들이 점령지 사람들을 괴롭히

지 못하게 했고, 지주들의 토지와 재물을 빼앗아 농민들에게 나눠 주었
습니다. 이를 통해 농민들의 지지를 더욱 많이 얻게 되었고, 세력을 더
욱 확장할 수 있었습니다. 1641년에는 당시 큰 도시 중 하나인 낙양을
점령했고, 여세를 몰아 1642년에는 송나라의 수도였던 개봉, 1643년에
는 하남성의 중심지인 양양을 점령했습니다.

　　이때부터 이자성은 국가 체제를 갖추기 시작했습니다. 그의 왕국
에서는 세금을 걷지 않으며, 토지도 나눠 준다고 했으니 당시 고통 속에

살던 농민들에게 '이자성 왕국'의 등장은 더없이 기쁜 일이었을 것입니다.

1644년 드디어 이자성은 중국 여러 왕조들의 수도이며 역사와 전통을 자랑하는 서안을 점령하여 도읍으로 정하고, 나라 이름을 '대순 (大順)'이라 지어 황제에 즉위했습니다. 이제 중국에 전통적인 제국인 명나라와 농민 출신이 세운 제국인 대순, 두 개의 제국이 등장하게 된 것입니다. 두 제국 간의 대립은 피할 수 없었습니다. 하지만 농민들의 지지를 받은 것은 전통을 자랑하는 명나라가 아니라 이제 막 탄생한 대순이었습니다.

이자성의 군대는 파죽지세로 세력을 확장해 나갔습니다. 그해 3월 17일 북경(베이징)에 도착한 이자성 부대는 명나라 수비군의 힘없는 저항을 물리치고 이틀 뒤에 북경을 점령했습니다. 당시 황제였던 숭정제는 자금성 뒷문으로 탈출하여 목을 매고 자살했습니다. 이로써 300년 가까이 지속한 명나라가 멸망했고, 곧 새로운 시대가 열릴 것처럼 보였습니다.

숭정제

청 의 성 장 과 이 자 성 의 최 후

이자성에게 불리한 조건은 크게 두 가지였습니다. 하나는 만리장성 바깥쪽에 중국 세력 못지않은 힘을 가진 청나라가 성장해 있었다는 것과 너무도 빠른 세력 확장으로 체계적인 통치 구조를 만들어 낼 시간이 없었다는 것이었습니다.

청나라는 12세기경 금이라는 나라를 건설했던 여진족이 세운 나라였습니다. 금나라는 당시 한족이 세운 중국의 송나라를 물리치고 그영역의 반 이상을 차지한 북방 유목 민족의 국가였습니다. 하지만 몽골제국의 침략으로 멸망하였고, 이후 여진족들은 뿔뿔이 흩어져 만주 지역에서 살다가 17세기 초(1616) 다시 부족을 통합하여 후금이라는 나라를 건설했습니다.

후금은 성장을 위해 이웃한 명나라와 경쟁해야 했습니다. 마침명나라가 세력이 약화되어 후금을 견제하는 힘이 줄어들자 다시 세력을 키워 몽골을 제압했고, 나라 이름과 민족 이름을 각각 '청'과 '만주족'으로 고쳐 불렀습니다. 그들은 조선을 침략하여 굴복시키기도 했습니다(병자호란, 1636). 명과 친선 관계에 있던 조선을 굴복시키는 것은 명을 정벌하기 위한 첫 번째 과제였습니다. 명과 조선은 군신관계였으므로 명이 전쟁을 한다면 조선은 신하된 도리로 출병해야 했기 때문에 청은 조선을 먼저 친 것입니다. 이후 명은 점점 약화되었고 결국 이자성에게 멸망당했습니다. 청의 중국 지배는 이제 시간 문제였습니다.

반면 이자성에 의한 명의 멸망은 명의 기존 지배층에게 불안과 위기감을 가져왔습니다. 그들은 자신들을 보호하기 위해 청과 손을 잡았습니다. 대표적인 인물이 오삼계라는 사람이었습니다. 그는 명의 장군이었지만 자신의 지위를 유지하기 위해 청의 군대와 손잡고 이자성과 싸우는 것에 앞장섰습니다.

이자성은 민중의 지지를 받으며 명을 멸망시키기에 이르렀지만 급속한 세력 확장으로 휘하의 병사들을 통제할 수 없는 상황에 이르기도 했습니다. 특히 북경을 점령하고 난 후 병사들의 약탈과 만행은 통제가 불가능한 상황이었습니다. 민심은 서서히 떠나가기 시작했습니다.

이런 상황에서 이자성은 오삼계 군대와 그가 끌고 온 청군에 대항하여 전쟁을 하였습니다. 강력한 청군과 통제가 제대로 되지 않고 민중의 지지도 약화된 이자성 군대 사이의 전쟁은 이미 승패가 결정된 것이었습니다. 이자성은 패배했습니다(1645). 그가 나라를 세운 지 채 1년이 되지 못한 시간이었습니다.

이자성이 전쟁에서 패배하고 서안으로 탈출했을 때 그를 따른 군인들은 약 13만 명이었다고 합니다. 도망하는 것이 목적인 군대에서 사기나 군율을 찾아보기는 힘들었을 것입니다. 이탈하는 병사들은 많았고, 약탈 행위를 일삼으며 세력을 유지할 수밖에 없었습니다. 그로 인해 이자성을 지지하는 세력들은 급격히 줄어들었습니다. 결국 그는 약 2만여 명의 군인들을 데리고 호북성(후베이 성)에 있는 구궁산이란 산속으로 숨어들었습니다.

　이때부터 이자성과 농민군은 새로운 나라의 건설이라는 대의명분보다 생존을 위한 싸움을 해야 했습니다. 그들은 청나라 군의 움직임을 잘 살펴야 했고, 아직도 남아 있는 명나라 지지 세력의 공격으로부터 자신들을 지켜 내야 했습니다. 그리고 식량과 물품을 구하기 위해 민가를 약탈할 수밖에 없었습니다. 이로 인해 이자성의 군대는 날로 약화되었고, 그들에 대한 민심도 이제는 좋지만은 않았습니다.

　한때 새로운 나라를 건설하여 농민들이 잘살 수 있는 사회를 만들겠다는 생각을 했던 이자성이었다면 이런 상황에서 어떤 선택을 하였을까요? 가장 명예롭게 자살을 했을 수도, 또는 자신의 꿈을 실현시키기 위해 끝까지 싸우다 전장에서 죽었을 수도 있습니다. 또는 훗날 다시 자신의 뜻을 실현시키고자 자신이 죽은 것으로 위장하고 잠적할 수도 있었을 것입니다.

　아직도 그의 죽음에 대해 명확히 밝혀진 것은 없으나 그를 기록한 몇몇 역사에서는 1645년 자신이 피신해 있던 지역의 무장 세력과의 일전에서 죽었다고 기록하고 있습니다. 어쩌면 이 죽음이 그다운 최후이지 않나 싶습니다. 민중 중심의 사회를 건설하고자 했던 이자성은 이렇게 역사 속으로 사라집니다.

이자성이 쓴 교과서 | 도적을 만드는 사회

이자성은 '명'이라는 왕조가 서서히 무너져 가던 시기에 살았습니다.
명나라는 한족인 주원장이 1368년 몽골인들이 세운 원나라를 물리
치고 세운 나라입니다. 주원장은 이민족의 지배로부터 벗어나 한
족의 나라를 세워야 한다고 주장했기 때문에 그를 거부하는 세
력들은 드물었습니다. 앞선 왕조들은 기존의 황제를 배신
하고 제위를 빼앗은 것이기 때문에 나라를 세운 직후
어려움을 겪는 경우가 많았지만 명나라는 그렇지
도 않았습니다. 그래서 명나라는 초기부터 황제
권을 강화하고 효과적인 통치 제도를 마련하여
발전을 도모할 수 있었습니다.

　명나라는 세계의 중심이고 최고의 문화국이
라는 '중화주의'에 기반한 나라였습니다.

주원장

그렇기 때문에 국제 교류에서도 명을 왕의 국가로 섬기는 나라들과 '조공'이란 형태로 교류할 수 있었습니다. 상당히 폐쇄적인 성격의 교류처럼 보이지만 형식이 그러할 뿐 앞선 시대인 '송'과 '원' 시절 발달한 경제활동을 더욱 발전시키는 방향으로 경제 정책을 추진한 것입니다. 그래서 명나라 시절에는 상공업이 매우 발달했습니다.

하지만 이러한 안정과 발전은 얼마 못 가고 명은 서서히 쇠퇴의 길로 접어들었습니다. 우선 정치적인 면에서 환관들의 권력이 점점 강화되었습니다. 환관이란 궁궐 내에서 황실의 사람들을 보필하고, 궁내에서 벌어지는 모든 사무를 담당하는 사람들이었습니다. 그들은 다음 제위를 계승할 황태자의 비서이기도 했고, 어떤 경우에는 글을 가르치는 스승이 되기도 했습니다. 황실의 믿음을 한 몸에 받던 사람들이었던 것입니다. 또 환관들은 궁궐 내에 있는 모든 정보를 가지고 있어서 그들이 권력을 차지하고자 흑심을 품는다면 쉽게 얻을 수 있는 위치에 있었습니다.

더군다나 명나라 황실은 일찍부터 어린 황제가 즉위하는 상황이 발생했습니다. 환관들은 어린 황제의 가장 가까운 곳에서 그를 도와주며 중요한 판단을 함께했는데, 그러다 보니 일반 관리들이 환관들과 친분을 쌓고 협조를 구하는 경우가 많아졌습니다. 환관들에게 권력이 집중되었던 것입니다.

그러자 정상적인 국가 운영 체계는 무시되었습니다. 국가의 중대사는 국가가 정한 기구에서 관리들 간의 토론과 타협, 합의에 의해 이뤄지는 것이 아니라 환관을 중심으로 친분을 형성한 사람들에 의해 결정되었습니다.

　이런 국가 정책의 운영 과정에서 반드시 끼어들게 되는 것이 '사적 이익' 입니다. 당연히 특혜가 특정 사람들, 특히 고위 관리들에게 집중되었습니다. 지도자급이 부정한 방법으로 재산을 확대하자 그 밑의 관리들도 그렇게 재산 축적을 하는 것을 당연하게 여기는 풍조가 만연했습니다.

　큰 재산을 가지게 된 사람들은 남은 재산을 토지에 투자했고, 마침내 대규모의 토지를 소유했습니다. 더 이상 정상적인 방법으로 토지를 소유할 수 없게 되자 지주들 중 힘없는 자의 땅을 권력을 이용하여 빼앗는 일도 일어났습니다. 기존 땅 주인의 권리를 일부 인정하면서 자신의 땅으로 만들기도 했는데 이러한 행위를 '겸병' 이라고 합니다.

　이렇게 겸병된 토지에서 소작을 해야 하는 농민들의 삶은 고달팠습니다. 여러 명의 땅 주인에게 소작료를 중첩으로 납부하고, 나라에서 부과한 **역**의 의무도 치러야 했습니다. 게다가 땅 주인에게 부과된 세금도 농민들에게 떠넘겨졌습니다.

　이런 문제는 명나라 말기에 더욱 심각해졌습니다. 특히 명 후반부터 환관을 견제하기 위해 황제는 자신의 외가 친척(외척)들을 등용하여 정치 대결을 펼쳤습니다. 게다가 정치 기강의 문란을 바로잡자는 정치 세력들이 여러 이론들을 내놓고 그 이론에 따라 당을 만들어 서로 대립하는 당쟁도 발생했습니다. 명 조정은 혼란하기 그지없었고, 지방에 대한 통제는 불가능한 상황에 이르렀습니다. 게다가 조선에서 벌어진 임진왜란에 군대를 파병하고, 만리장성 북쪽 지방에서 성장한 여진족을 막기 위해 군사력을 강화하는 과정에서 많은 비용이 들자, 백성의 세금으로 이를 해결하려 했습니다.

당연히 늘어난 부담은 농민에게 돌아왔습니다. 늘어난 부담에 지방 관리의 사리사욕까지 첨가되었으니 농민들은 농사를 짓는 것보다 가만히 굶어 죽는 일이 더 편한 일이었습니다. 농민들이 살기 위해 선택할 수 있는 일은 바로 땅과 고향을 버리고 산에 들어가 도적이 되는 길뿐이었습니다.

역 국가에 필요한 노동력을 바치는 일. 성을 쌓거나 도로나 다리를 만들 때 노동력을 바치는 '요역'과 군대에 가서 복무하는 '군역'이 있다.

교과서로 점프

중학교 1학년 사회 - 명의 건국과 발전
이자성이 이끄는 농민군에게 명이 망하자, 청은 북경에 쳐들어가 이곳에 수도를 정하고 중국을 지배했다.

고등학교 2학년 세계사 - 명의 쇠퇴
민중은 과중한 세금에 괴로워했지만 당쟁은 격해지고 환관의 횡포도 심했다. 사회 불안 속에서 폭동이 각지에서 일어나 명은 이자성의 반란군에게 멸망당했다(1644).

도적단보다 더한 관군

어느 왕조든 말기에는 많은 도적단들이 등장하게 됩니다. 그것은 부패한 정치로 인해 신음하는 농민들이 먹고살 수 있는 유일한 길이었기 때문입니다. 도적단에는 두 가지 유형이 있습니다. 하나는 특정 지역을 자신의 세력권에 두고 일정하게 약탈하는 '토적(土賊)'이고, 또 하나는 항상 이동하면서 약탈하는 '유적(流賊)'입니다.

토적들은 자신들이 지배하는 세력권에 있는 사람들의 삶이 유지되어야 자신들이 존재할 수 있기 때문에 모든 것을 빼앗거나 사람들을 함부로 살상하는 행위를 잘하지 않습니다. 반면 유적들은 모든 것을 빼앗고 사람들을 살상하고 괴롭혀서 민심을 잃어도 다른 마을로 이동하면 그만이기 때문에 매우 난폭하고 거칠었습니다. 그래서 사람들은 유적을 더욱 무서워했습니다.

그런데 사람들이 이런 유적보다 더 무서워한 것이 바로 '관군'입니다. 사람들이 무서워한 유적들도 하지 않는 일을 관군들은 했기 때문입니다. 유적들은 특별한 이유가 없다면 굳이 사람들을 죽이거나 마을을 없애는 경우는 없었습니다. 반면 관군들은 마을을 약탈하고 사람들을 남김없이 죽였습니다.

관군들은 도적들을 많이 죽여야 상을 받을 수 있었습니다. 그들은 양민들을 죽여 도적이라고 보고까지 했는데, 그렇게 하면 굳이 도적들과 목숨을 걸고 전투할 필요도 없었기 때문입니다. 특히 관군들은 자신들이 저지른 만행이 밖으로 새어 나가지 않도록 철저히 약탈, 파괴하고 사람들을 남김없이 죽여 버렸습니다.

국가가 백성들을 보호하기는커녕 그들의 삶을 송두리째 빼앗아 가던 시절이다 보니 사람들은 더욱더 반감을 가지고 도적의 무리에 참여했던 것입니다.

애덤 스미스

(Adam Smith, 1723~1790)

현대 세계는 자본주의가 강력한 힘을 발휘하고 있습니다. 자본주의를 정의하고 그 발전 방향을 제시한 인물이 바로 애덤 스미스입니다. 애덤 스미스의 이론은 이후 선진 자본주의 국가의 경제 정책으로 채택되어 경제 발전에 커다란 영향을 미칩니다.

천재 스미스, 먹고사는 문제에 눈을 뜨다

1723년 스코틀랜드에서 자본주의 고전 경제학의 아버지인 애덤 스미스가 태어났습니다. 그는 어려서부터 천재적인 모습을 보였습니다. 일곱 살에 학교에 들어간 그는 남들이 따라올 수 없을 만큼 많은 책을 읽었다고 하고, 기억력도 좋았다고 평가받습니다. 반면에 집중력이 약하고 매우 산만하여 혼자 중얼거리기도 하는 등 보통 아이들과 많이 달랐다고 합니다.

그는 14세 때 스코틀랜드 글래스고 대학에 입학하여 윤리학을 공부했고, 17세가 되던 1740년엔 옥스퍼드 대학에 장학생으로 입학하였습니다. 끝까지 공부를 끝내지는 못했고, 1746년에 자퇴하여 고향으로 돌아와서는 혼자 공부하며 시간을 보냈습니다.

당시 영국은 상업과 공업이 발달하면서 자본가와 노동자라는 새로운 계급이 등장했고, 그들 간의 빈부 차는 커져만 가고 있었습니다. 어리지만 똑똑했던 스미스의 눈에는 이러한 사회 변화상이 보였습니다. 자기 또래의 소년들이 학교도 가지 못한 채 공장에서 하루 종일 일해도 먹고사는 문제가 해결되지 않는 사회가 이해되지 않았을 것입니다. 이 의문은 그의 경제학을 수립하는 첫 걸음이었을 것입니다.

철학자로서 경제를 고민한다는 것은

애덤 스미스를 경제학자로 알고 있지만 그는 원래 철학자였습니다. 근대 이전의 학문은 신학과 철학뿐이었습니다. 우리가 알고 있는 요즘의 역사학, 정치학, 윤리학, 자연과학 등은 신학과 철학을 이해하기 위한 보조 학문이었을 뿐입니다.

스미스 역시도 철학을 공부했습니다. 그중 윤리학에 관심이 많았습니다. 옥스퍼드에서 돌아와 독학하던 그는 1750년에 '철학협회'에서 주최하는 공개 강의에 참여해 좋은 평가를 받았고, 그 뒤로도 수차례 강

의를 통해 그의 경력을 쌓아 갔습니다.

　덕분에 그는 글래스고 대학에 교수로 임명되어(1751) 도덕철학을 가르치게 되었습니다. 글래스고 대학의 부총장에까지 오르면서 학문적 연구를 계속했고, 그 과정에서 『도덕감정론』이라는 저서를 내어 큰 호평을 얻기도 했습니다. 또 그의 일생의 역작인 『국부론』을 쓰기 시작했습니다.

　1764년에는 다니던 학교를 그만두고 귀족의 개인교사가 되어 프랑스 여행을 가게 되었습니다. 3년간의 여행 동안 스미스는 대륙의 자유주의와 합리주의 사상가들을 만나 사상의 폭을 넓혔습니다. 특히 농업 중심의 자유주의 경제학자인 케네와의 만남은 그가 생각한 경제학 이론에 토대를 제공해 주었고, 볼테르 같은 사상가들을 통해 합리주의를 더욱 깊이 이해할 수 있었습니다.

프랑수아 케네 프랑스의 경제학자 · 의사 · 중농주의 창시자

15세기 이후 유럽 사회는 새로운 변화가 생기고 있었습니다. **시장경제**가 본격적으로 등장하면서 사람들은 종교적 의무와 헌신보다 물질적 이득과 현세적 욕망에 더 많은 관심을 가지게 되었습니다. 반면 사람들은 여전히 영혼의 구원을 갈망하고 있었으며, 그를 위해서는 남을 나처럼 사랑해야 한다는 생각을 하고 있었습니다.

사람들은 급변하는 사회 속에서 혼란에 빠져 있었습니다. 따라서 철학자들은 당시 사회의 경제

볼테르 프랑스의 계몽기 사상가 · 작가

흐름을 연구해 경제적 도덕성을 다시 회복해야 했습니다. 스미스도 그

애덤 스미스의 초상화

에 대한 해답을 찾고 있었습니다. 그는 그 해답을 『국부론』을 통해 제시하였습니다.

시장경제 시장을 통해 재화나 용역 등이 거래되면서 성립하는 경제

자 본 주 의   고 전   경 제 학 을   완 성 하 다

프랑스 여행을 마치고 스코틀랜드로 돌아온(1767) 스미스는 본격적으로 『국부론』을 쓰기 시작했습니다. 『국부론』을 쓰면서 건강이 나빠졌지만 그는 시간을 늦출 수가 없었습니다. 『국부론』을 출간하기 위해 원고를 가지고 런던으로 갔을 때는 건강이 너무 나빠져서 유언을 남기기도 했답니다. 1776년, 드디어 『국부론』이 출간되었고 스미스는 고향으로 돌아왔습니다. 애덤 스미스가 고향에 머무는 동안 영국은 그의 이론을 국가 정책에 적용하기 시작했습니다.

『국부론』에는 생산과 가치, 분배에 대한 의의와 역할, 자본에 대한 규정, 각 나라가 국부를 증진하는 과정, 중상주의와 중농학파에 대한 비판 그리고 국가 재정에 대한 내용이 담겨 있습니다. 이것은 자본주의 체제가 발전해 나가던 당시 사회의 현상들을 설명해 내고, 그에 대한 문제와 해결책을 제시한 이론들이었습니다.

그 이론의 핵심은 경제활동에서 국가가 개입하지 않으면 자연스럽게 최상의 상태로 돌아갈 것이라는 '자유방임주의'입니다. 물론 그

가 주장하는 자유방임주의에는 전제되는 것이 있습니다. 첫째로 사람들은 선하다는 것입니다. 최소한 남에게 해를 끼치는 행동을 하려고 하지 않는다는 것이지요. 둘째로 사람들은 선함을 바탕으로 한 이기심을 가지고 있다는 것입니다. 사람들이 좀 더 물질적으로 풍요로워지기를 바라는 이기심 때문에 물자를 더 많이 생산하게 되고 그를 통해 국가는 부자가 된다는 것입니다. 또한 선한 이기심은 생산과 유통, 소비 과정에서 사람들에게 가장 유리한 조건을 형성하게 한다는 것입니다. 스미스는 이러한 작용을 '보이지 않는 손'이라고 했습니다.

　　사람들의 선한 이기심에 의해 경제활동은 자연스레 조정되고 그것이 최상의 상태를 유지하게 한다는 것이지요. 따라서 국가는 경제활동에 적극적으로 개입하지 말고 질서를 유지하기 위한 치안 담당과 같은 최소한의 임무만을 수행해야 한다고 그는 주장했습니다.

　　그의 주장은 당시 사회의 주역으로 부상하던 부르주아들을 중세의 경제적 윤리(이윤 추구를 나쁜 것으로 봄)로부터 자유롭게 해주었습니다. 예를 들어 경쟁은 중세적 논리로 보면 비윤리적인 것이지만 스미스에 따르면 성장을 위해 피할 수 없는 것입니다. '보이지 않는 손'에 의해 조정되어 결론적으로 좋은 결과에 도달할 것이기 때문에 걱정하지 말고 경쟁하라는 것입니다. 또한 부르주아들의 경제적 활동을 제약하고 있던 정부의 중상주의 정책을 폐기할 것을 주장하고, 부르주아들의 경제활동에 모든 것을 맡기자고 주장했습니다. 부르주아는 이 주장을 환

영할 수밖에 없었습니다. 그래서 그의 이론을 '부르주아 경제학'이라
고도 합니다.

  그는 『국부론』을 발표한 뒤 글래스고 대학 총장에 임명되었지만
실무를 담당하기엔 너무 병약해져 있었습니다. 그는 자신이 죽을 것을
알고 있었던 듯합니다. 예를 들어 그는 자신이 완성하지 못한 이론의 원
고가 남아 후세에 잘못 알려질 것을 두려워해서 그것을 불태웠다고 합
니다. 스미스는 1790년 7월 17일 사망하여 그가 말년에 살던 에든버러
의 캐논게이트 묘지에 묻혔습니다.

애덤 스미스가 쓴 교과서

산업혁명은 옷감 짜는 기계에서부터

애덤 스미스가 살았던 시절은 산업혁명이 일어나 경제 발전이 빠른 속도로 진행되고 있었습니다. 산업 발전은 사람들의 삶을 혁명적으로 바꾸어 놓았고 사람들이 자본주의 체제 안에 살도록 했습니다. 애덤 스미스는 이런 변화의 내용을 이론으로 정리하였던 것입니다.

18세기는 산업혁명의 시대입니다. 산업혁명의 시대를 지나면서 생산 효율성을 높이고자 하는 인간들의 욕망은 이전 시대의 삶과는 엄청나게 다른 삶을 살게 만들었습니다.

영국 면직물 산업의 기계화로부터 산업혁명은 시작되었습니다. 18세기 들어 영국뿐만 아니라 유럽 곳곳에서 면직물 수요가 높아졌는데, 면직물을 생산해서 이익을 얻고 있던 이들은 더 많은 생산을 하여 더 많은 이익을 올리고 싶었습니다. 그래서 옷감을 짜는 기계를 만들어 냈고, 기존 생산량의 두 배를 생산하게 되었습니다. 그렇게 되자 옷감을 만들 실도

산업혁명 시절 직물공장 풍경

더 많이 생산해야 했고, 그래서 실을 생산하는 기계도 만들어 냈습니다.

하지만 새로운 문제가 발생했습니다. 기계를 더 크게 만들면 더 많은 생산을 할 수 있다는 생각을 하게 되었지만 그 큰 기계를 돌릴 수 있는 힘은 부족했습니다. 처음에는 사람의 힘을 이용해서 기계를 돌렸고, 시간이 지나서는 수력을 이용해서 기계를 돌렸습니다. 하지만 둘 다 한계가 있었습니다. 그래서 사람들이 생각하게 된 동력 기관이 바로 증기기관이었습니다. 증기기관을 이용한 새로운 기계들은 생산력의 비약적 발전을 가져 왔습니다.

증기기관을 이용할 수 있게 되자 옷감 짜는 기계를 더 크게 만들어 건물 안에 여러 대 설치하게 됐습니다. 공장이 등장한 것입니다. 공장을 소유하고 있는 사람을 자본가라고 하는데, 그들은 공장을 돌리기 위해 노동자들을 고용했습니다. 노동자들은 과거처럼 기술이 필요하지 않았습니다. 복잡한 기술은 기계가 해결했기 때문에 노동자들은 단순한 일만 하면 됐습니다. 자본가들은 그들에게 낮은 임금을 주면 되었고, 더 많은 노동자를 고용하여 더 많이 생산하려 했습니다. 이제 세상은 자본가와 노동자가 중심이 되어 굴러가게끔 조건이 형성되었습니다.

물자가 필요한 곳을 빨리 알기 위해서 통신 시설이 필요했고, 빨리 그리고 많이 물자를 시장에 내보내기 위해서 새로운 교통수단이 필요했습니다. 그래서 전신, 전화가 등장하고 증기기관차가 등장하게 되었습니다. 처음에는 옷감 짜는 기계인 방적기로부터 시작한 생산도구의 기계화가 사회 전분야로 확산된 것입니다.

교과서로 점프

중학교 2학년 사회 – 산업혁명과 산업사회의 도래
산업혁명은 신석기 시대에 농경과 목축을 시작한 이래로 계속되어 오던 농업사회를 산업사회로 바꾸어 놓았다.

고등학교 2학년 세계사 – 왕권신수설에서 계몽사상으로
영국의 애덤 스미스가 경제활동에 대한 국가의 간섭을 반대하면서 자유주의 경제학의 토대를 마련한 것도 이때였다.

궁금한건 못참아!

중상주의가 무엇인가요?

15세기 이후 유럽 각국에서 추진한 경제 정책과 이를 뒷받침하는 이론을 '중상주의'라고 합니다. 간단히 설명하면 상업을 국가 경제발전의 중요 요소로 판단하여 육성하겠다는 생각입니다. 당시 정치가나 중상주의 이론을 주장하는 사람들은 이윤이 생산 과정에서 발생하는 것이 아니라 유통 과정에서 발생한다고 생각했습니다. 따라서 자신의 나라에 유리한 유

통 구조를 만드는 것이 국가의 부를 달성하는 중요한 관건이었습니다.

이를 위해서 정부는 국내 상공인들을 육성하고 그들의 주요 무대가 될 국내 시장을 보호할 정책을 세웠습니다. 외국에서는 원료만 수입하고 완성된 제품은 수입을 금지하거나 제한했으며, 제품이 들어오더라도 관세를 붙여 국내 시장에서 경쟁력을 잃게 만들었습니다. 또한 국내에서 생산된 제품은 수출을 장려하고 국내 원료의 수출은 금지시켰습니다.

정부는 국내 제품의 수출을 원활하게 하기 위해 해외 시장을 적극적으로 개척해야 했습니다. 이때 개척의 방식은 '교류'가 아니라 '정복'이 목적이었습니다. 당시 유럽의 중상주의를 추진한 국가들은 아메리카와 인도, 동남아시아 지역에 식민지를 건설했고 그곳에서 국내 산업을 발전시키기 위한 원료와 화폐로 사용될 귀금속을 빼앗아 왔습니다.

중상주의는 유럽의 자본주의와 부르주아 계급의 성장에 있어 매우 중요한 역할을 했습니다. 다만 중상주의는 철저히 국가가 경제를 통제하는 방식의 경제 이론입니다. 따라서 중상주의는 부르주아와 산업이 발전하여 상품 생산이 크게 성장한 단계에서는 부르주아의 경제활동과 경제 성장을 방해하는 정책이 될 수밖에 없었습니다. 이런 중상주의의 한계를 정확하게 인식하고 자유주의 경제 이론을 제시한 이가 애덤 스미스였습니다. 애덤 스미스는 국가의 경제활동에 대한 간섭을 최소화하고 자유롭고 도덕적인 시장의 원리에 맡겨 경제를 운영하자는 주장을 하였고, 이것이 유럽의 경제 정책으로 채택되어 자본주의 체제가 서구에서 더욱 발전할 수 있었습니다.

자본주의를 비관적으로 바라본 마르크스

애덤 스미스는 자본주의가 인류에게 행복을 가져다줄 것이라는 낙관적 기대를 가지고 있었습니다. 하지만 그보다 약간 늦게 태어난 독일의 정치경제학자인 칼 마르크스(1818~1883)는, 자본주의는 필연적으로 망하게 될 것이라는 비관적 견해를 제시했습니다.

마르크스는 자본주의의 최종 목표인 이윤이 노동자들의 노동을 통해 형성된다고 주장했습니다. 그러므로 자본가들은 이윤을 확보하기 위해서 노동자들의 노동을 착취하고, 노동자들이 제공한 노동보다 적은 임금을 줄 것이라 했습니다.

이러한 행위는 생산 물자를 소비하는 절대 다수의 노동자 계층의 구매력을 떨어뜨리게 되는데, 소비 계층이 소비를 하지 않으면 이윤이 창출되지 않고 재투자도 불가능하기 때문에 공장은 문을 닫아야 할 것입니다. 그러면 실업자가 증가하여 다시 구매력이 약화되고, 위와 같은 문제가 반복되는 악순환이 계속될 것이라 예언했습니다. 이러한 현상을 '공황'이라 했는데, 마르크스는 자본주의 발전 과정에서 공황이 반드시 발생하고 노동자의 삶은 더욱 어려워질 거라고 경고했습니다.

또한 그는 자본주의가 노동으로부터 인간을 소외시킨다고 주장했습니다. 자본주의하에서 노동은 분업을 통해 이루어지는데, 분업은 인간의 노동을 기계의 부속으로 전락시켰습니다.

칼 마르크스

인류는 노동을 통해 자연을 극복하고 발전해 왔습니다. 자본주의 이전의 노동은 인간의 의지를 통해 자연 상태의 한계를 극복하고 인간답게 살 수 있는 조건을 만드는 과정이었습니다. 이때 인간은 노동에 있어 주인이었고 주체였습니다. 그런데 자본주의하에서 노동은 인간의 의지와 상관없는, 기계를 돌리기 위한 동작으로 변화하게 되었습니다. 그래서 마르크스는 자본주의하에서 노동은 상품화되고, 그로 인해 인간은 비인격적인 존재가 되어 버린다고 주장했습니다.

19세기 자본주의가 발전한 유럽의 여러 나라에서 노동 문제와 공황이 실제로 나타났습니다. 마르크스는 이런 문제를 해결하기 위해서 노동자 계급이 적절한 시점에 혁명을 통해 노동자 중심의 세계를 건설해야 한다고 주장했습니다.

마르크스의 주장은 당시 노동자들의 큰 호응을 얻었고, 그로 인해 노동 운동과 사회주의 운동이 활발하게 진행되었습니다. 20세기 들어 그의 주장을 따르는 마르크스주의자들이 혁명을 통해 나라를 세웠는데, 대표적인 나라가 구소련(오늘날 러시아) 그리고 중국입니다. 소련이나 중국 같은 나라를 사회주의 또는 공산주의 국가라고 하는데, 20세기는 이를 대표하는 소련과 자본주의를 대표하는 미국 사이에 긴장이 유지되던 시기이기도 했습니다.

단 한 사람의 이론이 100년 가까운 시기 동안 세계를 좌지우지했음을 생각해 보면 역사는 참 흥미롭습니다.

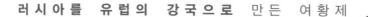

러 시 아 를 유 럽 의 강 국 으 로 만 든 여 황 제

예카테리나 2세

(Ekaterina II, 1729~1796)

오늘날 러시아는 서방 선진 8개국을 뜻하는 G8에 포함된 강국 중 하나입니다.
하지만 지금으로부터 500여 년 전만 해도 러시아는 유럽에서 낙후
된 후진국이었습니다. 그러한 러시아를 유럽의 강국으로 자리매김
하게 한 인물이 바로 예카테리나 2세입니다.

작은 공국의 공주, 러시아 황태자와 결혼하다

우리가 알고 있는 예카테리나 2세라는 이름은 원래 '예카테리나
알렉세예브나' 입니다. 이 이름도 본명이 아니라 러시아의 황태자비가
되면서 얻은 이름이고, '조피 프레데리케 아우구스테 폰 안할트-체르
프스트' 라는 긴 이름이 원래 그녀의 이름이었습니다. 그녀는 프로이센
왕국(오늘날 독일)에 있는 작은 공국의 공주였습니다.

예카테리나는 1729년에 태어났고 왕실 가문 출신인 어머니의 영

향으로 일찍부터 교양 교육과 예절 교육을 받았습니다. 특히 가정교사가 프랑스 출신이었다고 하는데, 아마도 가정교사는 **칼뱅파 신교도**로서 예카테리나에게 프랑스식 합리주의를 은연중에 가르쳤을 것입니다. 후에 그녀가 러시아를 통치할 때 프랑스의 계

젊은 시절의 예카테리나 2세

몽주의를 중시했던 이유도 가정교사로부터 배운 프랑스식 사고 때문일 것입니다.

예카테리나는 뛰어난 미모는 아니었지만 매력적인 여인이었고 매우 총명했습니다. 다방면에서 귀족으로서 가져야 할 소양을 잘 갖추고 있었으며 예의 바르고 착한 소녀였습니다. 덕분에 많은 사람들이 그녀를 귀여워하고 아꼈다고 합니다. 황후로서 갖추어야 할 소양과 태도는 그녀가 이때 갖추었던 모양입니다.

예카테리나 2세가 가진 개인적인 능력과 별개로 작은 공국의 공

옐리자베타

표트르 대제

주가 러시아 황제의 다음 계승자와 결혼할 수 있었던 이유는 무엇이었을까요? 첫 번째 이유는 러시아의 정치 상황 때문이었을 것입니다. 당시 러시아는 '옐리자베타'라는 여황제가 통치하고 있었는데, 그녀는 러시아를 근대적 국가의 면모를 갖춘 유럽의 강국으로 등장시킨 표트르 대제(1682~1725)의 딸이었습니다. 표트르 대제가 죽은 후 제위 계승 문제가 복잡하게 진행되면서 약 15년 동안 4명의 황제가 바뀌었고, 결국 옐리자베타가 반란을 통해 제위에 올랐습니다.

따라서 옐리자베타가 황제가 되어 통치를 시작할 때는 그녀를 견제하는 귀족 세력이 너무 많았습니다. 결혼도 하지 않고 자녀도 없었던 옐리자베타는 자신의 권력을 안정시키기 위해서 다음 제위 계승자가 강한 권력을 가지고 있으면 안 되겠다는 판단을 할 수밖에 없었습니다. 그래서 그녀는 다음 계승권자로 프로이센에서 나고 자란 조카(표트르 3세)를 선택했고 그 아내(예카테리나 2세) 역시도 힘이 약한 프로이센 귀족의 딸을 선택한 것입니다.

러시아의 정치 상황과 더불어 예카테리나가 러시아의 황태자비가 될 수 있었던 것은 그녀의 어머니가 무시 못할 스웨덴 왕실 가문의 사람이라는 것과 옐리자베타의 한때 약혼자가 예카테리나의 외삼촌이라는 것도 한몫했을 것입니다. 또 예카테리나가 결혼해야 할 표트르 3세는 러시아어조차 하지 못했다고 하니 그와 의사소통을 하기 위해서는 프로이센의 여인이 필요했을 것입니다.

이런 모든 원인이 작용하여 예카테리나는 14세 때 러시아 황실로 들어갔고, 16세 때 결혼을 했습니다.

표트르 3세

칼뱅파 신교도　프랑스에는 칼뱅파 신교도들을 '위그노'라고 불렀다. 이들이 프랑스 정부의 가톨릭 전쟁에 반발하여 일으킨 전쟁을 위그노 전쟁이라 한다.

무 능 한 남 편 , 현 명 한 아 내

예카테리나의 남편인 표트르는 러시아 황실 생활에 잘 적응하지 못했던 모양입니다. 그는 황제가 되기 위해 갖추어야 할 소양들을 배우려고 노력하지 않았습니다. 더욱 큰 문제는 그가 지적 장애를 가지고 있었으며 감정 조절을 잘 못했다는 것입니다. 그는 예카테리나보다 한 살 더 많았지만 장난감 병정들로 병정놀이를 즐겼다고 합니다. 놀이에 지치면 개들을 못살게 굴거나 말리는 예카테리나를 때렸다고 합니다. 그의 이러한 증세는 점점 더 심해졌습니다.

그는 외교관이나 정부 고관이 많이 모이는 공식 석상에서조차 어린애같이 굴었습니다. 외교관과 인사하면서도 장난을 치고 행사장에서 시끄럽게 떠들곤 했습니다. 그는 러시아의 국교인 러시아 정교 대신 프로이센에서 믿고 있던 루터파 신교를 그대로 믿고 있었고, 러시아어도 제대로 공부하지 않았습니다. 이런 행동들 때문에 그는 신하와 백성들

표트르 3세와 예카테리나

로부터 비난받을 수밖에 없었습니다.

그렇다면 예카테리나는 이런 상황에서 어떤 행동을 했을까요? 조금만 생각이 있는 사람이었다면 자연스레 자신에게 권력이 돌아올 것이란 예측은 가능했을 것입니다. 표트르와 자신 사이에 아이도 없었고 다른 경쟁자도 없었기 때문입니다.

예카테리나는 차근차근 러시아인들에게 인정받기 위해 노력해 나갔습니다. 그녀는 러시아 말을 배우고 러시아 풍습을 존중했으며 러시아 정교로 개종하고 그 교리를 열심히 공부했습니다. 그리고 매일 독서로 교양을 쌓으며 규칙적인 생활을 했습니다. 사람들을 만날 때는 항상 예의 바르고 상냥했으며, 사람들은 그런 예카테리나를 좋아했습니다.

반면 표트르는 예카테리나를 멀리하고 다른 귀족의 딸과 사귀었습니다. 아마도 자신보다 똑똑하고 능력 있는 아내가 싫었을 것입니다. 더군다나 아내가 자신의 편을 전혀 들어 주지 않고 바른 말만 하니 더욱 싫었을 것입니다. 예카테리나 역시 다른 남자들을 비밀리에 애인으로 두었습니다. 그런데 그녀는 이때도 자신의 미래를 위해 준비를 했던 듯싶습니다. 그녀가 아낀 애인은 황실 근위대의 청년 장교였습니다. 그는 후일 예카테리나를 위해 앞장서 반란을 일으켜 주었습니다.

여 황 제 로 등 극 하 다

1762년 초 황제 옐리자베타가 사망하자, 표트르가 황제로 즉위하여 표트르 3세가 되었습니다. 표트르 3세는 옐리자베타의 장례식 때도 예를 갖추지 않았고, 장례식이 끝난 뒤에 바로 파티를 열기도 했습니다. 반면 예카테리나는 장례식 기간 동안 애도의 모습을 보이며 조신하게 지냈고 그 후 몇 달 동안 상복 차림으로 생활했습니다. 이러한 그녀의 행동은 표트르 3세와 비교해 사람들의 큰 인심을 얻었습니다.

표트르 3세는 앞서 이야기한 것처럼 정신적으로 성숙되지 못한 사람이었습니다. 황제 자리에 오른 후 신하들과 백성들의 마음을 살피

226

며 국정을 바르게 수행하는 것보다 그가 좋아하는 일을 하는 데 열을 올렸습니다. 그는 장난감 병정으로 하던 전쟁놀이를 실제 군대를 가지고 해보기도 하였습니다. 그리고 그것을 구경하며 즐거워했고, 대포 쏘는 것을 신기

예카테리나 2세

하게 생각해 자신이 있는 수도인 상트페테르부르크(당시 러시아의 수도)에서 자주 대포를 쏘게 했습니다. 이로 인해 병사들과 시민들은 그를 더욱 싫어하게 되었습니다.

러시아의 황제는 러시아 정교의 상징적인 최고 수장이어야 하는데, 그는 러시아 정교도 무시하였습니다. 궁전 내에 루터파 신교의 교회를 짓고 예배를 보았던 것입니다. 그는 전통적으로 수염을 길러야 하는 러시아 정교의 성직자들에게 서유럽의 성직자들처럼 짧게 깎을 것을 명했습니다. 이로 인해 러시아 정교의 성직자들과도 사이가 멀어

졌습니다. 당시 성직자들은 귀족들 못지않은 영향력을 가지고 있었기 때문에 이러한 표트르 3세의 행동은 스스로를 궁지에 모는 행위였습니다.

더 큰 문제는 외교적 문제였습니다. 옐리자베타 여제는 러시아의 성장을 위해 프로이센과 오스트리아 사이의 영토 분쟁인 7년전쟁에 개입하여 오스트리아와 동맹을 맺고 프로이센을 공격했습니다. 러시아는 프로이센을 압박하며 영토를 많이 빼앗은 상태였습니다.

그런데 표트르 3세가 황제가 된 후 이러한 전쟁 상황이 급변했습니다. 프로이센 출신인 표트르 3세는 당시 프로이센의 국왕이었던 프리드리히 2세를 가장 존경하고 있었습니다. 급기야 그는 오스트리아와 동맹을 끊고 프로이센과 조약을 체결했습니다. 이 과정에서 빼앗았던 프로이센의 영토를 모두 돌려주며 전쟁에서 손을 떼는 바람에 승리는 프로이센에게 돌아갔습니다. 그의 결정은 그동안 전쟁터에서 피를 흘려가며 싸웠던 병사들의 희생을 모독하는 일이었습니다. 게다가 러시아에 큰 손해를 끼쳤습니다. 표트르 3세의 사치스러운 생활이나 바람기는 눈감아 줄 수도 있는 문제였지만 국익에 관련된 문제는 심각한 것이었습니다.

마침내 군인들은 표트르 3세의 행동에 반기를 들고 일어났습니다. 표트르가 통치를 시작한 지 채 반 년도 안 되어서였습니다. 황실 근위대와 상트페테르부르크에 주둔한 군대들은 모두 예카테리나에게 충성을 맹세했습니다.

예카테리나는 군대의 호위를 받으며 카잔 성당으로 향했습니다. 성당 앞에는 이미 성직자들이 그녀를 기다리고 있었습니다. 주교는 예카테리나를 황제로 임명하고 이 사실을 널리 선포했습니다. 러시아 황제 예카테리나 2세가 탄생되는 순간이었습니다(1762년 7월). 당시 그녀는 33세였는데, 18년간 표트르 3세가 주는 온갖 모욕을 참고 견디며 이날을 위해 자신의 이미지를 관리해 온 것입니다.

표트르 3세는 여인들과 파티를 벌이던 별장에서 이 소식을 들어야 했습니다. 그리고 자신을 지지하는 군대가 없음을 곧 알게 되었습니다. 그는 어쩔 수 없이 페테르부르크에 돌아와 여러 세력의 압력으로 제위에서 물러나는 일에 서명해야 했습니다. 그러고는 자신의 여름 별장에 갇히는 신세가 되었습니다. 그로부터 6일 후 그는 암살로 추정되는 죽임을 당하게 됩니다.

이렇게 하여 러시아 역사에 길이 남을 예카테리나 2세는 여황제의 자리를 차지하게 되었습니다.

여 걸 예 카 테 리 나 2세

예카테리나 2세는 황제가 된 초기에 러시아 귀족들의 눈치를 보며 정치를 해야 했지만 점점 극복하여 갔습니다. 그녀가 가장 심혈을 기울였던 것은 러시아의 근대화였습니다. 근대화란 서유럽처럼 군사, 정치, 문화적으로 강대국이 되는 것이었습니다.

예카테리나 2세가 황제가 되었을 때 정치가들은 당시 러시아의 인구가 얼마인지, 도시가 몇 개였는지도 정확히 몰랐습니다. 정치를 담당했던 당시 귀족들이 그만큼 국가 운영에 관심이 없었다는 것을 증명하는 예지요.

그녀는 토지와 인구 조사부터 시작했습니다. 그리고 서유럽으로부터 선진 농업 기술을 도입하여 농업 생산력 향상에 힘을 기울였습니다. 또한 산업을 발전시키기 위해 과학 기술을 배워 오도록 서유럽에 기술자와 학생들을 파견했습니다. 국내에서는 산업 발전의 밑바탕이 되는 광업을 발전시키기 위해 광산 학교도 설립했습니다. 이런 노력 끝에 그녀의 재위 기간 중 공장은 900여 개에서 3,100여 개로 늘어났습니다.

민간 부분의 투자에도 힘을 기울였습니다. 1786년에는 모든 도시에 학교 설립을 의무화했고, 여자가 다니는 학교도 최초로 세웠습니다. 또한 학생들을 서유럽으로 파견해 의료 기술을 배워 오도록 하였습니다. 의과 대학과 민간인 대상의 병원도 러시아 최초로 세웠습니다. 또한 천연두로 인한 어린이 사망을 줄이기 위해 서유럽의 의사를 초빙해 오기도 했으며, 그녀 자신이 천연두 예방주사를 맞는 모범을 보이기도 했습니다.

더불어 군대 개혁도 함께 진행했습니다. 특히 당시 해군력은 국가의 군사력을 결정짓는 대단히 중요한 사안이었습니다. 그녀는 영국에 기술자들을 보내 새로운 전함 건조법을 배워 오도록 했습니다.

예카테리나의 이러한 노력은 러시아의 대외 팽창을 가능케 했습니다. 당시 유럽의 국가들은 해외로 진출하여 식민지를 건설하거나 무역을 통해 국부를 달성하는 것이 지상 목표였습니다. 예카테리나 역시 산업 발전을 위해서는 새로운 영토를 찾아 해외로 진출해야 한다고 생각했습니다. 그러기 위해서는 남쪽의 얼지 않는 항구가 필요했습니다. 그를 위해 오스만투르크 제국과 전쟁을 벌인 러시아는 흑해 북쪽 해안

인 크림 반도와 서쪽으로는 우크라이나 일대를 차지했습니다. 그리고 프로이센, 오스트리아와 함께 폴란드 분할에 참여하여 폴란드의 일부 지역을 차지할 수 있었습니다. 이제 러시아는 동유럽의 강국으로 자리 잡게 되었습니다.

자 신 의   철 학 을   배 신 하 다

예카테리나 2세는 프랑스의 계몽주의를 자신의 철학으로 삼았습니다. 그녀는 공부하는 황제였습니다. 계몽주의 철학의 대표자 격인 볼테르와의 서신을 통해 많은 것을 배우고 익혀 나갔습니다. 스스로 계몽군주를 자처하며 개혁을 시도했는데, 개혁의 목적은 지배계급의 피지배계급에 대한 가혹한 착취를 그만두게 하고 백성들을 좀 더 잘살게 만드는 것이었습니다. 대표적인 개혁 내용이 농노 해방과 관련된 것이었습니다.

하지만 1773년 '푸카초프의 난'으로 알려진 대규모 민중 봉기가 일어났을 때 그녀는 귀족들의 편에 서서 이를 잔인하게 진압했습니다. 이성적인 계몽주의자임을 자처한 그녀가 정치를 하는 과정에서는 귀족들의 견제를 이겨 내기 위해 그들과 타협할 수밖에 없었습니다. 그녀는 자신의 신념보다 권력을 유지하는 길을 선택했던 것입니다.

귀족들의 반발과 민중들의 무관심으로 결국 계몽주의에 기반한

말년의 예카테리나 2세

그녀의 개혁 시도는 실패했습니다. 그로 인해 귀족들의 **농노**에 대한 착취는 변함이 없었고 더욱 강화될 뿐이었습니다.

그녀는 수많은 남자들을 사귀었다 하여 음탕한 여황제로도 알려져 있습니다. 그녀가 문란하게 남자들을 사귀었는지는 확인할 수 없지만 다른 시각으로도 이러한 행위를 바라보는 사람들도 있습니다.

그녀가 사귄 사람들은 대부분 그녀를 황제 자리에 앉혔던 사람들이거나 그녀가 황제 노릇을 잘할 수 있도록 보필한 사람들이었습니다. 그녀는 프로이센 출신이었기 때문에 귀족들의 지지를 받기 어려웠습니다. 그러니 자신의 지지 기반을 확보하기 위해 이러한 방법을 사용했을 것입니다. 대표적인 인물이 포템킨이란 인물

푸카초프의 난

입니다. 그는 예카테리나 2세와 가장 오랫동안 연인 관계를 맺었습니다. 이 기간 동안 그는 크림 반도 정복 등에 참여하여 큰 공을 세웠고, 정치에선 예카테리나 2세의 후광을 업고 권력을 좌우하며 그녀를 지지하고 보호해 주었습니다.

그런데 말년의 예카테리나는 젊은 남성들과의 관계에 집착하기도 했습니다. 그녀의 말년은 위기의 연속이었습니다. 프랑스에서 시민 혁명이 일어나자 자유주의가 러시아로 흘러들어 와 그녀의 정책을 흔들기도 했습니다. 또한 그녀를 지켜 주던 포템킨도 1791년에 사망했습니다. 주위에는 그녀에게 아부하는 관리들만이 넘쳐 났습니다. 그리고 그녀와 정부들 사이에서 태어난 것으로 추정되는 자녀들은 그녀만큼 똑똑하지 못했으며 뒤를 이어야 하는 아들 파벨은 무능했습니다. 또 그녀가 사랑하고 아꼈던 손자인 알렉산드르는 너무 어렸습니다.

1796년 야심 많고 호탕한 이 여황제는 자신의 성격처럼 뇌졸증으로 급작스레 사망했습니다.

푸카초프의 난 1773년 러시아 농노제에 대해 불만이 쌓여 있던 농민들이 푸카초프를 중심으로 뭉쳐 일어난 농민 봉기다. 러시아 역사상 가장 큰 농민 봉기였다. 농노제하에서 러시아의 농민들은 노예와 별다를 게 없을 정도로 심하게 착취당했다. 당시 예카테리나 2세는 오스만 제국과 전쟁 중이었으나 푸카초프의 농민 봉기가 점점 확대되자 전쟁을 중단하고 많은 병력을 동원하여 푸카초프 농민군을 진압하려 했다. 농민군의 저항은 격렬했고 덕분에 1년 넘게 농민군을 진압하는 데 공을 들여야 했다.

농노 중세 사회의 농민들을 가리키는 말이다. 자유농민의 권리와 노예가 져야 할 의무를 함께 가지고 있었기에 농노라고 불렀다. 땅을 팔 때 농노의 숫자도 가격에 포함되는 등 특히 러시아의 농노는 서유럽보다 훨씬 더 노예적인 요소가 강했다.

예카테리나 2세가 쓴 교과서

계몽사상을 바탕으로 개혁을 시도한 왕들

15세기 이후 서유럽 국가들에서는 해외 식민지로부터 막대한 귀금속과 원료가 들어오면서 상업이 발전했습니다. 상업이 발전하자 좀 더 다양한 많은 양의 제품이 필요했고, 자연스레 그것들을 만들어 낼 수공업이 발전하게 되었습니다. 수공업의 발전은 원료를 제공하는 농업과 광업의 발전을 가져왔습니다. 이러한 상업 발전에 의한 경제의 성장은 서유럽에서 상품과 화폐를 맞바꾸는 시장경제(또는 교환경제, 상품화폐 경제)를 발달시켰습니다.

시장경제의 성장과 발달은 사회 구조와 정치 구조를 바꾸었습니다. 시장이 있는 곳에 도시가 들어섰고, 농노들은 부농이 되거나 도시로 탈출하여 상인이나 수공업자가 되었습니다.

도시에서 상점이나 공장을 운영하던 사람들은 경제 성장으로 부자가 되었습니다. 즉 시민들은 경제력도 좋아지고 교육 수준도 높아졌습니다.

그래서 도시에는 재력가와 지식인들이 많아졌습니다. 이제 그들은 귀족과 농노만 있던 중세에서 새로운 계층으로 등장하였습니다. 하지만 신분상 평민이었기에 귀족에 비해 차별을 받았습니다. 그들은 이러한 불합리한 사회가 개선되기를 바랐습니다.

장원을 독자적으로 운영하는 귀족을 싫어하는 또 하나의 존재가 왕이었습니다. 왕은 자신에게 충성하는 관료들을 더 많이 뽑아 채용하고, 군사력을 키워서 귀족들을 제압하고 싶었습니다. 그러려면 세금을 많이 거둬 국가 재정을 충족해야 했기 때문에 왕은 상공업을 장려하는 정책을 펼칠 수밖에 없었습니다. 그리고 귀족을 견제하기 위해 평민 출신 지식인들을 관료로 발탁했습니다. 이 과정에서 시민계급이 키워진 것입니다.

이렇게 왕과 시민, 두 세력은 손을 잡았습니다. 왕은 충분한 재정을 바탕으로 관료제를 확대하고 군사력을 강화하여 귀족 세력을 제압했습니다. 그러자 귀족들은 자신이 지배하던 장원을 포기하고 신하가 되려 했습니다. 이들로부터 새로운 영토를 확보한 왕은 그곳에 지방관을 파견했습니다. 이제 왕은 전 국토를 자신의 의지대로 지배할 수 있게 된 것입니다. **중앙집권 체제**가 수립되었고, 왕권은 더욱 강화되었습니다. 이 시기를 바로 절대왕정 시대라고 합니다.

이 절대왕정 시기에 서유럽 지역은 상공업이 더욱 발달하였고, 국가 재정은 넉넉해졌습니다. 이 시기가 17~18세기의 일입니다.

반면 러시아와 프로이센, 오스트리아 같은 동유럽 지역의 국가들은 여전히 농업 중심 국가여서 서유럽 지역에 비해 후진적인 모습이었습니다. 이 나라의 국왕들은 서둘러 서유럽의 국가들을 본 받고 싶었습니다. 이를 위해서는 산업을 발전시 켜야 했고, 시민들을 육성하며, 산업에 종사할 노동력을 확보해야 했습니다.

그러려면 농노해방령을 내려 귀족과 토지 에 묶여 있는 농노들을 해방시켜 도시로 오게 해 야 했습니다. 또한 서구적 지식인들을 키워 내기 위 해 교육 제도를 개혁해야 했고, 관리직도 시험을 통해 뽑아 쓰는 관료제로 개혁해야 했습 니다. 이를 위해서는 신분 제도를 약 화시키는 사회 개혁을 진행해야 했습니다.

이러한 개혁을 진행하기 위해서는 왕에게 귀족이 나 다른 사람들을 설득

프리드리히 2세
프로이센의 계몽 전제 군주

요제프 2세 오스트리아의 계몽 전제 군주

할 만한 논리가 필요했습니다. 당시 서유럽 사회의 변화를 담아 내는 사상이 계몽주의였는데, 계몽주의는 인간의 이성과 지성의 힘으로 사회, 정치 문제들을 합리적으로 해결할 수 있다는 입장을 가진 철학이었습니다.

당시 동유럽 국왕들은 계몽 사상가와 교류하거나 스스로 공부하여 계몽주의자가 되었고, 이 철학을 바탕으로 개혁을 시도했습니다.

대표적인 왕들이 바로 러시아의 예카테리나 2세, 프로이센의 프리드리히 2세, 오스트리아의 요제프 2세였습니다. 이들이 진행한 개혁은 비록 사회의 모습을 합리적으로 바꾸는 것처럼 보였지만 최종적 목적은 국가의 부를 달성하고 이를 통해 왕권을 전제화하는 것이었습니다. 그렇기 때문에 우리가 생각하는 '평등사회로의 진행'이란 개혁과는 거리가 있습니다. 이들의 개혁은 귀족들의 반발에 부딪혀 목적한 바를 이루지 못했지만 각국의 발전에는 크게 기여했습니다.

중앙집권 체제 중앙정부의 권한을 확대하여 지방 말단까지 중앙정부의 영향력을 행사하는 체제를 말한다. 중앙정부의 최고 책임자는 이로써 전 국토를 지배할 수 있으며, 전 국토에서 생산되는 물자와 자원을 효율적으로 관리, 운영할 수 있어 국가의 변화를 가져오기도 한다.

교과서로 점프

중학교 2학년 사회 – 근대과학과 계몽사상
18세기 유럽의 지식인들은 근대과학의 성과와 정신을 일반 대중에게 알려 유럽 사회를 계몽하려고 하였다. 그리고 신앙과 종교보다 이성과 지식이 인간에게 더 중요하다고 하였는데, 이러한 사상을 계몽사상이라고 한다.

고등학교 2학년 세계사 – 러시아의 대두
러시아는 계몽 전제 군주를 자처했던 예카테리나 2세 때 남방과 시베리아 진출을 꾀하면서 더욱 발전했으나, 농노제를 사회적 토대로 하여 여전히 후진성을 지니고 있었다.

서양에는 왜 여왕들이 많을까?

동서양을 막론하고 왕은 대체로 아들에게 계승되는 것이 보통의 예입니다. 특히 유학의 영향을 많이 받은 동양의 특정 지역에서 이러한 경향이 두드러지게 나타납니다. 이런 지역은 관습에 의해 왕 자리가 계승되는 것이 특징입니다. 이러한 전통은 매우 완고하게 지켜지는 편입니다.

반면 서양은 상속법을 더 존중합니다. 남녀가 중요한 것이 아니라 상속 받을 사람 중에 누가 더 선대왕에 가까운 핏줄인가를 먼저 따집니다. 물론 상속할 사람이 특별히 유언을 남겼다면 다를 수 있습니다. 예를 들어 러시아를 크게 발전시킨 표트르 대제는 유언으로 자신의 아내를 계승자로 임명했습니다. 그래서 그녀가 예카테리나 1세가 되었습니다. 예카테리나 2세는 이 장에서 배운 인물이고요.

물론 이러한 상속법이 정확히 지켜진 것은 아니지만 서양인들은 보통 상속법을 매우 중시했습니다. 중세 유럽 왕실은 자신의 협력자를 얻기 위해 다른 나라의 왕실이나 귀족들과 결혼을 하곤 했습니다. 그래서 서양에서 왕위 계승과 관련된 국가 간의 전쟁이 자주 발생한 것입니다. 앞에서 살펴본 백년전쟁의 경우가 대표적인 예겠지요.

역사의 시계추를 거꾸로 돌린 **프랑스 혁명의 전파자**

나폴레옹

(Napoléon, 1769~1821)

18세기, 세상을 변화시킨 역사적 대사건이 발생했습니다. 바로 '프랑스 혁명'
이었습니다. 이 혁명으로 인해 우리는 민주정 체제에서 살 수 있게 되었습니다.
이 혁명을 일으킨 주인공은 시민계급이라 부르는 부르주아들이었지만, '자유'와
'평등'이란 가치를 유럽에 널리 퍼뜨린 사람은 모순되게도 귀족 출신인 나폴레옹
이었습니다.

코르시카 출신 나폴레옹

나폴레옹은 이탈리아 반도 서편에
있는 작은 섬 코르시카에서 1769년에 태
어났습니다. 당시 이탈리아 반도는 신성로
마제국, 교황 그리고 나폴리 왕국에 의해 북부, 중
부, 남부로 나뉘어 지배되고 있었습니다. 특히 북
부는 신성로마제국의 지배를 받는 지역이 대부분

242

나폴레옹의 아버지 카를로 부오나파르테

이었지만, 무역을 통해 성장한 도시들이 자치권을 획득하여 작은 국가들로 존재하고 있었습니다.

그중 제노바라는 도시 국가는 코르시카란 섬을 지배하고 있었는데 나폴레옹이 태어나기 전 해인 1768년에 섬을 프랑스에 팔아 넘겨 버렸습니다.

나폴레옹은 프랑스 식민지가 된 코르시카 섬에서 자란 이탈리아 소년이었습니다. 아버지 카를로는 원래 코르시카 출신 귀족 가문의 사람이었습니다. 그는 코르시카의 유명한 독립운동가인 파올리와 함께 독립운동을 했지만 프랑스의 식민지가 된 후엔 프랑스를 위해 일하는 사람이 되었습니다.

촌 뜨 기 , 프 랑 스 로 유 학 가 다

나폴레옹의 부모는 교육에 대한 관심이 많았습니다. 당시 교육은 부유한 귀족이나 부르주아들의 자녀들이나 받는 것이었는데, 식민지의 귀족이었던 나폴레옹의 부모들은 그만큼 부유하지 않았습니다.

젊은 시절의 나폴레옹

결국 가난한 귀족의 자녀들에게 교육비를 제공하는 프랑스의 제도를 이용하여 나폴레옹과 그의 형은 프랑스로 유학을 가게 되었습니다.

당시 프랑스 정부에서 주는 장학금으로 들어갈 수 있는 학교는 신학교와 군사학교뿐이었습니다. 그의 부모는 적성을 고려해 나폴레옹의 나이 열 살 때 군사학교에 입학시켰습니다.

그 학교는 샹파뉴 지방의 브리엔 군사학교였습니다. 코르시카에서 나고 자란 나폴레옹이 프랑스 학교에서 적응하는 일은 쉽지 않았습니다. 그는 프랑스어를 할 줄 몰랐습니다. 아이들은 말이 잘 통하지 않는 그를 '촌놈'이라 놀리며 따돌렸습니다. 그렇지만 그는 영리했고, 자존심과 고집이 강했기 때문에 놀림 받는 일은 오래가지 않았습니다.

나폴레옹은 교사나 선배에게 부당한 대우를 받았을 때 상대방의

위치와 상관없이 맞서 싸웠다고 합니다. 덕분에 나폴레옹은 학교 내에서 유명인사가 됐으며, 친구들도 더 이상 그를 놀리지 않게 되었습니다.

1784년, 그는 우수한 성적으로 군사학교를 졸업하고 파리에 있는 사관학교에 진학했습니다. 그런데 그는 사관학교에서도 프랑스인들과 잘 어울리지 못했습니다. 코르시카인이라는 열등감도 작용했지만 또 하나는 빨리 장교가 되어서 집안을 일으켜야 한다는 책임감과 군인으로서 출세해야겠다는 야심도 함께 작용했을 것입니다. 그는 자신이 좋아하고 잘하는 수학이나 역사, 지리, 문학을 비롯하여 여러 분야에 관심을 가지고 폭넓게 공부했습니다. 이 과정에서 새로운 사상을 접했습니다. 나폴레옹은 남들보다 일찍 사관학교를 졸업하고 마침내 장교가 되었습니다.

그는 수학을 매우 잘했는데, 그 특기를 살려 포병장교가 되었습니다. 그의 첫 근무지는 프랑스 남부의 발랑스라는 곳이었습니다(1786).

프 랑 스 인 의   정 체 성 을   갖 다

1789년 나폴레옹의 나이 20세 때 프랑스 혁명이 일어났습니다. 나폴레옹이 근무하던 부대의 지휘관들은 혁명이 일어나자 대부분 달아났습니다. 그들은 프랑스 본토의 귀족 출신이었으니까요. 나폴레옹은 식민지 귀족 출신이어서 평민과 크게 다를 것이 없는 대우를 받아 왔기 때문에 오히려 혁명에 적극적으로 참여했습니다.

혁명이 진행되는 동안 나폴레옹은 프랑스 왕정의 지배를 받고 있던 고향 코르시카도 독립할 수 있다고 생각했습니다. 그래서 그는 코르시카로 돌아와 민병대를 조직하고 프랑스 왕의 군대와 싸웠습니다. 그리고 프랑스의 혁명 세력이 주장한 자유와 평등이 코르시카에도 실현되어야 한다고 생각했습니다. 그런데 혁명 세력이 프랑스의 권력을 장악하여 정부를 구성하게 되자 나폴레옹은 이제 프랑스 군대와 싸울 필요가 없어졌습니다. 오히려 프랑스 혁명정부의 지도를 받아 코르시카의 자유와 평등을 확대하는 것이 필요하다 생각하여 프랑스 영역 속에 코르시카가 남아 있는 것을 받아들여야 한다고 생각했습니다.

반면 코르시카에서 독립운동을 이끌어 오던 영웅 파올리는 프랑스로부터 완전한 독립을 꿈꾸고 있었습니다. 그 생각은 코르시카인들도 마찬가지였습니다. 파올리는 자신과 생각이 다른 나폴레옹을 프랑스인의 앞잡이라 생각하였습니다. 결국 나폴레옹의 노력은 인정받지 못했고 코르시카 섬을 떠날 수밖에 없는 상황이 되었습니다.

이제 나폴레옹이 선택할 수 있는 것은 프랑스인으로서 정체성을 가지는 길밖에 없었습니다.

나 폴 레 옹 의   성 공 시 대

나폴레옹은 가족들을 이끌고 파리로 옮겨 왔습니다(1793). 코르시카에서 파올리의 공격을 받아 탈출하다시피 나온 것이라 나폴레옹 일가의 생활은 매우 힘들었습니다. 나폴레옹은 가족을 위해서라도 꼭 성공해야 했습니다. 혁명기 프랑스는 그가 성공할 수 있는 절호의 기회였습니다.

파리 시민에 의해 혁명이 시작되자 프랑스 전역에서 혁명을 지지하는 사람들이 급속히 늘어났습니다. 지주였던 귀족들은 혁명을 지지하는 농민들을 피해 도망갔고, 귀족 출신 군 지휘관들도 병사들의 반란에 겁을 먹고 달아난 상태였습니다. 그러니 혁명을 지지하는 장교 출신 나폴레옹은 혁명정부에 꽤 쓸모가 있었습니다.

파리에 돌아온 나폴레옹은 군에 복귀했습니다. 당시 혁명정부는

로베스피에르

왕을 두고 민주정 체제를 수립하자는 입헌파와 왕을 없애고 시민들에 의해서만 정치를 하자는 공화파로 나뉘어 있었습니다. 초기에는 입헌파가 권력을 주도했지만 나폴레옹이 군에 복귀할 시점에는 공화파가 의회 내에서 권력을 잡아 가던 시기였습니다.

나폴레옹은 공화파의 지도자 로베스피에르를 지지했습니다. 그 덕택에 그는 대대장으로 승진까지 하였습니다. 그해 12월 나폴레옹의 성공시대가 열리기 시작했습니다. 당시 프랑스에는 왕정 체제를 지지하던 반혁명 세력이 있었는데, 그들은 영국 등 외국의 지원을 받으며 혁명정부와 전쟁을 벌이고 있었습니다. 특히 프랑스 남부 항구 도시인 툴롱에 있던 반혁명 세력은 영국과 에스파냐의 연합 함대의 지원을 받으며 혁명정부를 위협하고 있었습니다. 혁명정부의 군대가 몇 번에 걸쳐 툴롱을 공략했지만 성공하지 못했는데, 나폴레옹이 포병 전술을 통해 한 번에 반혁명 세력을 진압하면서 그의 성공에 날개를 달았습니다.

나폴레옹은 이 승리로 인해 1793년 장군으로 진급했습니다. 그의 나이 24세 때였습니다.

나폴레옹의 좌절과 재기

잘 나가던 나폴레옹에게 첫 번째 위기가 찾아왔습니다. 공화파가 혁명파 내부의 반란에 의해 권력을 잃었고 로베스피에르는 사형을 당했기 때문입니다. 로베스피에르를 지지했던 나폴레옹도 감옥에 갇히게 되었습니다. 하지만 반혁명 세력과 전쟁을 계속해야 하는 혁명정부의 입장에서는 나폴레옹처럼 뛰어난 군 지휘관을 감옥에 가둬 둘 수만은 없었습니다. 결국 혁명정부는 나폴레옹을 풀어 주고 군대로 복귀해 줄 것을 요구했습니다.

나폴레옹은 복귀를 고려했으나 자신에게 맡겨진 임무가 출세에 도움이 되지 않을 것이란 판단을 하여 이를 거부했습니다. 혁명정부는 나폴레옹을 해고했고, 나폴레옹과 그 가족은 경제적 어려움을 겪어야 했습니다. 그러나 이런 시련은 오래가지 않았습니다. 혁명의 시대였고 혼란은 계속되었으니까요.

새로운 혁명정부는 부유한 부르주아 계급을 위한 정부였습니다. 따라서 소외된 노동자 계급과 도시 빈민들은 혁명정부에 반대하는 폭동을 일으켰습니다. 이런 혼란을 틈타 왕정을 지지하는 반혁명 세력들이 거대한 반란을 일으켰습니다. 당시 반혁명 세력의 군대는 새로운 정부의 군대보다 네 배나 많았습니다. 이런 상황에서 나폴레옹은 다시 발탁되어 파리를 지키는 임무를 맡게 되었습니다. 이 전투에서도 나폴레옹의 포병 전술이 빛을 발하며 반혁명 세력의 파리 진격을 격퇴했습니다. 이로 인해 나폴레옹은 육군 소장이 되었고, 치안을 담당하는 사령관이 되었습니다.

혁명정부는 왕정 체제를 유지하기 위해 혁명 세력을 진압하려는 오스트리아(당시 신성로마제국의 황제국)나 프로이센 같은 나라들의 위협에도 시달려야 했습니다. 특히 오스트리아는 이탈리아 반도를 점령하고 프랑스를 위협하고 있었습니다. 혁명정부는 나폴레옹을 원정 사령관에 임명하여 이탈리아 반도로 떠날 것을 명했습니다.

그런데 나폴레옹에게 맡겨진 원정 부대의 병사들은 제대로 된 군복과 군화도 없었고 몇 달째 월급도 못 받으며 굶고 있었습니다. 게다가 그들이 가지고 있던 무기는 고물에 가까운 것들이었습니다. 병사들의 사기는 바닥을 치고 있었습니다.

나폴레옹은 혁명정부로부터 받은 원정 비용으로 병사들의 군화와 석 달 치 식량을 구입하는 데 다 써버렸습니다. 그는 원정에서 승리할 수 있다는 확신을 병사들에게 불어넣어 주려 노력했습니다.

이탈리아 원정에서 나폴레옹은 자신의 몸을 아끼지 않았습니다. 그는 전선 맨 앞에서 병사들을 지휘하며 싸움을 독려했습니다. 그의 지휘에 자극받은 병사들의 헌신적인 노력으로 이탈리아 원정은 마침내 승리로 끝났습니다.

프랑스 민중의 희망이 되다

이탈리아 원정을 끝낼 때쯤 나폴레옹은 프랑스 민중의 영웅이 되어 있었습니다. 프랑스 민중은 귀족들의 지배로부터 벗어나고 싶어 혁명을 선택했지만 이를 반대하는 세력들은 안팎으로 너무 많았습니다. 안으로는 왕정을 회복시키고자 하는 왕당파가 있었고, 밖으로는 왕정 체제의 국가들이 군대를 파견했습니다. 나폴레옹은 이런 안팎의 도전들을 하나씩 제압해 갔습니다. 그러니 프랑스 민중의 영웅이 될 수밖에 없었겠지요.

게다가 나폴레옹은 다른 높은 관리나 장군들과 달리 민중들의 바람을 비교적 잘 알고 있었고 이를 정치적으로 활용할 줄 알았습니다. 그가 이끌고 있는 병사들이 바로 민중들이었기 때문에 그는 그들의 사기를 높이기 위해서 무엇을 해야 하는지를 잘 알고 있었던 것입니다. 또한 해외에서 전쟁할 때도 그 지역 민중들의 바람을 잘 이해하고 실천할 때 승리의 가능성이 높다는 사실도 잘 알고 있었습니다.

파리로 돌아온 나폴레옹은 다시 이집트 원정을 떠나게 되었습니다. 그것은 영국을 압박하기 위한 것입니다. 당시 영국은 인도를 식민지로 삼아 교역하면서 경제적 이익을 취하고 있었는데, 그 교역로 위에 이집트가 있었습니다. 따라서 프랑스가 이집트를 점령하게 되면 경제적으로 영국을 압박할 수 있었던 것입니다. 영국은 프랑스를 압박하기 위한 대프랑스 동맹을 주도한 국가였습니다. 하지만 해군력이 약한 프랑스가 바다 건너 영국을 공격하는 것은 자살 행위나 마찬가지였습니다.

이집트 원정은 1798년 5월 단행되었습니다. 원정은 처음에는 순조롭게 진행되는 것 같았으나 영국이 이집트 주변국들을 지원하여 나폴레옹 군대를 견제하기 시작했고, 나폴레옹은 이집트에 갇힌 꼴이 되었습니다.

이집트에 고립된 나폴레옹은 전투를 벌이면서 활로를 찾으려 애썼습니다. 이 과정에서 그는 프랑스의 혁명정부가 다시 위기에 빠졌다는 소식을 듣게 되었습니다. 그는 프랑스를 구해야 한다는 명분을 내세워 일부 병력을 이끌고 1799년 8월 22일 비밀리에 이집트를 떠나 10월 14일 파리에 도착했습니다.

혁명정부는 안팎의 공격에 거듭 패배하여 프랑스 내부의 혼란을 수습할 능력이 없어 보였습니다. 프랑스로 돌아온 나폴레옹은 파리에 있는 모든 군대의 지휘권을 자신에게 맡겨 줄 것을 의회에 요구했습니다. 하지만 의회는 나폴레옹의 의도가 순수하지 않음을 알고 거부했습니다.

1799년 11월 9일, 나폴레옹은 자신의 지휘권 아래 있는 병사들을 동원하여 의회를 포위하고 의원들을 위협하여 자신을 책임자로 하는 새로운 정부를 구성하게 했습니다(브뤼메르 정변). 새로운 정부는 나폴레옹을 포함한 세 명의 **통령**이 국정을 담당하는 체제였습니다. 나폴레옹은 제1통령이 되었는데, 나머지 두 명의 통령은 실질적인 권력이 없는

통령 시절의 나폴레옹

허수아비였습니다. 그렇기 때문에 나폴레옹이 프랑스 전권을 차지한 것이나 마찬가지였습니다. 그의 나이 서른이었고 이제 나폴레옹 시대가 시작되었습니다.

브뤼메르 정변 브뤼메르는 '안개의 달'이란 뜻이며, 프랑스 혁명 당시 사용하던 달력에 있다. 서기로 하면 11월 9일이었고, '혁명력'으로 하면 브뤼메르 18일이다.

통령 오늘날 행정의 최고 책임자인 대통령과 같은 역할을 한다.

나 폴 레 옹 시 대 의 밝 음 과 어 둠

통령이 된 나폴레옹에게 주어진 가장 긴급한 임무는 오스트리아, 영국, 시칠리아, 오스만 제국, 러시아가 참여한 유럽 동맹국들의 침략을 격퇴하는 것이었습니다. 상대국들이 먼저 프랑스를 공격한 것이기 때문에 군사 행동으로 맞서는 것은 정당한 행위였습니다. 그렇게 군사적으로 강력하게 압박하는 가운데 그는 겉으로는 평화를 제의하였습니다. 실리와 명분을 함께 얻으려 했던 것입니다.

253

나폴레옹 즉위식 광경 나폴레옹은 스스로 황제의 관을 쓴 후 아내 조세핀에게 직접 황후의 관을 씌워 주었다.

이런 방식으로 프랑스를 위협했던 나라들과 차례차례 조약을 체결했고 전쟁을 중단했습니다. 프랑스는 전쟁의 위협으로부터 일단 벗어날 수 있었고 나폴레옹은 이 틈을 타 개혁을 진행했습니다.

우선 서둘러 행정 조직을 정비했고, 새로운 세법과 세금 징수 체계를 개혁하여 농민의 부담과 관리들의 부정을 줄이려 했습니다. 또한 국립은행인 프랑스 중앙은행을 설치하여 경제 문제를 해결해 나가려 했습니다. 그리고 새로운 인재들을 육성하기 위해 교육 체계도 바꾸어 전국에 수백 개의 중등학교를 설립하고 국립대학도 세웠습니다.

또한 그는 전문가들을 모아 프랑스의 통일된 법률 체계를 수립하게 하여 『나폴레옹 법전』을 완성했습니다. 프랑스에 있던 수많은 법들을 모아 하나의 체계로 묶었다는 것도 의미가 있지만 더 큰 의미는 프랑스 혁명 정신을 바탕으로 하고 있어 '개인의 자유'와 '법 앞의 평등'이 포함되어 있다는 것이었습니다. 그래서 이 법은 세계 여러 나라 법체계에 영향을 주기도 했습니다.

나폴레옹은 자신의 생각을 정책에 실현시키면서 혁명 시대의 주장을 하나씩 사회 체계로 자리 잡게 했습니다. 하지만 그는 가장 중요한 것을 무시했습니다. 그것은 바로 민주공화정 체제를 인정하지 않았다는 것입니다.

나폴레옹은 자신의 인기가 올라가자 국민투표를 통해 평생 통령이 될 수 있는 법안을 만들었습니다(1802). 그러고는 다시 국민투표를 통해 자신이 황제로 즉위하는 것을 인정받습니다(1804). 당시 프랑스 사람들은 나폴레옹이 황제로 존재하면 프랑스가 더욱 강해지고 프랑스인들의 자신감이 계속 이어질 것이란 착각에 빠져 있었습니다. 그래서 나폴레옹이 황제가 되는 것을 인정했고, 프랑스는 민주공화정 체제를 버리고 제정 시대에 들어서게 됩니다.

시민들이 흘린 피에 의해 무너진 왕정이 나폴레옹에 의해 제정이란 형태로 다시 부활한 것입니다. 결국 나폴레옹은 성공한 계몽 전제 군주일 뿐이었습니다.

황제가 된 나폴레옹

나폴레옹, 스스로 함정에 빠지는 일을 하다

새로이 등장한 프랑스 제국은 팽창 의욕이 매우 강했습니다. 주변 국가들은 프랑스의 팽창을 막기 위해 동맹을 체결했습니다. 이러한 견제로 인해 나폴레옹은 불안을 느꼈고, 프랑스의 안정을 위해서는 팽창 정책을 펼쳐 새로이 확보한 지역을 프랑스처럼 개혁할 필요가 있다고 생각했습니다.

1805년부터 시작된 적극적인 팽창 정책은 영국과의 트라팔가르 해전 패배 말고는 1812년 러시아 원정이 실패할 때까지 별다른 큰 패배 없이 승리해 왔습니다. 이 시기에 나폴레옹에게 무릎을 꿇은 나라들은 오스트리아, 프로이센, 로마, 에스파냐, 네덜란드 등이었습니다. 유럽의 웬만한 나라들은 다 나폴레옹의 지배하에 있게 된 것입니다.

오스트리아나 프로이센 같은 전통 강국들은 나폴레옹을 황제로 인정하는 것을 전제로 독립적 운영을 할 수 있었습니다. 그밖의 점령지에서는 프랑스식 개혁이 진행되었습니다. 개혁의 내용은 모든 사람은 법 앞에 평등해야 하고 귀족이나 성직자들의 특권을 없애야 하며, 시민에 의한 의회와 종교의 선택을 자유롭게 해야 한다는 것이었습니다. 이를 좀 더 효과적으로 진행하고자 점령지의 지배자를 내쫓고 그 자리에 자신의 가족들을 앉혔습니다. 이탈리아 반도 남부의 나폴리 왕국은 형 조제프에게, 네덜란드는 동생 루이에게 맡긴 것이 대표적인 예입니다.

물론 나폴레옹이 진행하고자 한 개혁은 점령지 사람들로부터 환영받을 만한 내용이었지만 나폴레옹의 친인척이 왕으로 즉위하는 것은 인정받기 어려웠습니다. 더군다나 나폴레옹은 유럽의 여러 나라와 끊임없이 전쟁을 하고 있었기 때문에 지속적으로 세금을 징수하고 남자들을 군대에 동원해 갔습니다. 당연히 점령지 사람들은 나폴레옹의 지배에 반감을 가지게 되었습니다.

결국 나폴레옹의 팽창 정책과 프랑스 혁명 의식의 전파는 자신의 목을 죄어 오는 밧줄이 되어 돌아왔습니다.

몰 락 하 는 영 웅

나폴레옹에게 무릎 꿇지 않는 유일한 국가는 영국뿐이었습니다. 특히 영국과는 바다에서 싸워야 했는데 프랑스는 해전에 약했습니다. 그래서 영국을 압박하기 위해 선택한 것이 '대륙봉쇄령'이었습니다. 대륙봉쇄령이란 영국을 경제적으로 봉쇄한다는 뜻입니다. 나폴레옹은 자신의 점령지에 영국과 교역하지 말 것을 명한 것입니다. 하지만 영국은 아메리카와의 무역을 통해 큰 타격 없이 지낼 수 있었습니다. 오히려 그동안 영국과의 무역에 의존해서 살던 지역이 큰 타격을 입게 되었습니다. 러시아도 그런 경우였습니다.

러시아가 대륙봉쇄령에 따르지 않고 반발하자 나폴레옹은 1812년 프랑스, 프로이센, 이탈리아에서 불러 모은 군인 수십만 명을 이끌고

러시아에서 철군하는 나폴레옹

러시아를 향해 진격했습니다. 이에 맞선 러시아의 전술은 나폴레옹 군대가 진격해 오는 길에 있는 모든 마을의 사람들과 물자를 하나도 남김없이 없애는 것이었습니다. 나폴레옹이 러시아 원정 중 필요한 물자를 현지에서 얻지 못하게 하기 위한 전술이었습니다. 실제로 나폴레옹의 군대는 물자의 부족으로 어려움을 겪으며 모스크바로 향했습니다.

나폴레옹 군대의 한 가닥 희망은 모스크바였습니다. 대도시인 모스크바에는 적어도 그들이 필요한 물자가 있을 것이란 기대를 했습니다. 하지만 모스크바 역시도 텅텅 비어 있었습니다. 병사들의 실망은 이만저만이 아니었습니다. 그리고 그해 러시아에 겨울이 일찍 찾아 왔다고 합니다. 러시아의 겨울 추위는 혹독하기가 그지없었습니다. 나폴레옹은 결국 퇴각을 결정했고, 약 한 달 만인 10월 중순에 프랑스로 돌아가야 했습니다.

프랑스로 돌아오는 길은 나폴레옹 군대에게 고난의 길이었습니다. 배고픔과 견디기 힘든 혹한 때문이었습니다. 이때를 기다리면서 뒤

쫓아 온 러시아 군대는 나폴레옹 군대에 사정없이 공격을 퍼부었습니다. 나폴레옹의 군대는 제대로 대항할 힘조차 없었습니다. 1813년 6월 나폴레옹은 간신히 프랑스로 돌아올 수 있었습니다. 이때 나폴레옹과 함께 돌아온 병사들은 출발할 때 인원의 10분의 1이 못 되는 약 4만 명 정도였다고 합니다. 이 사건을 계기로 유럽을 호령하던 나폴레옹은 급속히 몰락해 갔습니다.

　　나폴레옹의 패배는 그동안 나폴레옹 밑에서 굴복하고 있던 나라들에는 기쁜 소식이었습니다. 그들은 즉각 나폴레옹을 향해 공격을 퍼부었습니다. 러시아는 동쪽에서, 프로이센은 북쪽에서 영국은 남쪽에서 공격해 왔습니다. 그리고 오스트리아도 프랑스를 향해 공격해 왔습

루이 18세

니다. 나폴레옹은 완전히 포위된 상태였습니다.

마침내 1814년 파리가 함락되었고 나폴레옹도 적군에게 붙잡혀 지중해에 있는 엘바 섬으로 유배 보내졌습니다.

프랑스는 루이 18세에 의해 왕정이 회복되었고, 외국으로 도망갔던 귀족들이 속속 돌아와 혁명 이전 시대로 시간을 돌리려 했습니다. 귀족들의 특권은 되살아났고, 그와 더불어 평민들의 권리는 사라졌으며, 의무는 다시 생겼습니다. 사람들은 이러한 상황을 받아들일 수 없었고 나폴레옹 시대로 돌아가길 바랐습니다.

나폴레옹 시대로의 회복을 원하는 여론이 높아지자 나폴레옹은 1815년 2월 말 엘바 섬에 갇힌 지 10개월 만에 탈출하여 파리로 향했습니다. 프랑스 사람들은 나폴레옹의 귀환을 환영했고 자진해서 그의 병사가 되었습니다.

파리로 돌아온 나폴레옹은 벨기에의 워털루라는 작은 마을 근처 벌판에서 영국과 프로이센의 연합군과 마지막 전투를 벌였습니다. 그는 뛰어난 군인이자 지휘관이었지만 훨씬 많은 병력을 가진 영국과 프

워털루 전투를 묘사한 그림

로이센의 군대를 이길 수는 없었습니다.

이 날의 패배는 나폴레옹을 다시는 군주의 자리에 앉지 못하게 했습니다. 나폴레옹은 영국에 항복했고, 영국은 다시 그가 프랑스로 돌아오지 못하도록 아프리카 서쪽 대서양의 작은 섬인 세인트헬레나 섬에 그를 가두었습니다.

1815년 10월 15일에 세인트헬레나 섬에 도착한 나폴레옹은 1821년 5월 5일에 위암으로 세상을 떠났습니다. 처음 그의 시신은 세인트헬레나 섬에 묻혔지만 1840년 파리로 옮겨졌고, 성대한 장례식이 끝난 뒤 상이군인병원 내에 묻혔습니다.

나폴레옹이 쓴 교과서

프랑스 혁명은 왜 일어났을까?

혁명이 일어나기 직전 프랑스는 최고의 전성기를 누리고 있었습니다. 하지만 프랑스 국민 모두가 전성기의 열매를 함께 나누었던 것은 아닙니다. 성직자와 귀족들은 지배계급으로서 세금을 내지 않아도 되었고, 교회나 국가 기관에서 일한다는 이유로 국가로부터 토지와 권력을 부여받았습니다. 이들은 자신이 소유한 토지에 살고 있는 농민들을 노예처럼 부리며 사치스러운 생활을 했습니다.

반면 농민과 도시민, 빈민들은 고달픈 삶을 살고 있었습니다. 그들은 평민이었기 때문에 세금을 내야 했고, 국가를 위해 부역을 해야 했습니다.

당시 프랑스 인구는 약 2,600만 명 정도였는데, 그중 지배계급인 귀족과 성직자는 약 50만 명 정도였습니다. 극소수의 사람들을 위해 대다수의 사람들이 불행하게 살던 시절이었으니 사람들의 불만은 최고조에 이르렀

프랑스 혁명 당시를 묘사한 그림

을 것입니다.

　도시에 사는 평민들 중에는 상공업을 통해 부자가 된 사람들도 있었습니다. 그들은 교육도 많이 받아 의사, 변호사, 회계사, 교수 등 전문직도 많았습니다. 이러한 부유 평민들을 부르주아라 부릅니다. 부르주아들은 경제력으로나 지적 수준으로나 귀족들과 별 차이가 없었지만 사회적 신분으로는 평민이었기 때문에 차별을 받고 있었습니다. 그런 점에서 볼 때 부르주아들의 불만이 훨씬 더 높았을 것입니다. 결국 이들이 프랑스 혁명의 주역이 됩니다.

　그 시절 프랑스에는 계몽주의라는 사상이 유행하고 있었습니다. 특히, 루소나 로크 같은 철학자들이 주장한 '사회계약설' 은 부르주아들에게 혁명 정신을 불어넣었습니다. 이 주장에 의하면 인간은 자연 상태에서 누릴 수 있는 자유를 일부 포기하여 정부에 넘겨주었고, 정부는 이를 받아 권력을 형성해서 국민들을 좀 더 안전하고 행복하게 살게 해야 한다는 보이지 않는 계약을 체결했다는 것입니다. 만일 정부가 이와 같은 계약을 이행하지 않는다면 국민들은 정부를 바꾸어 새로이 계약을 체결할 수 있다는 것입니다. 이러한 주장은 지금은 너무도 당연한 것이지만 이 시절에는 매우 혁신적인 주장이었습니다. 이 주장은 혁명의 사상적 배경이 되었습니다.

국제적 환경에서도 혁명이 일어날 수 있는 분위기가 조성되었습니다. 영국의 식민지였던 북아메리카 일부 지역에서 독립전쟁이 일어나 새로운 나라를 세웠습니다. 바로 미국이었습니다. 미국인들은 왕정을 수립하지 않고 민주정을 수립했습니다. 시민들에 의한 민주국가가 등장했다는 소식은 프랑스에도 전달되었습니다. 당연히 이 소식을 접한 프랑스인들은 자신들도 민주국가를 건설할 수 있다는 생각을 하게 되었을 것입니다.

교과서로 점프

중학교 2학년 사회 – 프랑스 혁명과 봉건 사회의 종말
전쟁에서 큰 공을 세운 나폴레옹이 혼란한 사회 분위기를 틈타 쿠데타로 집권했고, 국민투표를 통해 공화정을 폐지하고 황제의 자리에 올랐다. 그는 독재정치를 폈으나 모든 국민의 법 앞에서의 평등을 보장하고 프랑스 혁명의 정신을 유럽에 전파했다.

고등학교 2학년 세계사 – 제1제정과 나폴레옹의 유럽 제패
나폴레옹은 트라팔가르 해전에서 영국에 패배했으나 육전에서는 오스트리아를 격퇴하고 신성로마제국을 해체시켰으며, 프로이센과 러시아를 굴복시켜 유럽 대륙을 제패했다. …… 나폴레옹의 유럽 제패로 프랑스 혁명 이념인 자유주의가 전파되고 유럽 각국의 민족주의가 각성되었다.

국민의회, 입법의회, 국민공회, 총재정부, 통령정부, 이런 게 다 뭘까요?

프랑스 혁명기에 등장한 부르주아들의 권력 기구입니다. '국민의회' 는 신분제 의회에서 이탈한 평민들이 법적 근거 없이 스스로 만든 의회입니다. 물론 혁명이 시작되자 국민의회는 권력 기구로서 역할을 했고, 헌법을 만들었습니다. 이 헌법에 의해 투표를 해서 구성된 의회를 '입법의회' 라고 합니다.

입법의회 시절에는 혁명 세력 내부에서 부유한 부르주아들을 중심으로 입헌군주제라는 틀 속에서 개혁을 하자는 온건파와 왕정을 없애고 모든 프랑스인들이 정치에 참여하는 민주공화정을 세우자는 급진파가 서로 대립하고 있었습니다. 이 두 세력의 대립에서 승리한 쪽이 급진파였습니다. 급진파가 승리한 후 그들의 주장에 맞는 새로운 헌법을 마련하기 위해 구성된 의회가 바로 '국민공회' 입니다.

이때 로베스피에르가 활약했습니다. 국민공회가 권력 기구로 활약하던 시절에는 의무교육 실시, 봉건적 부담의 무상 폐지, 재산과 상관없이 투표할 수 있는 권리 부여 등 개혁이 진행되었습니다.

오늘날로 보면 너무도 당연한 개혁이지만 당시 이 개혁안들은 매우 급진적인 것이어서 반대하는 세력들이 많았습니다. 그래서 국민공회는 개혁에 반대하는 세력을 잡아들이기 시작했습니다. 국민공회가 권력기구로 활약하던 첫 해에만 전국에서 약 1만 8,000명 정도가 처형되었다고 합니다. 이 시기에 사람들은 입조심하고 살아야만 했을 것입니다.

테르미도르의 반동으로 실각한 로베스피에르가 단두대에서 처형되는 모습

　이런 공포정치에 두려움을 느낀 사람들은 좀 더 온건한 정치 세력이 등장하기를 바랐습니다. 이런 바람을 등에 업고 일어난 사건이 '**테르미도르의 반동**'입니다. 이 사건을 통해 권력을 잡은 온건한 혁명 세력들은 새로운 법을 제정하여 의회를 구성하고 행정부도 구성했습니다. 이때 행정부의 권력 집중을 막기 위해 5명의 최고 행정담당관을 두었는데 이들을 '총재'라고 불렀습니다. 그래서 이 정부를 '총재정부'라고 합니다. 이 총재정부 시절에는 부유한 부르주아들만이 투표할 수 있는 법을 만들었습니다. 이를 보면 상층 부르주아를 위한 정부였음을 알 수 있습니다. 그래서 노동자, 농민의 봉기가 많이 일어났습니다.

　마지막으로 '통령정부'는 나폴레옹이 쿠데타로 정권을 잡은 후 행정의 최고 책임자인 3인의 통령에게 많은 권한을 준 정부를 말합니다. 통령정부는 나폴레옹이 황제로 즉위하기 위해 마련한 과도기적 정부입니다.

테르미도르　'뜨거운 달'이라는 뜻. 프랑스 혁명 시기 사용된 혁명 달력에 있는 달이다.

나폴레옹은 어떻게 승리할 수 있었을까?

나폴레옹이 싸우던 시대의 전쟁은 중세의 전쟁처럼 명예로운 전쟁이 중요했습니다. 언제 어디서 싸울 것인가를 약속하고 충분히 준비한 후 넓은 들판에서 두 진영이 서로 마주 보고 전투했습니다. 이런 전투 방식은 관습적으로 지켜지고 있었습니다.

하지만 나폴레옹에게 그런 관습은 의미가 없었습니다. 나폴레옹의 군대에서 가장 많이 사용된 작전은 적이 준비를 하고 있을 때 공격하는 '기습작전'이었고 명예보다는 승리가 더 중요했습니다.

또한 나폴레옹 군대는 규율이 엄격하여 병사들이 잘 통제되어 있었고, 기동성을 중시하여 빠르게 이동할 수 있었습니다. 그리고 나폴레옹이 모든 군 내 지휘권을 혼자 장악하고 있었기 때문에 작전 수행에 있어 혼란을 줄일 수 있었습니다. 이러한 요소들이 열악한 무기를 가지고 있었지만 전쟁에서 승리할 수 있었던 이유였습니다.

게다가 나폴레옹의 군대는 가는 곳곳에서 환영을 받았습니다. 그의 승리는 공화국의 승리이고 왕정 체제의 패배였습니다. 즉 평민들의 승리이고 귀족들의 패배를 의미하는 것이었기 때문에 왕정 체제하에서 신음하던 사람들은 나폴레옹이 승리하여 귀족들을 쫓아내 주기를 바랐습니다.

노 예 문 제 를 해 결 한 대 통 령

링컨

(Abraham Lincoln, 1809~1865)

20세기 바로 직전까지 인류에게 불명예스러운 제도가 있었습니다. 그것은 바로 '노예제'라는 것이었습니다. 노예제는 인류가 문명사회에 들어서는 순간부터 약 5,000여 년 동안 지속되었습니다. 이 오래된 문제가 해결될 수 있도록 전환점의 역할을 한 사람이 바로 링컨입니다.

가 난 한 농 민 의 아 들 , 링 컨

1809년 2월 12일, 켄터키 주 후미진 시골 마을에서 살던 가난한 농부 토머스와 그의 아내 낸시 사이에서 두 번째 아이가 태어났습니다. 그 아이가 미국의 민주주의 발전과 노예해방을 이뤄 낸 에이브러햄 링컨이었습니다.

아버지 토머스는 가난한 농민이었습니다. 당시의 농민들은 주인이 없는 빈 땅을 개간하여 먹고살았습니다. 물론 그 땅은 토머스의 땅이

269

가난한 농민의 아들에서 대통령이 된 링컨

었지만 관청에 신고하고 법률적 효력을 가진 문서를 만드는 일은 하지 않았습니다. 국가 기관이 아직 발달하지 않았기 때문에 그럴 수도 없던 시절이었습니다. 하지만 시간이 흐르면서 이런 공문서를 만드는 데 익숙한 사람들이 남의 땅을 자기 땅이라 우기는 일이 많아졌습니다. 문제를 해결하기 위해서는 법정에 의뢰해야 했지만 토머스 같은 가난한 농민들은 그럴 경제적 여유가 없었습니다. 그들은 새로운 땅을 다시 찾아 나서거나 소작인이 될 수밖에 없었습니다.

토머스도 그런 문제로 1816년 땅의 소유권 문제가 덜한 인디애나 주로 옮겨 집을 짓고 새로운 땅을 개간하며 살았습니다. 인디애나에서의 삶은 매우 고달팠습니다. 어린 링컨도 아버지를 도와 땅을 개간하거나 가축을 보살피는 일을 해야 했습니다. 그러한 생활에 적응될 즈음 링컨의 어머니가 식중독 증상을 보이다가 세상을 떠났습니다. 모두 힘든 시절이었지만 링컨은 슬픔을 내색하지 않았습니다. 비록 열 살밖에 되지 않았지만 자신이 슬퍼하는 모습이 다른 사람들을 더 힘들게 할 것이란 생각에 자신의 감정을 숨겼다고 합니다. 어릴 적부터 그는 사람들의 마음을 섬세하게 읽으면서 배려할 줄 알았나 봅니다.

가축처럼 거래되던 흑인 노예들

아버지 토머스는 세라 부시 존스턴과 재혼했습니다. 그녀는 세 명의 자녀를 둔, 남편과 사별한 사람이었습니다. 그녀는 다섯 자녀 모두를 사랑하며 아껴 주었습니다. 링컨은 그녀를 통해 글을 읽게 되었습니다. 후에 링컨은 그녀를 천사 같은 어머니라고 표현할 정도로 그녀를 존경하고 사랑했습니다.

링컨은 어릴 적부터 키가 크고 힘을 잘 썼습니다. 링컨은 대가족의 생계를 위해 취직을 해야 했는데, 처음에는 주변 농장에서 일을 하다가 집에서 얼마 떨어지지 않은 오하이오 강가 부두에서 뱃사공으로 일하게 되었습니다. 링컨은 그곳에서 그의 인생에 있어 커다란 경험을 하게 됩니다.

부둣가의 상인이 아들을 시켜 루이지애나 주 뉴올리언스에 화물을 운반하게 하는 데 링컨과 같이 갈 것을 원했습니다. 뱃길로 1,900킬로미터가 넘는 긴 여행이었습니다. 링컨은 새로운 경험과 수입을 위해 이를 흔쾌히 받아들였습니다.

뉴올리언스는 큰 도시였습니다. 링컨에게는 신천지와 다름이 없었습니다. 새로운 풍경과 사람들을 보느라 정신이 없을 즈음 링컨은 도

저히 받아들일 수 없는 광경을 보게 되었습니다. 그것은 바로 노예들이 거래되는 광경이었습니다. 흑인 노예들은 마치 가축이 거래될 때처럼 다뤄졌습니다. 링컨은 이 광경을 보면서 큰 충격을 받았습니다. 이때의 충격이 그에게 노예해방을 선언하게 했을지도 모릅니다.

정치인이 되기에 안성맞춤인 사람

얼마 후 링컨의 가족은 인디애나에서 일리노이 주로 이사를 했습니다. 아버지 토머스가 좀 더 좋은 토지에서 농사를 짓고 싶어했기 때문입니다. 하지만 링컨은 아버지와 달리 농부나 목수가 되고 싶지는 않았습니다. 링컨은 뉴올리언스로 화물을 운반하는 일을 다시 맡았습니다. 그곳의 동료였던 덴튼 오펏이라는 사람은 일리노이 주 뉴세일럼이란 곳에 상점을 열고 링컨에게 함께 일하면 어떻겠냐고 제의했습니다. 마침 새로운 경험을 하고 싶었던 링컨은 그 제안을 받아들였습니다. 이렇게 하여 링컨은 도시 속에 살면서 새로운 인생을 시작하게 되었습니다.

상점은 2년 만에 망하여 문을 닫았지만 링컨은 그 사이 동네 사람들로부터 꽤 인기 있는 사람이 되었습니다. 그는 친절했고 사교적이었으며 말솜씨가 좋았기 때문입니다. 그의 성격과 재주는 정치인이 되기에 안성맞춤이었습니다.

상점이 문을 닫아 링컨이 직업을 잃자 사람들은 그에게 **주의원**

선거에 나가 보라고 권유했습니다. 링컨은 출마했지만 충분한 준비를 하지 못하여 떨어지고 말았습니다. 이 일로 링컨은 정치 세계에 처음 발을 들여 놓게 되었습니다.

미국은 독립 후 세계 최초로 민주공화국을 건설하였습니다. 그로 인해 국가 운영과 관련된 다양한 기반을 만들어 나가야 했습니다. 링컨이 성장하던 시기는 바로 그런 시기였습니다. 그래서 성실한 링컨에게는 다양한 일자리를 경험해 볼 수 있는 기회가 많았습니다.

그는 상점을 운영하는 사장도 해보았고, 농장이나 방앗간에서 일용직 노동자로 일하기도 했으며, 시간제 우체국장으로 지내기도 했습니다. 또 측량기사의 조수 일을 하다가 측량에 대해 공부하여 그 기초를 스스로 깨우치기도 했습니다. 그는 측량술로 농장 경계 문제로 싸우는 농부들을 도와주기도 했습니다.

이런 다양한 일을 하며 링컨은 다양한 사람들을 만났고 지역 내에서 정직하고 성실하며 능력 있는 사람으로 평판이 나기 시작했습니다. 그 자신도 다양한 일을 하며 당시 사회의 여러 문제들과 부딪히게 되었고, 이를 해결하기 위해서 정치가 필요하다는 생각도 하게 되었습니다. 결국 1834년 그는 일리노이 주 선거에 나가 주의원으로 선출되었습니다. 그의 정치 인생이 시작된 것입니다. 그는 주의원이 된 후 법을 알아야겠다는 생각에 시간을 쪼개어 스스로 법률 공부를 했고, 마침내 1836년에 변호사 자격을 획득했습니다. 주의원으로서도 열심히 일했기 때문에 그 후로도 세 번 더 주의원에 당선되었습니다.

1846년에는 미국 **연방의원**에 도전하여 연방의회 하원의원이 되었습니다. 그는 이제 워싱턴에서 생활하게 된 것입니다. 연방의회의 의원으로 활동하는 동안 링컨은 노예제를 폐지하고 노예해방에 따른 주인의 피해는 보상해 주자는 법안을 하원에 제출했습니다. 하지만 받아들여지지 않았습니다.

링컨은 새로운 정치 활동을 해보기 위해 1849년 상원의원 선거에 출마했지만 떨어졌습니다. 그 후 그는 정치에 거리를 두고 스프링필드로 돌아가 변호사 생활에 집중하며 살았습니다.

주의원 우리나라의 도의원에 해당하며 임기는 2년이다.

연방의원 우리나라의 국회의원에 해당한다. 미국의 연방의회는 상원과 하원으로 나뉘어져 있는데, 상원은 각 주에서 2명씩 뽑고, 하원은 인구 비례에 따라 선출한다. 상·하원은 모두 각 주를 대표하지만 상원은 주를 대표하는 성격이 강하고 하원은 주민들을 대표하는 성격이 강하다. 상·하원 모두 국가 운영 문제에 대해 심의하고 결정하지만 상원은 외교나 국방 문제를 심의함에 더 강한 힘을 가지고 있고, 하원은 국내 경제, 조세 등 내부 문제를 심의함에 더 강한 힘을 가진다.

노예 폐지를 주장하며 대통령이 되다

그가 다시 정치활동에 관심을 가지게 된 것은 1854년 '캔자스-네브래스카 법'이 통과되면서부터입니다. 캔자스와 네브래스카를 미연방에 가입시키자는 법안이 제출되면서 두 주가 노예제를 인정하는 주가 될 것인지, 그렇지 않은 주가 될 것인지를 그들 주 스스로 결정하게 하자는 제안이 의회에서 제기되었습니다. 이것은 1820년에 합의된 북

미주리 협정

36 30' N

자유주
노예주
노예제 폐지 지역

미주리 협정에 의한 자유주와 노예주

위 36도 30분을 기준으로 그 이북은 자유주가 되고, 그 이남은 노예주가 되어야 한다는 '미주리 협정'을 무시하는 주장이었습니다.

미주리 협정은 미 연방 정부가 노예제도의 폐지를 제한적이지

캔자스-네브래스카 법

네브래스카 주

유타 주

캔자스 주

뉴멕시코 주

자유주
노예주
노예제 폐지 지역

캔자스-네브래스카 법 당시 자유주와 노예주　주황색으로 칠해진 네브래스카, 유타, 캔자스, 뉴멕시코는 주민들의 결정으로 노예주 또는 자유주가 될 수 있었다.

만 국가의 정책으로 삼아 추진하겠다는 의지를 보여 주는 것이었습니다. 그런데 '캔자스-네브래스카 법'은 새로이 미연방에 들어오는 주들은 그 지역의 주민들의 의사에 따라 알아서 결정해도 된다는 법이었습니다. 이는 미 연방 정부가 노예제 폐지에 대해서 손을 떼라고 말하는 것과 같습니다.

링컨은 이에 반대했고, 이에 동의하는 사람들과 함께 공화당을 만들어 노예제 폐지를 사람들에게 알리며 정치운동을 확대해 나갔습니다.

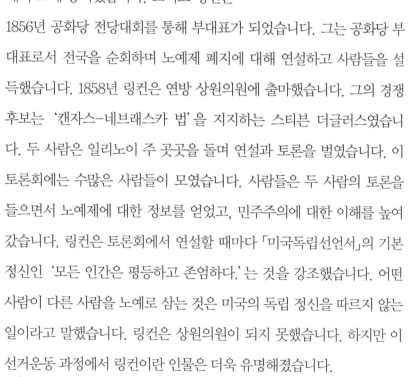

1854년에 선거가 치러졌고, 공화당은 노예 폐지를 지지하는 주에서 크게 승리했습니다. 그리고 링컨은 1856년 공화당 전당대회를 통해 부대표가 되었습니다. 그는 공화당 부대표로서 전국을 순회하며 노예제 폐지에 대해 연설하고 사람들을 설득했습니다. 1858년 링컨은 연방 상원의원에 출마했습니다. 그의 경쟁 후보는 '캔자스-네브래스카 법'을 지지하는 스티븐 더글러스였습니다. 두 사람은 일리노이 주 곳곳을 돌며 연설과 토론을 벌였습니다. 이 토론회에는 수많은 사람들이 모였습니다. 사람들은 두 사람의 토론을 들으면서 노예제에 대한 정보를 얻었고, 민주주의에 대한 이해를 높여 갔습니다. 링컨은 토론회에서 연설할 때마다 「미국독립선언서」의 기본 정신인 '모든 인간은 평등하고 존엄하다.'는 것을 강조했습니다. 어떤 사람이 다른 사람을 노예로 삼는 것은 미국의 독립 정신을 따르지 않는 일이라고 말했습니다. 링컨은 상원의원이 되지 못했습니다. 하지만 이 선거운동 과정에서 링컨이란 인물은 더욱 유명해졌습니다.

1860년 5월 16일 시카고에서 열린 공화당 제2차 전당대회에서 링컨은 공화당의 대통령 후보로 선출되었습니다. 반면 민주당은 노예제에 대한 남부와 북부 지역 지지자들의 입장이 달라 그들 간의 갈등으로 분열 양상이 나타났습니다. 민주당의 분열은 링컨이 대통령이 됨에 있어 매우 유리한 조건으로 작용했습니다.

이 당시 미국은 남부와 북부 사이의 갈등이 깊어지고 있었습니다. 링컨은 노예제를 반대했지만 그보다는 미국이 분열되어 연방 체제가 무너지는 것을 더 우려하였습니다. 그래서 그는 노예제의 폐지보다는 미국의 화합을 더 중요한 사안으로 두고 대통령 선거 때 이를

링컨의 대통령 취임식 모습

강조하며 선거운동을 전개해 나갔습니다.

링컨의 이러한 주장은 사람들로부터 호응을 얻었고, 1860년 11월에 드디어 대통령에 당선되었습니다. 민주당의 분열과 링컨의 선거 전략이 그를 대통령으로 만들었습니다.

남 북 전 쟁 과   노 예 해 방 선 언

대통령에 당선된 후 링컨은 미국의 분열을 막기 위해 노예제를 인정하는 주에 대해 간섭하지 않겠다고 입장을 밝혔습니다. 하지만 남부 사람들은 이를 믿지 않았습니다. 그의 당선은 남부에 대한 선전포고라 생각했습니다. 남부의 주들은 링컨이 대통령으로 일을 하기도 전에 미연방에서 탈퇴하기 시작했습니다.

제퍼슨 데이비스

1860년 12월 사우스캐롤라이나 주가 처음으로 연방에서 탈퇴했고 연이어 여섯 개의 주가 탈퇴했습니다. 그리고 1861년 2월 연방에서 탈퇴한 일곱 개 주 하원의원들이 모여 그들만의 나라인 '남부연합'을 결성하고 제퍼슨 데이비스를 대통령으로 선출했습니다. 이는 미국의 분열을 의미하는 것이었습니다.

1861년 4월 12일 남부연합의 군대는 사우스캐롤라이나 주의 찰스턴 항구에 있는 연방군의 섬터 요새를 공격했습니다. 남북전쟁이 시작된 것입니다. 전쟁이 시작되자 남부의 또 다른 4개 주가 연방에서 탈퇴하여 남부연합에 가입했습니다. 이로써 남부연합은 11개 주가 되었습니다. 전쟁 초기에는 준비가 안 된 북부군이 열세였지만 전체적으로 우

수한 경제력과 기술을 가지고 있던 북부는 전세를 곧 뒤집을 수 있었습니다. 특히 전쟁이 진행되던 1863년 1월 1일에는 링컨이 노예해방을 선언하여 남부군에 타격을 주었고, 그해 11월 19일에는 게티즈버그 국립묘지에서 "국민의, 국민에 의한, 국민을 위한 정부"라는 명언이 담긴 연설을 하여 민주 정부의 의미를 규정하기도 했습니다.

1864년, 링컨은 남북전쟁 과정에서 대통령에 재선되었습니다. 재선 이후 그는 노예제 폐지에 대한 확고한 입장을 밝혔고, 인간의 존엄과 평등이 이룩되는 미국 사회를 함께 만들어 나가는 것을 그리고 남북전쟁 이후 아픈 상처를 치료하고 평화를 회복시키는 것을 중요하게 생각했습니다.

1865년 4월 3일, 남부의 수도인 리치먼드가 함락되고 4월 9일에 남부군 총사령관인 리 장군이 북군 총사령관인 그랜트 장군에게 정식으로 항복함으로써 남북전쟁은 북군의 승리로 끝났습니다. 그리고 미국의 분열도 끝이 났습니다. 물론 4년여 간의 전쟁 기간보다 더 많은 시간이 전쟁의 상처를 씻기 위해 필요했지만 전쟁은 미국인들에게 분열로 얻을 수 있는 것은 없다는 교훈을 가져다주었습니다.

하지만 남북전쟁이 끝났다고 남북 간의 갈등이 사라진 것은 아니었습니다. 남부군 입장에서 링컨은 항상 제거해야 할 첫 번째 인물이었습니다. 그래서 그를 납치하거나 암살하려는 계획은 전쟁이 끝난 후에도 계속 존재하고 있었습니다. 결국 1865년 4월 14일 포드 극장에서 링컨 암살 계획이 실행되었습니다. 연극을 관람하던 링컨은 남부군 출신 부스에게 총을 맞고 이튿날 아침 숨졌습니다.

링컨이 쓴 교과서 노예해방을 북부만 찬성한 이유

　　오늘날 미국에는 많은 유럽인들이 살고 있지만 미국을 처음 형성한 사람들은 영국인들이었습니다. 영국이 개발을 위해 사람들을 대규모로 아메리카 대륙으로 보내기 시작한 것은 17세기 들어서입니다. 영국 정부는 특정 회사에 아메리카를 개발할 권리를 주었고, 이 회사를 통해 영국인들은 아메리카로 건너가기 시작했습니다.

　　처음에는 대륙의 남부 지역으로 농사를 지으려는 사람들이 이주했습니다. 이후 영국의 국교주의로 인해 신앙생활이 자유롭지 않게 되자 신앙의 자유를 얻고자 하는 청교도들(칼뱅파 크리스트교도)이 건너가면서 대륙 북부 지역이 개발되었습니다. 청교도들의 직업은 중소 상공업자들이 많았습니다.

　　이렇게 해서 미국의 남부는 농업 중심의 사회가 되었고 북부는 상공업 중심의 사회가 되었습니다. 북부나 남부 모두 노예들이 존재했지만 북부에서는 노예들이 별로 필요치 않았습니다. 그저 가사 일을 맡아하는 정도면 충분했습니다. 반면 남부는 생산 활동 및 생활 전반에서 노예들의 노동력을 필요로 했습니다.

상공업이 발달한 지역에서 생산 활동에 노예를 활용하는 것은 매우 불편한 일입니다. 노예를 공장에서 일하게 하려면 많은 비용이 들었습니다. 그들에게 생활공간을 마련해 주고 생필품을 공급해 주어야 합니다. 그런데 공장이 있는 도시는 땅값도 비싸고, 생활비도 비쌉니다. 노예들을 위한 시설을 만드는 일은 생산비용을 높이는 일이었습니다. 더 큰 문제는 노예들은 소비자가 될 수 없다는 것입니다. 노예들은 소득이 없기 때문입니다. 따라서 상공업이 발달한 지역에서는 낮은 임금에도 열심히 일하는 노동자가 필요했습니다.

반면 남부 지역은 일찍부터 영국과 유럽의 이민자들이 들어와 살고 있었고 그들은 농업에 종사했습니다. 남부 지역은 북부에 비해 날씨가 좋았고 평야도 많았습니다. 게다가 근처 중남미 지역에선 일찍부터 노예무역이 발달했기 때문에 노예를 쉽게 공급받을 수 있었습니다.

또한 당시 유럽과 미국의 북부 지역에서는 면직물 공업이 크게 발달한 시기였기 때문에 면화 수요가 대단히 많았습니다. 남부의 농장들은 초기에는 상품성이 높은 담배를 많이 재배했지만 이 시기에 들어서는 면화를 주로 재배하게 되었습니다. 면화는 사람들의 손이 많이 필요한 작물이었습니다. 그래서 면화 재배를 위해서는 노예로 하여금 면화를 항상 살펴보게 하는 것이 비용도 덜 들고 훨씬 효과적인 일이었습니다. 노예들은 먹이고 재워 주기만 하면 되었으니까요. 게다가 노예들은 면화의 소비자가 아니었습니다.

북부와 남부 사이의 이와 같은 경제 구조의 차이는 인식의 차이를 가져왔고 그로 인해 남북전쟁도 벌어지게 된 것입니다.

교과서로 점프

중학교 2학년 사회 - 강대국으로 성장해 가는 미국과 러시아
1860년에 노예제 폐지를 주장하는 링컨이 대통령으로 선출되자 남부가 연방을 탈퇴하여 북부를 공격함에 따라 남북전쟁이 일어났다. 전쟁은 노예해방을 선언한 북부의 승리로 끝났다.

고등학교 2학년 세계사 - 미국의 발전
1860년에 노예 제도를 반대하고 연방주의를 표방한 링컨이 대통령에 당선된 것을 계기로 남북전쟁이 발발했다. 전쟁은 노예해방령을 발표한 북부의 승리로 끝났고 이후 미국은 급속히 발전했다.

궁금한 건 못참아!

링컨은 왜 암살되었나요?

링컨 시대 이전 대통령들에게 경호원들은 크게 의미 있는 존재가 아니었습니다. 하지만 남북전쟁이 북부의 승리로 끝나자 링컨을 암살하겠다는 협박성 편지들이 자주 백악관에 도착했습니다. 링컨에 대한 경호가 강화되어야 할 상황이었습니다. 하지만 이 시절에 경호는 매우 미흡한 것이었습니다.

당시 미국인들은 연극을 천박한 것으로 생각하곤 했지만 링컨은 매우

링컨을 암살한 존 윌크스 부스

좋아했습니다. 그래서 가끔 연극을 보기 위해 포드 극장을 찾곤 했습니다. 포드 극장의 유명 배우 중 한 사람이 존 윌크스 부스였습니다. 그는 노예제를 강력히 지지하는 사람이었고, 남북전쟁 때는 남부연합의 간첩으로 활동한 사람이었습니다.

한때 그는 남부군의 포로를 석방시키기 위해서 링컨을 납치하려는 계획을 세우기도 했습니다. 물론 납치 계획은 전쟁의 종결로 없었던 일이 되었지만 부스의 링컨에 대한 증오는 커져만 갔습니다.

1865년 4월 11일 링컨은 백악관에서 진행된 대중 연설에서 국가 재건에 관련된 계획을 발표했습니다. 그 내용 중 하나가 흑인들에게도 투표할 권리를 주어야 한다는 내용이 포함되어 있었습니다. 이 내용은 부스를 크게 자극했습니다. 그의 입장에서 보면 링컨은 자신의 생각을 국민에게 강요하는 독재자였습니다. 따라서 그를 제거하는 것은 남부군의 희생자를 위한 복수이고 독재자를 제거하는 명예로운 일이었습니다. 그는 링컨이 4월 14일에 포드 극장으로 연극을 보러 온다는 사실을 알고 있었습니다. 그날 그는 링컨 암살 계획을 실행하기로 결심했습니다.

4월 14일, 링컨은 포드 극장에 들어섰고 일반 객석에 앉아 공연을 관람했습니다. 그의 소탈함이 그의 운명을 앞당기는 결과를 가져올 줄은 몰

링컨의 암살 장면을 묘사한 그림

랐을 것입니다. 3막이 한창 진행되는 사이 부스는 링컨에게 다가가 방아
쇠를 당겼습니다. 링컨은 쓰러졌고 부스는 달아났습니다.

　관객이었던 의사들이 달려와 대통령을 살펴보았습니다. 그들은 링컨
이 회복될 수도 없고 백악관으로 갈 수도 없는 상태임을 파악하고는 극장
건너편 민가로 대통령을 옮겼습니다. 그곳에서 링컨은 다음 날 아침 숨을
거두었습니다.

우울증 환자, 링컨

링컨은 키가 190센티미터나 되었고 힘도 셌다고 합니다. 키 크고 싱겁지 않은 사람이 없다는 우리 속담처럼 그도 우스갯소리를 잘하는 사람이었답니다.

하지만 그는 우울증에 시달리는 환자였습니다. 우울증은 그의 삶 속에서 있었던 수많은 고난에서 나온 것이었습니다. 그는 열 살이 채 되기도 전에 친어머니를 잃었습니다. 그리고 하나뿐인 누나도 열아홉 살에 잃었습니다. 그리고 스물여섯 살 때 첫사랑 여인을 죽음으로 잃었습니다. 링컨의 삶은 사랑하던 사람들과의 이별의 연속이었습니다. 그가 대통령이 되기 전 세 살 된 둘째 아들이 폐결핵으로 죽었고, 대통령이 된후에는 셋째 아들이 열한 살의 나이로 죽었습니다.

그리고 그의 재임 기간 중 남북전쟁으로 인해 약 60만 명의 젊은이들이 전쟁터에서 죽어 갔습니다. 링컨은 그들의 혼령과 어머니와 부인의 눈물이 마음속에서 떠나지 않는다는 기록을 남기기도 했습니다. 이러한 스트레스는 링컨을 슬픔 속에서 빠져 나오지 못하게 했습니다.

그를 힘들게 했던 또 하나는 결혼 생활이었습니다. 1842년 링컨은 메리 토드와

링컨의 부인 메리 토드

결혼했습니다. 메리 토드는 부유한 가정에서 교육을 잘 받은 여자였습니다. 반면 링컨은 가난한 농부의 자식으로 교육도 제대로 받지 못하고 혼자 힘으로 자수성가한 사람이었습니다. 두 사람 사이의 삶의 방식은 매우 큰 차이가 있었습니다.

예를 들어 하인 없이 가정을 꾸려야 한다는 것은 메리 토드에게는 매우 힘든 일이었지만 링컨에겐 당연한 일이었습니다. 이런 인식의 차이로 인해 두 사람의 결혼 생활은 그리 원만하지 않았습니다. 게다가 아들의 죽음이 이어지면서 메리는 신경쇠약증에 걸렸고, 링컨은 가정을 통해 안정을 얻을 수 없었습니다.

링컨은 잠을 잘 이루지 못했고, 친구에게 죽고 싶다는 편지를 보내곤 했습니다. 삶이 행복하지 않았던 것입니다.

하지만 그는 이런 마음의 병을 일을 통해 해결하려 노력했습니다. 항상 일 속에 푹 파묻혀 있었습니다. 예를 들면 대통령이 된 후 아침을 먹기 전부터 일을 시작했고, 식사는 최대한 간단한 것으로 했습니다. 그리고 밤늦게까지 집무실에서 나오지 않았다고 합니다. 또한 그는 매일 국민들로부터 250여 통의 편지를 받아 검토했으며 자신에게 호소하는 편지에는 일일이 답장을 쓰곤 했습니다.

어려움을 극복하며 자신의 일에 최선을 다하는 그의 모습은 미국인들의 존경을 받기에 충분한 대통령이었을 것입니다.

비스마르크

(Bismarck, 1815~1898)

오늘날 독일에서 탑, 분수, 조각물, 동상 등에 가장 많이 등장하는 인물이 바로 비스마르크입니다. 독일의 많은 영웅들을 뒤로 하고 비스마르크가 독일인들에게 기억되어야 하는 인물로 자리매김하게 된 것은 그가 오늘날 독일을 탄생시키고 독일인이라는 민족의식을 완성시켰기 때문입니다.

프 로 이 센   왕 국 , 독 일 의   중 심 으 로

'프로이센'이란 지명은 이 지역에 중세 초부터 살기 시작했으며 발트어를 사용하던 '프로이센인'에서 나온 것입니다. 프로이센인을 '프루시'라고도 불렀는데, 그래서 프로이센을 '프러시아'라고 부르기도 합니다. 이 지역은 13세기 들어 신성로마제국에 정복되었습니다. 17세기 들어서는 신성로마제국 내 강력한 제후인 브란덴부르크 제후에게 넘어간 후 세력이 강화되었습니다. 1701년 프로이센은 당시 신성로마

289

레오폴트 1세

제국의 황제인 오스트리아 합스부르크가의 레오폴트 1세로부터 독립적인 왕국으로 인정을 받았습니다. 이로써 프로이센은 왕국이 된 것입니다.

당시 **신성로마제국**에서 성장하고 있던 **제후국**은 프로이센이 거의 유일했습니다. 프로이센이 **왕국**으로 성장한 후 프리드리히 2세 같은 계몽 전제 군주가 등장하여 개혁을 성공시킵니다. 이제 프로이센은 유럽의 강국이 되었습니다. 그리고 프로이센의 **황제국**인 오스트리아와 전쟁을 일으켜 인구도 많고 지하자원도 많은 슐레지엔을 차지하기까지 합니다. 이로써 프로이센은 신성로마제국 내에서 황제의 나라인 오스트리아와 어깨를 나란히 하는 왕국이 되었습니다.

신성로마제국, 황제국, 왕국, 제후국의 관계 아시아의 대표적인 황제국 중 하나가 중국이듯 유럽에서 가장 오랜 역사를 가진 황제국은 신성로마제국이다. 신성로마제국은 황제국의 위상에 맞게 지배 영역이 매우 넓었다. 오늘날 독일, 오스트리아, 스위스, 이탈리아 북부 일부, 헝가리, 체코 등을 포함하고 있었다. 신성로마제국이 황제국이긴 했지만 제국 내에는 강력한 힘을 가진 제후국들이 있었고, 황제의 지배력은 그가 직접 지배하는 영역을 넘지 못했다. 그래서 황제의 현실적인 힘은 제후와 큰 차이는 없었다. 신성로마제국의 황제는 힘 있는 제후들에 의해 선출됐는데, 오스트리아 지역에 있는 합스부르크 가문이 제국이 붕괴될 때까지 황제 자리를 차지했다. 하지만 황제는 제국 내에서 형식적인 최고 지도자일 뿐이어서 제후국이 왕국으로 승격되는 것을 인정해 주는 일 정도를 했다. 대표적인 예가 바로 프로이센이다. 결국 신성로마제국 내에서 형식적 서열은 황제, 왕, 제후 순이다. 그러나 실질적인 힘은 일부 작은 제후들을 제외하고 서로 비슷하였다.

악 동 , 정 치 가 가 되 다

1815년, 워털루 전투로 나폴레옹 시대는 끝이 났습니다. 그해 독일의 운명을 결정하게 될 비스마르크가 태어났습니다. 비스마르크는

비스마르크의 청년 시절

지주이면서 귀족인 **융커**라는 계급으로 태어났기 때문에 남부러울 것이 없었습니다. 부유한 귀족 가문에서 태어나서였는지 그는 자기주장과 고집이 매우 강했고, 세상을 낭만적이거나 낙관적으로 보려고 했습니다.

21세 청년 비스마르크는 매우 똑똑한 사람이었지만 언어나 역사 같은 몇몇 과목을 제외한다면 학교 성적은 뛰어나지 않았습니다. 대신에 친구들과 자주 싸움을 했습니다. 자기주장과 고집 그리고 귀족으로서의 자존심 등이 강했기 때문이었을 것입니다. 대표적인 예로 대학생활 중 비스마르크는 스물여덟 번이나 싸웠다는 기록이 남겨져 있답니다. 대학에서 이 정도로 싸웠으니 그 이전에는 어떠했을지 상상이 가능할 것입니다.

그는 베를린 대학에서 법률을 전공했고 1835년 졸업한 후 법원에서 일하는 관리가 되었습니다. 하지만 성실하게 일하지 않았고 멋대

로 행동하거나 상관과 싸우곤 했습니다. 결국 그는 일을 그만두고 자유롭게 인생을 즐기며 시간을 보냈습니다.

그의 이러한 삶의 태도가 바뀌게 된 것은 결혼을 하고 나서부터였습니다. 그의 아내는 독실한 루터파 교회의 신자였습니다. 결혼 후 그는 가장으로서 위신 있는 직업을 갖고 가족을 돌봐야 했던 것입니다.

귀족들에게 직업이란 관직에 진출하는 일이었습니다. 그는 결혼 후 얼마 안 되어 **연방의회**의 의원이 되었습니다. 34개의 제후국과 4개 자유도시의 대표들이 모여 여러 문제를 논의하는 일을 하게 된 것입니다. 이를 통해 비스마르크는 정치활동을 시작하게 되었습니다.

융커 원래는 젊은 주인 또는 젊은 영주라는 뜻. 장남이 아니었던 관계로 아버지로부터 많은 것을 얻을 수가 없었던 그들은 오늘날 독일의 엘베 강 동쪽 지역으로 가서 새롭게 땅을 일구고 영주가 되었다. 이들은 프로이센이 성장하는 과정에서 같이 성장했으며 매우 보수적이고 권위적인 것이 특징이다.

연방의회 신성로마제국은 나폴레옹 시대에 프랑스의 세력이 확장되는 과정에서 1806년 역사에서 사라진다. 이로 인해 제국 내 황제 가문이었던 합스부르크가는 자신들을 오스트리아 제국이라 부르며 위상을 유지하고자 했고 이에 맞서 프로이센 왕국은 중북부 지역의 제후들과 손을 잡고 오스트리아 제국과 대립하였다.
앞에서 설명한 나폴레옹 시대는 유럽의 자유주의가 확대되던 시기였으나 보수적인 주변 왕국들에 의해 다시 왕정 시대로 돌아가게 되었다. 다만 신성로마제국은 유럽 각국의 이해관계로 다시 부활하지 못하고, 오스트리아와 프로이센의 입장을 고려하여 '독일 연방'이란 느슨한 연합 체제로 묶여지게 되었다. 이 연방의 여러 현안들을 해결하기 위해 연방 내 각국의 대표자들이 모인 곳이 바로 연방의회였다.

자유주의 세상에서 보수주의를 외치다

1848년 프랑스에서 자유주의 혁명인 '2월혁명'이 성공하였습니다. 독일 연방 내에서도 자유주의의 물결이 거세게 일어났습니다. 3월

3월혁명을 묘사한 그림

들어 곳곳에서 자유주의 지식인, 상공인, 농민들이 봉기를 하여 개혁을
요구하는 혁명이 일어났습니다(3월혁명). 이로 인해 오스트리아와 프로
이센에선 자유주의자들의 요구를 수용할 수밖에 없었고 이런 현상은
독일 연방으로 퍼져 나갔습니다. 독일 연방 내 각국에서 치른 선거에서
승리한 자유주의자들은 각국의 새로운 대표가 되어 프랑크푸르트에 모
였습니다. 그리고 그들은 '연방의회' 대신 '국민의회'를 설치하였습니
다. 국민의회는 새로운 헌법을 마련하여 국민이 주권을 가진 새로운
국가를 건설하기 위한 회의를 시작하였습니다.

　　　그러나 프랑크푸르트 국민의회에 속한 각 대표들은 생각이 매우
다양했습니다. 우선 국가의 성격을 어떻게 규정할 것인가에 대한 의견
이 달랐습니다. 국민주권을 바탕으로 한 공화국 건설이나 연방국가의
건설을 주장하는 급진적인 사람들도 있었고, 황제 체제를 유지하면서

293

연방국가를 건설하자는 사람도 있었습니다.

또한 프랑크푸르트 국민의회는 수많은 제후국들을 새로운 국가에서는 어떻게 담아낼 것인가에 대해서도 크게 두 가지 입장으로 갈렸습니다. 지금처럼 오스트리아를 중심으로 느슨한 연방 체제를 유지하자는 '범게르만주의'와 프로이센을 중심으로 중부와 북부만을 하나의 국가로 묶어 통일하자는 '소게르만주의'로 갈렸습니다.

당시 비스마르크는 독일 연방 내 자유주의 운동과 그들의 승리에 대해 큰 거부감을 가지고 있었습니다. 그는 강력한 군주정 체제를 유지할 필요가 있으며, 프로이센 중심으로 연방이 다시 편성되어 중북부 지역만 따로 통일된 국가가 되어야 한다는 생각을 하고 있었습니다. 이로 인해 비스마르크는 프로이센 국왕으로부터 신임을 얻게 되었습니다.

철 혈 로 완 성 시 킨 독 일

비스마르크의 공직 생활에 새로운 변화가 찾아온 때는 러시아와 프랑스에서 외교관 생활을 할 때였습니다. 그는 당시의 급변하는 국제 사회의 동향을 파악하고 있었습니다.

1861년, 프로이센에서도 빌헬름 1세가 새로운 국왕으로 즉위하였습니다. 그런데 그해 11월 의회의 의원을 뽑는 총선거에서 자유주의자들이 크게 승리했습니다. 국왕권을 강화하고자 하는 빌헬름 1세에게

빌헬름 1세

자유주의자 중심의 의회는 매우 부담스럽고 불편하였습니다. 빌헬름 1세는 군주정을 주장하는 비스마르크를 불러 자신에게 닥친 문제를 해결하고자 했습니다. 1862년 비스마르크는 수상이 되었고 며칠 뒤 의회에 출석하여 유명한 연설을 했습니다.

"오늘 우리의 중요한 문제들은 대화와 다수결로 해결되는 것이 아닙니다. 대화와 다수결을 주장하는 것은 1848년과 1849년의 (자유주의 운동으로 성립한 프랑크푸르트 국민의회가 연방 내 문제를 해결하지 못한) 실수를 다시 저지르자는 것입니다. 우리가 당면한 오늘의 문제는 철(군비)과 혈(전쟁)에 의해서만 해결될 수 있을 것입니다."

이 연설이 끝난 후 자유주의자들은 그를 '철혈재상'이라 놀렸습니다. 지식인인 자유주의자들은 철혈정책을 주장하는 신임 재상이 무식해 보였을 것입니다. 하지만 이 놀림의 단어가 후엔 '강인함'을 뜻하는 말로 바뀌게 되었습니다.

비스마르크는 자유주의자들을 강력히 탄압하면서 군사력 강화를 위해 힘을 기울였습니다. 군사력 강화를 통해 그는 프로이센의 발전을 이룩하려 했습니다. 이러한 프로이센의 움직임에 가장 큰 걸림돌은

주변국들의 견제였습니다. 비스마르크는 이를 해결하기 위해 국제적으로는 러시아와 손을 잡아 프랑스와 오스트리아를 견제했고, 연방 내에서는 오스트리아를 약화시켜 프로이센을 완전히 독립시키려는 전략을 세웠습니다.

　　오스트리아를 약화시키려는 비스마르크의 전략은 무력 충돌을 가져왔습니다. 1866년 6월 프로이센과 오스트리아, 두 나라를 따르는 제후국 연합군 간의 전쟁이 시작된 것입니다. 전통의 황제국인 오스트리아 그리고 그를 지원하는 제후국의 세력을 볼 때 전쟁은 프로이센의 패배가 예상되었습니다. 하지만 프로이센은 그간의 군사력 강화 정책으로 형성된 우수한 무기와 뛰어난 전술을 통해 7주 만에 승리를 거두었습니다. 유럽 세계에서 예상치 못한 일이었습니다. 이 전쟁의 승리로 프로이센은 독일 연방에서 완전히 벗어날 수 있었습니다. 그리고 중북부 지역에서 강력한 영향력을 가진 국가가 되었습니다.

프로이센은 독일 연방 내 오스트리아 제국 영역을 떼어 내고 중북부 지역을 중심으로 새로운 연방 체제를 마련하고 헌법과 의회를 갖추었습니다. 프로이센을 중심으로 한 중앙집권 체제를 수립한 것입니다. 새로이 마련된 헌법에 의하면 연방의회 의장은 프로이센 국왕이 맡았고, 의회마저 국왕이 지배할 수 있게 하였습니다. 이외에도 군통수권, 법률선포권, 수상임명권 등도 국왕 몫으로 규정했습니다. 프로이센 국왕은 최고의 권력을 차지하게 된 것이며, 프로이센은 주변 제후국들을 연방으로 묶어 통일 국가의 면모를 갖추었습니다.

이러한 프로이센의 성장에 두려움을 갖게 된 것은 바로 프랑스였습니다. 특히 에스파냐에서 반란이 일어나 프랑스 왕실 출신의 왕이 쫓겨나고 프로이센 출신의 왕이 후계자가 되는 일이 벌어졌습니다. 프랑스는 더욱 불안해졌습니다. 에스파냐에 프로이센 출신의 왕이 즉위하면 프랑스는 오래전부터 원수지간인 오스트리아, 새로운 경쟁 국가인 프로이센 그리고 그와 친분이 있는 에스파냐로 둘러싸여 고립되는 형국에 처해지게 되기 때문입니다. 결국 프랑스는 프로이센과 전쟁을 벌이게 되었습니다. 이 전쟁을 '프로이센·프랑스 전쟁'이라 합니다.

프로이센 · 프랑스 전쟁을 묘사한 그림

프로이센 · 프랑스 전쟁이 일어났을 때 프랑스에서는 **제정 시대**가 전개되고 있었습니다. 프랑스인들은 1848년 2월혁명을 통해 공화국 체제를 다시 수립했지만 나폴레옹의 조카인 루이 나폴레옹이 삼촌인 나폴레옹이 통치했을 때의 시절처럼 번영을 누리게 해주겠다는 꼬임에 빠져 그를 황제의 자리에 앉히고 맙니다. 공화정이 다시 제정으로 돌아간 것입니다. 루이 나폴레옹은 나폴레옹 3세가 되었고, 삼촌 때처럼 대외팽창에 힘을 기울였습니다. 하지만 삼촌만큼의 성공을 거두지 못했고, 계속되는 원정과 전쟁으로 재정적 어려움을 겪고 있었습니다. 이런 상황에서 프로이센과 전쟁을 하게 된 것입니다.

프로이센은 당시 총 47만 명의 병력이 있었지만, 프랑스는 28만 명 정도밖에 없었습니다. 게다가 프랑스는 재정적으로 어려움을 겪고 있었습니다. 프랑스는 프로이센의 전쟁 상대가 되지 못했습니다. 1년 남짓 만에 나폴레옹 3세는 포로가 되었고, 프랑스인들은 새로운 정부를

빌헬름 1세의 황제 즉위 모습

꾸려 저항했습니다. 그러나 그것도 잠시, 1871년 1월 28일에 프로이센에 파리를 내어 주고 프랑스는 완전하게 패배했습니다.

비스마르크는 전쟁이 진행되는 사이 프로이센의 독주를 인정하지 않으려는 몇몇 연방 내 제후들과 담판을 벌였습니다. 프로이센 중심의 통일을 이룩하기 위해서였습니다. 전쟁에서의 승리는 연방 내의 여론을 프로이센 쪽으로 돌아서게 했고, 제후국들도 프로이센 중심의 통일을 인정하게 되었습니다.

1871년 1월 18일 파리를 함락하기 바로 직전 파리 외곽에 있는 프랑스 왕실의 궁전인 베르사유 궁전에서 빌헬름 1세는 황제로 즉위했습니다. 이것이 독일 제국의 시작이었고, 오늘날 우리가 부르는 독일이라는 근대 국가의 시작이 되었습니다. 그리고 세계적인 강대국으로 나아가는 첫걸음이었습니다. 이 모든 일을 가능하게 만든 것은 바로 비스마르크의 정책 때문이었습니다.

우리말로 '보불전쟁'이라고도 한다. 우리나라는 서구와 직접 교류하기 전에는 중국이나 일본을 통해 교류했다. 그래서 서구의 나라 이름을 중국이나 일본에서 사용하는 것을 그대로 가져다가 우리 식으로 발음하였다. 프랑스를 '불란서(佛蘭西)'라 하는 것이 대표적인 예다. 프로이센은 '보로사(普魯斯)'이다. 그래서 이들의 전쟁을 보불전쟁이라고도 한다.

제정 시대 나폴레옹의 제정 시대에 이어 프랑스에서 두 번째 제정이어서 '제2제정'이라고 부른다.

평 화 주 의 자 가 된 비 스 마 르 크

프랑스와의 전쟁에서 승리한 후 비스마르크는 새롭게 탄생한 독일 제국의 안정을 위해서 전쟁을 중단했습니다. 그리고 내부의 안정과 성장을 위한 정책을 펼쳐 나갔습니다. 그는 내적으로 산업 발전과 제도 통일을 위한 개혁을 진행했습니다. 우선 화폐와 도량형을 통일했고, 사법 제도를 개혁했으며 새로운 법을 제정하여 독일 제국의 실질적인 통일을 달성했습니다.

또한 산업을 발전시키고 보호하기 위해 국내 상공업을 장려하고 보호무역주의를 추진했습니다. 더불어 확산되는 사회주의 의식을 막기 위해 법을 제정하고 노동자들을 탄압했습니다. 이런 탄압 정책에 대한 반발을 무마하기 위해 저소득층을 위한 '사회복지법'을 최초로 마련하기도 했습니다. 그리고 재정을 튼튼히 하기 위해 조세 정책도 개혁했습니다.

국제 관계에 있어서 비스마르크는 유럽 각국의 세력 균형을 통해 평화를 구축하려고 했습니다. 그 목적은 새로 탄생한 독일 제국이 안정적인 궤도에 오를 때까지 주변국들과 소비적인 경쟁을 하지 말아야 했기 때문입니다. 이런 입장에서 볼 때 가장 큰 걸림돌은 프랑스였습니다. 비스마르크는 프랑스를 고립시키기 위해 사이가 좋지 않았던 오스트리아와 손을 잡기도 했습니다.

　이런 그의 노력이 독일 성장의 발판이 되었습니다. 하지만 그의 노력에는 미래 사회에 대한 새로운 비전을 포함하고 있지 않았습니다. 그는 보수적 귀족인 융커 출신이었기 때문에 자유주의나 민주주의에 대해 부정적 사고를 가지고 있었습니다. 그로 인해 독일 제국은 20세기 화두인 민주 사회 성립에 많은 어려움을 겪게 됩니다.

　1888년 황제로 즉위한 빌헬름 2세는 독일 제국의 성장을 위해 팽창주의를 제시했습니다. 하지만 노련한 수상인 비스마르크는 독일의 성장을 위해서 당분간 더 안전한 대외정책을 펼쳐야 한다고 주장했습

니다. 황제와 수상 간의 서로 다른 의견으로 인해 결국 비스마르크는 퇴임하게 되었습니다(1890). 비스마르크는 사직하여 회고록을 작성하는 데 몰두했고, 1898년 83세의 나이로 '철의 재상'이란 이미지를 남기며 세상을 떠났습니다.

빌헬름 2세

철혈재상 비스마르크

근대 외교의 교과서, 비스마르크

비스마르크가 쓴 교과서

국가 간의 교섭 행위를 우리는 '외교'라고 합니다. 외교의 목적은 자국의 이익을 극대화하는 것입니다.

유럽에 여러 나라가 등장하게 된 것은 로마 제국이 무너진 후인 중세 시절부터입니다. 이 시절부터 외교 활동이 활발히 진행됩니다. 하지만 당시의 외교 활동은 국가의 이익에 앞서 명분이 더 중요했습니다. 그래서 대립 관계에 있는 나라끼리는 웬만하면 손을 잡는 일이 없었습니다.

하지만 근대 사회에 들어 각 나라의 발전을 최우선으로 하게 되자 외교에서도 명분보다는 실리를 더욱 중요하게 생각했습니다. 대표적인 사건이 18세기에 있었던 오스트리아 왕위계승전과 7년전쟁 속에서 전개된 외교이고, 19세기의 비스마르크의 외교 정책에서 그 절정을 보여 주었습니다.

오스트리아 왕위계승전(1740~1742)은 신성로마제국 내의 황제국인 오스트리아와 프로이센의 대결전이었습니다. 전통적으로 오스트리아와 경쟁을 해오던 프랑스가 프로이센을 도왔고 유럽 내 힘의 균형을 유지하기 위해 프랑스의 성장을 막아야 했던 영국은 오스트리아를 도왔습니다. 이때까지는 프랑스와 오스트리아의 전통적 관계가 외교에 영향을 미쳤습니다.

하지만 그로부터 10여 년이 지난 뒤 벌어진 오스트리아와 프로이센 간의 2차전은 외교 혁명이라 할 만큼 커다란 변화가 있었습니다. 이 전쟁을 7년전쟁이라고 하는데, 이때 프랑스는 1000년 가까운 긴 시간 동안 앙숙으로 지내던 오스트리아를 도와주었습니다. 이유는 갑작스레 성장한 프로이센을 견제하기 위해서였습니다. 반면 영국은 프랑스를 견제하기 위해 바로 직전의 전쟁인 오스트리아 왕위계승전에서 적이었던 프로이센을 도왔습니다. 이 시기 영국과 프랑스, 프로이센과 오스트리아는 자국의 이익을 위해 '적과의 동침'이 아무런 문제가 되지 않았습니다. 근대 사회에 들어 외교는 국가의 이익이 최우선이 된 것입니다.

자국의 이익을 최우선으로 하는 외교 정책을 근대 외교라고 볼 때 그 방면에 최고의 능력을 가진 사람은 비스마르크였습니다.

비스마르크는 독일 제국의 완성을 위해 덴마크, 오스트리아, 프랑스와 차례로 전쟁을 일으켰습니다. 그는 철혈정책으로 대표되는 팽창주의 정책을 표방하며 독일의 발전을 도모했습니다. 하지만 독일 제국이 수립되자 안정적인 발전을 위해 유럽의 평화를 주장합니다.

　새롭게 등장한 독일 제국이 견제해야 할 나라는 프랑스였기 때문에 비스마르크는 독일 제국 성립 과정에서 내쫓았던 오스트리아에게 동맹을 요청했습니다. 그리고 러시아도 끌어들였습니다. 세 나라 모두 황제가 있기 때문에 이를 '3제동맹' 이라고 합니다(1873).

　하지만 러시아가 오스만 제국과 싸우며 흑해 방면으로 진출하자 그 지역에 영향력을 미치고 있던 오스트리아가 위협을 느끼게 되었습니다. 독일 입장에서도 러시아가 성장하는 것은 새로운 경쟁자가 등장하는 것이기 때문에 그리 달가운 일은 아니었습니다. 그래서 비스마르크는 러시아를 견제하기 위한 군사동맹을 오스트리아와 따로 체결했습니다(1879).

　1882년에 비스마르크는 프랑스를 견제하기 위해 러시아 대신 이탈리아를 끌어들여 동맹을 체결했습니다. 이 동맹을 '3국동맹' 이라고 합니다. 당시 프랑스는 식민지를 확보하기 위해 아프리카 북부의 튀니지를 점령하여 보호국으로 삼았는데(1881), 이곳에 관심이 있었던 나라가 바로 이탈리아였습니다. 따라서 이탈리아와 프랑스 사이의 관계가 악화된 것을 이용하여 군사동맹을 체결한 것입니다. 기존의 오스트리아와 맺은 동맹에 이탈리아가 참여한 형태였던 이 동맹은 후에 제1차세계대전을 일으키는 주역이 되었습니다.

　비스마르크는 1887년 러시아와 서로 공격하지 않겠다는 보호조약을 오스트리아 몰래 체결하기도 합니다.

근대 사회의 외교는 보통 사람들이 보기에는 상식적으로 이해가 되지 않는 경우가 많습니다. 하지만 이러한 외교 활동을 할 수 있었던 것은 자국의 이익을 최대한 확보하는 것이 정치가의 미덕으로 여겨졌기 때문입니다. 이로 인해 경쟁은 더욱 가속화되었고 제1차세계대전 같은 거대한 전쟁도 발생하게 되었습니다.

교과서로 점프

중학교 2학년 사회 – 민족주의와 국가 통일
프로이센의 재상 비스마르크는 통일은 다수결이 아니라 오로지 철과 피에 의해서만 이루어질 수 있다고 강조했다.

고등학교 2학년 세계사 – 독일의 통일
독일의 통일은 1862년 프로이센의 수상으로 임명된 비스마르크에 의해 이루어졌다. 그는 의회의 반대를 무릅쓰고 철혈정책을 추진했고, 이를 바탕으로 1866년 오스트리아를 격파하고 북독일 연방을 성립시켰으며, 1871년 프랑스를 격파하고 독일 제국을 수립했다.

프로이센·프랑스 전쟁을 일으킨
'엠스 전보 사건'

1870년 여름, 비스마르크는 독일 남서부 라인란트팔츠 주에 있는 엠스에서 휴양 중이던 빌헬름 1세로부터 전보를 한 통 받았습니다. 그 내용은 프랑스 공사 베네데티가 엠스에 찾아와 에스파냐 왕위 계승 문제와 관련된 이야기를 나누고 처리했다는 내용이었습니다.

에스파냐 왕실은 전통적으로 프랑스 왕실의 핏줄을 이어받은 사람들이 왕이 되었는데, 이 시기에는 프로이센의 왕실 사람이 후계자로 결정되었습니다. 만일 에스파냐에서 프로이센 왕실 사람이 왕이 된다면 프랑스는 동서로 프로이센에게 압박받는 것과 마찬가지가 되는 급박한 상황이었습니다.

프랑스 공사 베네데티는 빌헬름 1세를 찾아와 에스파냐 왕위 계승을 포기해 줄 것을 요구했고 그 내용을 문서로 작성해 달라고 이야기했습니다. 빌헬름 1세는 에스파냐 왕위 문제에 관심이 없었지만 문서에 서약할 수 없다고 이야기하며 그를 돌려보냈습니다. 이 내용을 빌헬름 1세가 요약해서 비스마르크에게 전보로 보낸 것입니다.

그런데 그 전보를 받은 비스마르크는 이를 전쟁을 일으키는 촉발제로 사용했습니다. 그는 당시 곁에 있던 육군참모총장인 몰트케에게 프랑스와의 전쟁에서 승리할 자신이 있는지를 물어보았습니다. 몰트케가 자신 있다고 말하자 전보의 내용을 조작하여 기자들에게 알렸습니다.

비스마르크가 받은 전보의 내용은 빌헬름 1세가 프랑스 공사를 만나 대화했고 에스파냐 왕위 계승 문제에 대해 관심이 없다는 것이었습니다. 그런데 그가 기자들에게 전해 준 전보의 내용은 다음과 같았습니다. 프랑스 공사가 찾아와 에스파냐 왕위 계승을 포기해 줄 것을 요구했다는 보고를 받은 빌헬름 1세는 프랑스 공사를 만나지도 않았고 어떤 말도 전하지 않았다는 것이었습니다. 즉 그가 기자들에게 알려준 내용은 프랑스 외교 사절을 빌헬름 1세가 문전박대했다는 것이었습니다.

이 소식은 언론을 통해 일반인들에게 공개되었고, 프랑스에 전달되었습니다. 프랑스 언론과 여론은 흥분했습니다. 외교적 모욕에 복수를 해야 한다는 여론이 거세지자, 프랑스의 나폴레옹 3세는 준비도 안 된 상태에서 선전포고를 하고 전쟁을 시작했습니다.

한 통의 조작된 전보로 인해 유럽에서 국가 간의 전쟁이 일어날 수 있을 만큼 위태롭던 시기가 바로 19세기였습니다.

나폴레옹 3세와 비스마르크의 모습(프로이센·프랑스 전쟁이 끝난 후)

레닌

(Lenin, 1870~1924)

20세기의 최대 사건은, 노동자·농민 계급이 기존의 체제를 무너뜨리고 권력을 장악한 '러시아 혁명'이라 봐도 큰 무리가 없을 것입니다. 역사라는 시간 속에서 빼앗기고 억눌려만 왔던 계급이 역사의 주인공이 된 혁명입니다. 이 혁명을 성공으로 이끈 인물이 바로 레닌입니다.

혁 명 의   시 간 이   다 가 오 는   러 시 아

19세기 말 러시아는 중세와 근대 사회가 가지고 있는 모든 문제를 다 가지고 있던 최악의 상황이었습니다. 국가 권력과 지배계급의 농민과 노동자에 대한 착취는 극에 달해 있었습니다.

러시아는 19세기 말까지 '차르'라 불리는 황제가 **전제**적인 권력을 휘두르고 있었습니다. 알렉산드르 2세와 같은 개혁 군주가 등장하여 1861년부터 개혁을 진행한 경우도 있었지만 그가 사망한 후에 등장한

309

알렉산드르 2세 19세기 중반 러시아의 개혁 군주

차르들은 유럽으로부터 다가오는 혁명적 사상의 확산과 지식인층의 활동을 억압하기 위해서 언론과 사상, 대학에 대한 검열과 통제를 강화했고 개혁에 의해 확대된 교육의 기회도 축소했습니다.

반면 귀족들의 권한은 대폭 확대시켜 주어 차르 자신을 지원하게 했고, 앞선 시대에 이뤄진 개혁에 의해 지방의회에 농민이 참여할 수 있는 권리는 박탈했습니다.

러시아는 농업 중심의 후진 국가에서 벗어나기 위해 1860년대부터 산업 발전을 위한 여러 정책을 시행했습니다. 러시아가 우선 투자한 분야는 철도 관련 산업이었습니다. 1860년까지 러시아의 철도는 1,600킬로미터에 불과했지만 1875년에는 1만 9,000킬로미터에 이릅니다.

또 철도를 놓기 위해서 석탄과 철강 관련 산업이 크게 발전하여 1880년에 석탄 생산은 국내 수요의 60퍼센트를 충족시켰습니다. 그 외에 방직, 염색 등과 같은 산업에서도 기계화가 진행되었습니다. 이러한 변화로 19세기 말에 이르면 러시아의 노동자 수는 약 1,400만 명에 이르게 됩니다.

그런데 러시아의 산업 발전에는 두 가지 문제가 있었습니다. 하나는 국가가 산업 발전을 주도했다는 점이고, 또 다른 하나는 외국 자본에 의존했다는 것입니다. 산업을 발전시키기 위해서는 공장을 많이 건설해야 했는데 러시아는 그럴 만한 자본이 없었기 때문에 프랑스, 벨기에, 독일, 영국 등과 같은 유럽의 선진 자본주의 국가들로부터 높은 이자의 차관을 빌려 와야 했습니다.

정부는 빌려 온 차관을 특정 자본가에 집중해서 지원해 주었습니다. 게다가 정부는 특정 자본가에게 각종 특혜를 주어 산업을 빨리 발전시킬 수 있도록 했습니다. 물론 이 같은 정책은 러시아의 급속한 산업 발전을 달성케 했지만 다른 사회적 문제를 가져왔습니다. 러시아인들에 의해 만들어진 경제적 이익이 빚을 갚기 위해 해외로 빠져나가야 했고, 자본가와 정부는 이를 메우기 위해 노동자들에게 낮은 임금과 장시간의 노동 그리고 높은 세금을 강요할 수밖에 없었습니다.

게다가 1891~1892년에 걸쳐 러시아에는 대기근과 전염병이 퍼져 50만 명 이상의 희생자를 낳았습니다. 농민과 노동자들의 차르 정권에 대한 불만은 높아질 수밖에 없었고, 혁명의 시간은 점점 가깝게 다가오고 있었습니다.

전제 보통 근대 이전 사회에서 황제 또는 왕들이 왕권을 강화하여 자신의 판단과 결정에 의해 국가를 마음대로 운영하는 행위를 말한다. 근대 사회에 들어서는 '독재'라는 말로 바꿔 사용한다.

블라디미르 일리치 울리야노프, 마르크스주의자가 되다

레닌의 본명은 블라디미르 일리치 울리야노프였습니다. 그는 혁

명의 시기가 무르익기 시작하는 1870년 볼가 강변의 지방 도시인 심비르스크에서 태어났습니다. 아버지는 정부 관료였고 어머니는 지주 집안의 딸이었습니다. 아버지와 어머니는 모두 성실했고, 비교적 교양이 있으며 합리적인 사람들이었던 모양입니다. 그들 자녀 여섯은 후에 모두 혁명가가 되었지만 이를 막거나 탓하기

레닌의 청년 시절

보다는 지원해 주었기 때문입니다.

레닌의 가족이 혁명가가 될 수 있었던 것은 당시의 사회 문제 때문이지만 직접적인 원인은 레닌의 형인 알렉산드르 때문일 것입니다. 당시 사회에서 의식 있는 젊은이라면 대부분 혁명운동에 참여했는데, 알렉산드르 역시 대학 시절에 참여했습니다. 당시 혁명운동은 '나로드니키'라 불리는 세력에 의해 진행되었습니다. 나로드니키들은 러시아 내 자생적 사회주의자들입니다. 그들은 러시아가 산업이 발달한 유럽 국가들에서 발생한 문제를 거치지 않고 곧바로 노동자, 농민의 세상을 만들 수 있다고 생각했습니다. 그래서 그들은 농촌 사회에 뛰어들어 농

민의 의식을 바꾸고자 했습니다. 그 운동이 '브나로드 운동'입니다. 하지만 그들의 생각과 노력을 농민들이 잘 이해해 주지 않았고 오히려 그들을 멀리하고 경찰에 신고하는 경우가 많았습니다.

결국 나로드니키들은 극단적인 방법을 선택하기에 이릅니다. 정부를 없애야 한다는 생각에 차르와 정부 요직에 있는 관리를 암살하는 운동 방식을 택한 것입니다. 알렉산드르 역시 이러한 운동 노선에 적극 참여했습니다. 그리고 결국 당시 차르를 암살하기 위해 준비하던 중 러시아 경찰에게 붙잡혀 사형을 당합니다.

바로 전해에 아버지가 병으로 갑작스럽게 세상을 뜬 상태였기 때문에 장남의 죽음은 레닌 집안에 크나큰 충격이었습니다. 이 사건은 레닌의 가족들이 차르 정부에 저항하게끔 했습니다.

형이 죽던 해 레닌은 카잔 대학에 진학했습니다. 하지만 대학 생활은 평온할 수 없었습니다. 그의 머릿속에는 지식인으로 해야 할 역할과 형을 죽인 정부에 대한 저항감이 있었기 때문입니다. 1887년 12월, 레닌은 학생 시위에 참여했다가 붙잡혀 제적을 당했고, 어머니가 사는 곳으로 쫓겨나 경찰의 감시 속에 살게 되었습니다.

레닌은 이 시기에 독학으로 경제학, 통계학, 나로드니키주의, 영어, 프랑스어는 물론이고 마르크스-엥겔스의 철학을 공부했습니다. 마르크스-엥겔스의 철학을 흔히 '마르크스주의'라고 합니다. 이 중 레닌의 사상에 가장 큰 영향을 준 것은 마르크스주의였습니다. 마르크스주의는 역사의 주인공을 노동자(프롤레타리아) 계급으로 보고 **자본주의가 내부적 모순**에 의해 해체될 수밖에 없는 상황이 오면 노동자 계급이 혁명을 일으켜 권력을 장악한 후 정치, 경제, 사회 등 모든 방면에서 노동자가 주인이 되는 평등한 사회를 건설해야 한다는 이론을 가지고 있었습니다. 따라서 러시아 사회를 혁명적으로 변화시키고자 하는 사람들에게는 큰 힘이 되는 사상이었습니다.

레닌은 마르크스주의를 알게 된 후 이를 실천할 수 있는 공간을 찾았습니다. 당국의 허락을 받아 그는 드디어 당시 수도인 페테르부르크에서 공부할 수 있는 기회를 얻게 되었습니다(1890). 그는 이 시기에 법학을 공부하여 변호사가 되기도 했지만 마르크스주의 조직에서도 활동했습니다. 특히 1893년부터는 학생과 노동자들의 비밀 조직을 형성하고 마르크스주의를 강의했습니다. 그와 더불어 러시아의 당면 과제들을 문건으로 만들어 보급함으로써 학생과 노동자들에게 앞으로의 행동 방향을 깨닫게 했습니다.

브나로드 운동 '민중 속으로'라는 뜻으로 우리나라에서도 1930년대 활발하게 진행된 운동이다.

프롤레타리아 로마의 최하층 자유민을 의미하는 'proletariatus'라는 라틴어에서 유래된 말이다. 로마는 재산의 정도에 따라 정치에 참여할 수 있었는데 이 계층에 해당하는 사람들은 재산이 전혀 없었기 때문에 정치에 참여할 수 없었다. 1840년대에 마르크스가 재산 없이 자신의 노동력만으로 살아가는 노동자들을 지칭하기 위해 사용한 단어이다. '무산자 계급'으로 표현되기도 한다.

자본주의 내부 모순 가난한 사람은 더욱 가난해지고 부자는 더욱 부자가 될 수밖에 없는 것, 그로 인해 대량으로 생산된 상품을 소비해야 하는 가난한 노동자 계급이 낮은 임금 때문에 구매력이 떨어져 상품을 소비 못하고 결국 공황이 온다는 것이 자본주의 내부 모순의 대표적인 예다.

≪ 이 스 크 라 ≫ 를 발 간 하 다

레닌은 마르크스주의 혁명과 관련된 문건들을 만들어 억압받고 고통받는 이들에게 전해 주었습니다. 그들은 그가 제시한 생각을 읽으며 새로운 희망을 발견하였습니다. 그는 러시아 사회에서 유명해지기 시작했습니다. 그는 독일과 스위스를 돌면서 세계 각국의 마르크스주의자들을 만나 의견을 교환하며 이론을 정리해 나갔습니다(1895). 그는 이 시기부터 러시아는 유럽과 다른 형태로 마르크스주의 운동을 전개해 나가야 한다는 생각을 했으며 좀 더 강력한 노동자 조직과 그 조직의 선도적인 투쟁을 통해 혁명을 달성해야 한다는 생각을 했습니다. 그해 페테르부르크로 돌아온 레닌은 차르 정부를 압박하기 위해 파업을 조직하고 실행했습니다.

하지만 이 일로 인해 경찰에 붙잡혀 14개월 동안 독방 생활을 하기도 했습니다. 그는 감옥에서도 비밀 지령을 내려 페테르부르크의 파업을 주도했고, 1896년 5월에는 페테르부르크의 노동자 3만 명이 참여하는 파업을 이끌어 내기도 했습니다. 결국 레닌은 재판도 거치지 않고 시베리아로 3년간 유형을 가게 됩니다(1897).

그는 유형지에서 마르크스주의를 러시아에 어떻게 적용할 것인지에 대한 고민을 더욱 깊이 했습니다. 그 사이 마르크스주의를 실천하기 위한 정당인 러시아 사회민주노동당이 결성되었습니다(1898). 형기를 마친 레닌은 해외로 망명하여 스위스의 제네바에서 러시아 마르크스주의 1세대인 플레하노프, 마르토프 등과 함께 활동하며 혁명적 마르크스주의 신문인 ≪이스크라≫를 만들었습니다.

당시 러시아에서는 마르크스

플레하노프 러시아 마르크스주의 1세대

주의가 강력하게 탄압받던 시절이라 ≪이스크라≫는 비밀리에 러시아에 반입되었습니다. 발행 부수의 약 10퍼센트 정도만 무사히 러시아로 들어갈 수 있었다고 합니다. 하지만 ≪이스크라≫는 러시아 전역에 퍼져 있는 마르크스주의 조직에 의해 다시 인쇄되어 널리 퍼져 나갔습니다. ≪이스크라≫는 당시 마르크스주의 조직의 행동지침이 되었고 사상을 강화시키는 장치가 되어 주었습니다.

레닌은 1902년부터 필명으로 레닌이란 이름을 사용했습니다. 그리고 레닌은 ≪이스크라≫를 이용하여 힘이 약해진 러시아 사회민주당을 다시 건설하기 위해 노력했습니다. 1903년 러시아 내 각 지역의 마르크스주의 대표들과 해외 마르크스주의자들이 모여 실질적인 러시아 사회민주노동당 창당 대회를 가집니다. 이것이 제2차 당대회입니다.

이때 레닌은 당국의 탄압을 받는 상황에서 좀 더 강력하고 조직적으로 운영할 수 있는 소수의 능력자를 중심으로 당을 운영해야 하다고 주장했습니다. 반면 마르토프는 좀 더 유연하고 폭넓은 당 운영과 참여를 이끌어 내 당을 확대해야 한다고 주장했습니다.

당 운영에 관한 이 두 사람의 의견으로 인해 사회민주노동당은 분열하게 됩니다. 당시 최종 결론은 대회에 참여한 사람들의 투표에 의해 이뤄졌는데 레닌의 주장이 승리했습니다. 이때 레닌을 지지한 세력을 다수파란 뜻의 '볼셰비키'라 했고 반대편을 '멘셰비키'라고 했습니다. 이 두 세력은 혁명이 진행되는 과정에서 입장을 달리하며 서로 대립하게 됩니다. 레닌은 이제 러시아 사회민주노동당의 다수파인 볼셰비키를 이끄는 인물이 되었습니다.

이스크라 불꽃이란 뜻. 1825년 러시아에서 자유주의 운동이 일어났을 때 운동을 이끈 집단이 '데카브리스트'였다. 이 집단에서 사용한 구호가 '타오르는 거센 불길도 한 점의 불꽃에서'였다. 이스크라란 말은 여기서 따온 것이다.

혁 명 의   시 대   속 에 서   깨 닫 다

러시아는 귀족이나 자본가 또는 관료에겐 행복한 나라였지만 그 나머지 계층의 사람들에게는 고통만 주는 나라였습니다. 특히 19세기 말과 20세기 초에는 대기근까지 덮쳐 사람들은 고통스런 나날들을 보내야 했습니다. 이런 상황에서도 정부는 곡물 수출을 통한 이윤 획득을 위해 해외로 곡물을 내다 팔았습니다. 게다가 1904년에는 일본을 얕잡아 보고 일본의 도발에 넘어가 전쟁을 벌였습니다. 러시아 정부는 전쟁을 수행하기 위해 사람들을 강제로 징집했고, 세금을 올려 징수했습니다. 이 역시도 러시아 민중에게 큰 부담이 되었습니다.

이와 같은 부담이 계속되자 1905년 러시아의 민중들은 차르 체제에 반대하는 저항을 했습니다. 이를 '제1차 러시아 혁명'이라고 합니다. 이해 산업 도시에서는 마르크스주의를 지지하는 조직들이 파업을 이끌었습니다. 그리고 포템킨 전함에서 마르크스주의를 지지하는 병사들이 반란을 일으키기도 했습니다.

1차 혁명 당시 궁전 앞에서 비폭력 시위를 벌이고 있는 시민들

1905년 한 해 동안 280여 만 명의 노동자를 포함한 500여 만 명의 러시아인들이 파업에 참가했습니다. 혁명을 시도할 만큼 열기는 뜨거웠습니다. 노동자의 참여가 이처럼 크게 확대될 수 있었던 것은 당시 러시아 정부의 실정(失政)이 가장 큰 몫을 했지만 러시아 사회민주노동당의 역할도 적지 않았습니다. 레닌은 1차 혁명의 분위기가 최고조로 오른 11월에 페테르부르크로 돌아왔습니다. 그리고

비폭력 시위를 벌이고 있는 시민들을 향해 총을 발사하는 군인들
'피의 일요일' 사건이라고 부른다.

혁명을 확대시키기 위해 노력했습니다.

차르 정부는 혁명의 분위기를 가라앉히기 위한 방법으로 입헌군주제 실시와 의회 설치 등의 개혁을 진행했습니다. 그리고 장기간의 파업과 노동자 계급의 급진적인 요구에 불만을 가진 자유주의자들 또는

319

혁명에 협력한 부르주아들이 노동자 계급으로부터 등을 돌렸습니다. 혁명의 분위기는 차르 정부의 개혁과 혁명 세력의 분열로 인해 약화되었고, 자유주의 정부를 표방한 차르 정부에 부르주아들이 참여하면서 노동자 계급과 사회민주노동당에 대한 탄압이 강화되었습니다.

1907년 레닌은 이런 탄압을 피해 다시 러시아를 벗어났습니다. 1차 혁명을 겪고 난 후 레닌은 다음과 같은 확신을 가지게 되었습니다. '부르주아들과 손을 잡고 혁명을 일으키되, 부르주아 혁명이 완성되면 바로 프롤레타리아 혁명으로 이어가야 한다. 그리고 혁명 과정에선 더욱 강력한 투쟁 조직이 필요하며 투쟁 과정에서 평화적 파업보다는 무장투쟁이 더욱 필요하다.' 는 생각을 확고히 가지게 됐습니다.

레닌과 볼셰비키, 프롤레타리아 혁명의 책임을 도맡다

러시아 사회민주노동당에는 볼셰비키와 멘셰비키라는 두 세력이 존재하고 있었습니다. 이들은 1차 혁명을 거치면서 그들이 지향하는 혁명 방법에 현격한 인식의 차이가 있음을 확인하고 각자의 길을 가게 되었습니다. 볼셰비키들은 프롤레타리아 혁명의 동지는 농민 계급이고, 부르주아 계급이 주도한 부르주아 민주주의 혁명이 완성되면 바로 농민과 힘을 합쳐 프롤레타리아 혁명을 일으켜 사회주의 혁명을 완수해야 한다고 했습니다. 또한 잘 훈련된 소수의 혁명가 집단에 의해 혁명이 진행될 때 좀 더 빨리 그리고 완전하게 프롤레타리아 혁명이 완성될 수 있다고 주장했습니다.

반면 멘셰비키들은 프롤레타리아 혁명이 완성되기 위해서는 부르주아 민주주의 혁명이 완전하게 성공할 때까지 노동자 계급은 보조적 역할을 해야 하고 이후 자본주의 발전이 더욱 성숙한 후에 프롤레타리아 혁명을 완수할 수 있다는 주장을 했습니다.

이러한 견해 차이는 러시아 사회민주노동당을 완전히 갈라놓았고 두 세력이 각자 다른 길을 가게 했습니다. 1차 혁명이나 1917년 2월 혁명을 통해 부르주아 중심의 개혁 정부가 수립되었을 때 멘셰비키들은 정부 정책에 비교적 수용적인 태도를 보인 반면 볼셰비키들은 적극적인 반대 태도를 가지고 혁명 운동을 전개해 나갔습니다. 이런 상황의 전개는 러시아의 프롤레타리아 혁명을 레닌과 볼셰비키에게 모두 떠맡기는 결과를 낳았습니다.

혁명의 분위기는 1910년대 중반부터 다시 타오르기 시작했습니다. 한동안 정체되어 있던 러시아의 산업이 다시 발전하기 시작했고 그에 따라 노동자의 수가 급격히 늘어 갔습니다. 러시아 내의 자본주의 체제가 다시 발전하기 시작했음을 의미하는 것이었습니다. 하지만 이러한 발전은 소수의 사람들과 외국 자본에만 혜택을 줬습니다. 노동자와 농민들은 여전히 먹고사는 문제를 쉽사리 해결할 수 없었습니다. 도시 노동자들은 다시 파업하기 시작했고 농촌의 농민들은 지주에게 저항하기 시작했습니다.

1912년 오늘날 체코의 프라하에서 러시아 사회민주노동당 당회의가 개최되었습니다. 회의에 참가한 사람들은 러시아에서 다시 혁명의 분위기가 솟아오르고 있음을 확인하고 혁명운동을 다시 전개해 나갈 것을 결의했습니다. 당시 사회민주노동당에는 급진적인 볼셰비키이외에는 참석자가 거의 없었습니다. 결국 당은 볼셰비키가 장악했고 레닌이 그들을 주도적으로 이끌어 나갔습니다.

레닌은 러시아 내에서 활약하는 볼셰비키들을 통해 혁명운동을 전개해 나갔습니다. 특히 ≪프라우다('진리'라는 뜻)≫라는 볼셰비키의 기관지를 페테르부르크에서 간행하여 당시 정부의 문제점들을 고발하고 혁명운동의 방향을 교육했습니다. 당시 수많은 노동자들은 ≪프라우다≫를 읽기 위해 당국의 탄압을 마다하지 않았습니다.

혁명의 분위기가 폭발적으로 고조되게 한 사건은 바로 제1차세계대전이었습니다. **제1차세계대전**은 선진 자본주의 국가들의 제국주의 노선으로 인해 벌어진 전쟁이었습니다. 자본가와 그들을 지원하는 정부를 위한 전쟁이었던 것입니다. 노동자나 농민을 위한 전쟁이 아니었음에도 각 국의 마르크스주의자들은 자국의 이익을 위해 전쟁에 참여해야 한다는 주장을 하며 노동자와 농민이 전쟁에 나가는 것을 인정했습니다. 멘셰비키들도 독일 제국주의에 저항하는 방어 전쟁이란 명분으로 러시아가 전쟁에 가담하는 것을 인정했습니다.

오직 레닌과 볼셰비키 그리고 각국의 소수 급진적 마르크스주의 자들만이 전쟁에 반대했습니다. 그리고 노동자들의 전쟁 참여를 반대하고 전쟁을 막기 위한 파업을 전개해야 한다는 주장을 했습니다. 그리고 이 과정에서 결정적 시기에 프롤레타리아 혁명을 완수할 것을 주장했습니다. 레닌과 볼셰비키만이 프롤레타리아 혁명의 유일한 희망이 된 상황이었습니다.

제1차세계대전　삼국협상국(영국 · 프랑스 · 러시아)과 삼국동맹국(독일 · 오스트리아 · 이탈리아) 간의 식민지 쟁탈 및 세계 패권 장악이란 타이틀을 놓고 벌인 세계대전이었다.

러시아 혁명이 진행되던 페테르부르크에서 대중 연설을 하는 레닌의 모습

혁 명 의 불 씨 가 된 여 성 노 동 자 들 의 파 업

레닌과 볼셰비키들은 제1차세계대전이 부르주아들의 이익을 위한 전쟁이라 규정하고 노동자와 농민들은 이 전쟁에서 조국의 발전이란 허울 속에 피 흘려 죽어야 할 이유가 없음을 설득했습니다. 또한 전선에 있는 병사들은 부대를 이탈할 것을, 국내에 있는 노동자와 농민들은 파업과 시위를 진행할 것을 요청했습니다. 1915년부터 러시아 군대 내에서 병사들이 이탈하기 시작했습니다. 이들은 이탈하여 볼셰비키의 병사가 되었습니다.

제1차세계대전의 지속은 러시아의 차르 정부를 위기로 몰고 갔습니다. 전쟁 수행을 위해 사람과 물자를 징발하고 세금을 징수하여 러시아 민중의 부담은 더욱 증가하였습니다. 전시 체제의 지속으로 인한 물가 폭등은 러시아 민중들의 삶을 뿌리째 뽑는 일이었습니다. 더군다나 당시 차르인 니콜라이 2세는 라스푸틴이라는 사기꾼 성직자에게 속아 실정을 거듭하고 있었습니다.

1917년 2월 23일 '세계 여성의 날'을 맞이하여 러시아의 여성 노동자들이 파업을 하고 '빵을 달라!'는 요구를 하며 거리 행진을 시작했습니다. 이 거리 행진을 경찰들은 폭력으로 진압했습니다. 어찌 보면 일상적인 사건일 수도 있는 이 사소한 사건이 하늘을 찌를 듯한 불만을 가진 민중들을 향해 폭탄을 던진 것과 같은 결과를 가져왔습니다. 바로 다음 날부터 페테르부르크의 노동자들은 총파업에 나섰습니다. 그들은 '빵을 달라!'는 민생 문제로 시작하여 '전쟁 반대', '차르 타도'로 요구 수위를 높여 갔습니다.

노동자들은 혁명을 지속, 확대하기 위해 **'소비에트'**라는 조직을 만들었습니다. 소비에트는 이미 1905년 러시아 1차 혁명 때 등장한 조직이었습니다. 1차 혁명 당시 이 조직은 혁명을 확대시키는 데 매우 중요한 역할을 했지만 무장을 하지 않아 끝내는 혁명을 완수해 내지 못했던 경험이 있었습니다. 레닌은 이때 경험을 통해 러시아에서 혁명이 일어난다면 소비에트를 중심으로 혁명을 진행해야 하고 무장을 통한 권력 장악을 해야 한다고 주장해 왔습니다.

소비에트　노동자나 농민들이 단위 사업장 또는 단위 지역에서 주체적으로 만든 의사결정 조직. 흔히 '평의회'

2월혁명으로 프롤레타리아 혁명을 완수하다

2월혁명은 무장한 병사와 노동자 소비에트에 의해 진행되어 결국 차르 체제를 무너뜨렸습니다. 2월혁명은 병사와 노동자 소비에트에 의해 완수되었지만 소비에트를 이끌고 새로운 국가 체제를 건설할 사회민주노동당 사람들은 대부분 멘셰비키들이었습니다.

볼셰비키들은 탄압을 받고 있던 시절이라 러시아 내 정계에서 큰 힘을 발휘하지 못하고 있었습니다. 멘셰비키들은 차르 체제를 무너뜨린 공간에 자유주의적인 부르주아 임시정부가 들어서는 것을 인정했습니다. 새롭게 등장한 자유주의적 부르주아 임시정부는 과거보다 조금은 개선된 개혁 정책을 추진하지만 민중의 바람을 정확히 읽지 못하는 엄청난 실수를 하게 됩니다. 그것은 바로 부르주아들의 이익과 국가적 이익을 위해 제1차세계대전을 지속해야 한다는 결정을 내린 것입니다.

망명 중이던 레닌은 답답한 심정에 결국 볼셰비키 당원들과 함께 비밀 열차를 타고 러시아로 들어왔습니다. 그는 4월 4일 볼셰비키 당 회의에서 볼셰비키가 취해야 하는 입장들에 대해 연설을 했습니다. 그는 이 연설에서 "첫째, 제1차세계대전에서 즉각 발을 빼야 한다. 둘째, 부르주아적 임시정부를 부정하고 노동자와 농민들에 의한 정권을 수립

326

연설하는 레닌

하기 위해 혁명을 진행해야 한다. 셋째, 모든 권력을 소비에트에 집중시키고 이를 혁명정부로 자리 잡게 해야 한다." 등을 주장했습니다.

이러한 그의 주장은 매우 급진적인 것으로 볼셰비키 내에서도 쉽게 동의를 얻지 못했습니다. 하지만 레닌은 포기하지 않고 자신의 주장을 끈기 있게 설명해 나갔습니다. 이런 과정이 몇 달이 걸렸고 볼셰비키들은 서서히 그의 주장을 지지하게 되었습니다. 레닌과 볼셰비키들은 자신들의 주장을 노동자들에게 차분하고 끈기 있게 설명하여 그들을 혁명 세력으로 끌어 들였습니다. 결국 1917년 7월에 이르러 볼셰비키 당원은 24만 명에 이르게 됩니다.

1917년 6월에서 10월 사이 약 200만 명 정도의 병사들이 전선을 이탈해 고향으로 돌아가거나 볼셰비키에 가담하여 그들의 군대인 **적군**에 참여했습니다. 고향으로 돌아간 병사들은 전선에서 벌어지고 있는 부르주아 임시정부의 무능력함을 설명했습니다.

레닌은 혁명을 차곡차곡 준비해 가면서도 평화적 프롤레타리아 혁명을 이룩하고자 임시정부에 참여하고 있는 멘셰비키들과 협상을 시도했습니다. 하지만 그들은 프롤레타리아 혁명은 시기적으로 적절하지 않으며, 자유주의적 부르주아 임시정부를 지지해야 함을 여전히 강조하고 협상을 결렬시켰습니다. 이때 멘셰비키들이 혁명 계획을 외부로 누설했고, 레닌은 더 이상 미룰 수가 없어서 병사들을 이끌고 무력 혁명을 단행했습니다. 그날이 1917년 10월 25일이었습니다. 우리는 이 혁명을 '러시아 혁명' 또는 '10월혁명'이라고 부릅니다.

레닌은 혁명에 성공하여 세계 최초로 노동자들에 의한, 노동자들을 위한, 노동자의 정부를 수립했습니다. 이는 인류 역사에서 피지배 계급이 기존 지배계급을 무너뜨리고 정권을 잡은 최초의 일이기도 합니다.

노동자 중심의 정부는 안팎으로 도전을 받아야 했습니다. 1918년, 레닌은 러시아 민중들이 원하는 전쟁 중단을 위해 독일과 단독으로 강화를 맺어 제1차세계대전에서 발을 뺐습니다. 그리고 1920년까지 노동자 정부에 반대하는 내부 세력들과 그들을 지원하는 외국 세력과 전쟁을 벌였습니다. 새로 등장한 노동자 정부는 아직 힘이 미약했지만 시간이 지날수록 러시아 내 지지 세력이 점점 확대되어 갔습니다. 새로운 정부의 주인이 바로 노동자와 농민이란 사실을 러시아인들이 깨닫게 되었기 때문입니다. 제1차세계대전이 끝나고 1922년 드디어 내란과 외국 간섭 모두 소비에트의 군대에 의해 사라지게 됩니다.

레닌은 드디어 소비에트 사회주의 공화국 연방의 수립을 보게 되었습니다(1922). 그가 일생을 바쳐 수립하고자 했던 억압받고 고통받던 노동자·농민의 정부를 완성한 것이었습니다. 하지만 그에게 새로운 투쟁의 대상이 찾아왔습니다. 뇌졸증이란 병마였습니다. 그는 1922년 5월부터 신체의 일부를 제대로 쓰지 못하게 되었습니다. 이후 1년 반 남짓 동안 병마와 싸웠지만 그는 끝내 병마를 이겨 내지 못하고 1924년 1월, 혁명가의 일생을 마감했습니다.

적군 1918~1946년까지의 노동자·농민으로 조직된 소련 군대

10월혁명 어떤 책에서는 11월혁명이라고도 한다. 당시 러시아는 러시아에서만 사용하는 달력을 사용하고 있었다. 그래서 러시아 달력으로는 10월이지만 우리가 현재 사용하는 달력으로는 11월에 해당된다.

강화 싸움은 그만두고 평화로운 상태가 됨.

마르크스의 이론에 의하면 자본주의가 충분히 발전하게 되면 자기모
순에 빠지게 되는데, 이때 자본주의 체제에 의해 착취당하던 노동자 대중
이 혁명을 일으켜 사회주의 체제가 수립된다고 했습니다. 전통적인 마르
크스주의자들은 이 이론에 근거하여 자본주의가 충분히 성장하여 자체
모순에 빠질 때까지 프롤레타리아들은 자본주의 성장을 도와야 한다고
주장했습니다.

반면 레닌은 굳이 자본주의 체제가 충분히 성장할 때까지 기다리지 말
고 강력한 혁명가들의 선도적 활동을 통해 노동자와 그 연대 세력인 농민
들을 혁명 전선으로 이끌어 사회주의 혁명을 앞당기는 것이 더 중요하다
고 생각했습니다.

러시아에서는 레닌의 이론에 근거하여 사회주의 혁명이 일어나 **사회
주의 정부**가 건설되었습니다. 이 정부는 '소비에트 사회주의 공화국 연

방', 즉 '소련'이란 나라가 되
었습니다. 소련은 최초의 사
회주의 정부였기 때문에 노동자
중심의 정부를 혐오하는 자본주의
국가나 전근대적인 왕조 국가
들로 포위되어 있었습니다. 이를 극복하기
위해 소련은 주변 지역에 사회주의 국가를 더 많이 건설하려고 노력했습
니다. 그로 인해 동유럽 대부분의 국가와 중국, 북한, 베트남을 비롯한 동
남아시아의 일부 국가에서 사회주의 정부가 건설되었습니다. 20세기 들
어 세계는 유럽을 기준으로 동쪽에는 사회주의 진영, 서쪽에는 자본주의
진영이 자리 잡게 된 것입니다.

　　소련의 등장 이후 사회주의 진영의 세력이 확대되자 미국으로 대표되
는 자본주의 진영은 위기를 느끼기 시작했습니다. 미국은 사회주의 진영
의 세력 확대를 막기 위해 세계 곳곳에 군사 시설을 설치하고 미군을 파
병했을 뿐만 아니라 핵무기를 개발하여 소련보다 군사적으로 우위에 서
려고 했습니다. 소련 역시도 이러한 견제에 맞대응하며 미국과 같은 길을
갔습니다.

　　20세기는 동쪽의 사회주의 진영과 서쪽의 자본주의 진영의 직접적인
전쟁은 피한 채 서로 우위에 서기 위한 군사력 강화에 열을 올리며 경쟁
하던 시대였습니다. 이를 냉소적으로 표현한 것이 차가운 전쟁, 즉 '냉

전' 입니다. 20세기는 이념적 대립을 기반으로 한 동·서 냉전의 시대였고, 이로 인해 국제 사회는 핵전쟁이란 위협 속에 살아야만 했습니다.

물론 이들의 경쟁이 나쁜 영향만 미친 것은 아닙니다. 양 진영은 서로의 좋은 정책을 받아들여 자신들만의 새로운 정책으로 삼기도 했습니다. 예를 들면 자본주의 진영에서 분배를 우선하는 복지 정책은 사회주의 정책에서 가져온 것이 많고, 사회주의 진영에서는 요즘 중국처럼 자본주의 시장경제를 도입하여 생산수단의 일부를 사적으로 소유하는 것을 인정하기도 했습니다.

양 진영의 대립으로 인해 20세기를 살았던 사람들은 자신이 살던 지역에서 이념적 대립과 갈등을 겪었습니다. 이 갈등으로 인해 인류가 좀더 자유롭고 평등하게 사는 방법에 대해 끊임없이 고민하게 되는 좋은 결과를 가져오기도 했습니다.

하지만 20세기 말인 1990년대에 들어 사회주의 진영은 자본주의 진영과의 경쟁에서 패배를 인정하고 대부분의 국가가 자본주의 체제로 넘어오면서 냉전의 시대는 막을 내리게 되었습니다. 하지만 사회주의라는 이념은 여전히 인류가 본질적으로 자유롭고 평등하게 살 수 있는 방법에 대해 끊임없이 질문을 던지고 있습니다.

사회주의 정부 흔히 '공산주의 정부' 또는 '공산주의 국가'라고도 한다.

교과서로 점프

중학교 2학년 사회 – 러시아에서 혁명이 일어나기까지
레닌은 볼셰비키를 지휘하여 11월혁명을 일으켜 공산 정권을 수립했다. 정부 수립 후 레닌은 볼셰비키를 러시아 공산당으로 바꾸고 공산화 정책을 실시했다.

고등학교 2학년 세계사 – 최초의 사회주의 국가 소련
레닌은 산업의 국유화에 착수하고, 일당 독재 체제를 세운 후 독일과 단독 강화 조약을 맺었다. 이어 볼셰비키를 러시아 공산당으로 개창하는 등 소비에트 정권을 튼튼히 하고 소비에트 사회주의 공화국 연방을 수립했다(1922).

궁금한 건 못참아!

제국주의란 무엇인가요?

19세기 후반에서 20세기 초반 사이 서유럽에서 자본주의 체제가 고도로 발달한 나라가 해외에 식민지를 건설하기 위해 구축한 정치적 · 경제적 구조를 총칭한 것을 말합니다.

영국의 인도 진출 과정을 예로 들어 설명해 보겠습니다. 영국은 국가 발전을 위해 철도를 건설해야 한다고 인도 정부를 설득합니다. 하지만 인도에는 철도를 설치할 기술도 재정도 없었습니다. 그래서 영국이 자국에서 투자할 곳을 찾지 못한 자본을 차관 형식으로 인도에 빌려 줍니다. 그후 영국의 철도 부설 회사는 인도 정부로부터 철도를 설치할 수 있는 권리를 따냅니다. 영국은 자국에서 생산한 제품을 가져다가 철도를 건설하고, 기관차를 인도에 팝니다.

인도에 철도와 기관차가 생겼지만 인도인들은 철도회사 운영을 어떻게 할 줄 모릅니다. 따라서 영국의 철도회사와 관련된 기업가가 인도에 철도회사를 만들어 인도의 철도를 운영합니다. 영국의 철도회사는 인도의 철도 이용객으로부터 요금을 받아 이익을 채웁니다.

이 철도는 인도인들을 태우고 다니긴 했지만 인도에서 생산된 원료를 영국에 가져가고 그 원료를 가지고 생산한 상품을 인도 시장에 다시 수송하는 일을 했습니다. 얼마 지나지 않아 영국에서 생산하는 것보다 인도에 공장을 세워 생산하는 것이 운송비와 인건비가 덜 들어 효과적이라는 것을 알게 된 영국 자본가들은 자본을 들고 인도에 와 공장을 세웁니다.

인도에 들어온 영국 자본은 인도 현지법이 영국과 달라 자유롭게 이윤을 추구할 수 없었습니다. 따라서 인도에 진출한 영국 자본가들은 영국 정부에 이 문제를 해결해 줄 것을 요청했습니다. 영국 정부는 이를 해결하기 위해 인도에 군대를 파병하여 식민지로 삼고는 영국의 자본이 인도에서 마음껏 활동할 수 있게 했습니다.

이렇게 선진 자본국이 자본의 투자 시장, 상품의 소비 시장 그리고 원료의 공급지로 활용하기 위해 후진 지역을 식민지로 삼는 팽창정책 또는 경향을 '제국주의'라고 합니다. 당시 자본주의가 발달한 국가에서는 자국의 부를 확대하기 위해 해외에 식민지 건설 경쟁을 벌였습니다. 제1차 세계대전이 일어나기 직전까지 아프리카와 아시아는 80퍼센트 이상이 서양 국가의 식민지가 되었습니다. 특히 영국과 프랑스가 일찍이 제국주의 국가의 면모를 갖추어 세계 곳곳에 식민지를 건설하고 있었습니다. 19세기 말 자본주의 국가로 성장한 독일, 오스트리아, 이탈리아 등과 같은 후발 제국주의 국가들은 국가 발전을 도모하고자 식민지를 영국과 프랑스로부터 뺏기 위한 전쟁을 벌입니다. 그것이 바로 제1차세계대전입니다.

레닌은 은행 강도단의 두목?

혁명 시대를 준비해야 하는 레닌은 볼셰비키 당 활동을 강조했습니다. 따라서 볼셰비키 당 내에는 매일 출근하며 활동하는 근무자들이 있었습니다. 게다가 정기적인 소식지와 자료를 만들어야 했고, 러시아 내 비밀 조직에 자금도 지원해야 했습니다.

당 운영을 위해서는 많은 자금이 필요했습니다. 큰 자금은 후원을 통해 얻었습니다. 당시 볼셰비키를 후원하는 사람들 중에는 섬유 공장을 가진 대자본가도 있었습니다. 하지만 이런 후원을 통해 모든 자금을 충당할 수는 없었습니다. 그때 레닌이 생각해 낸 방법 중 하나가 은행을 터는 것이었습니다.

1907년 6월 볼셰비키 요원들은 **그루지야**의 수도인 티플리스의 은행에서 약 34만 루블을 털었습니다. 무장 강도에 참여한 사람 중에는 후에 소련의 최고 통치자가 된 스탈린도 있었습니다. 이때부터 레닌은 스탈린을 눈여겨보았다고 합니다. 당시 노동자 한 달 평균 임금이 약 30루블 정도였으니 약 1만 명 정도에게 한 달 급여를 줄 수 있는 엄청난 액수였습니다.

레닌은 당 자금을 마련해야 한다는 절박한 심정으로 은행을 털었을 것입니다. 그러나 이러한 행동은 멘셰비키는 물론 같은 정파인 볼셰비키들에게도 비판을 받았습니다.

그루지야 흑해 동남쪽에 있는 조그만 나라. 19세기 전반까지 대부분의 지역이 오스만 제국의 지배를 받았다. 일부 지역은 19세기 초(1801)부터 러시아의 지배를 받게 되었으며 19세기 후반에 이르러 대부분의 영토가 러시아에 포함되었다. 20세기 소련 성립 후에도 연방 내에 있다가 소련이 붕괴된 후 1991년 독립했다.

인류에게 **비폭력 저항**을 가르친 **인도의 지도자**

간디

(Gandhi, 1869~1948)

20세기 인물 중 살아 있는 성자로 표현되는 사람은 인도의 간디가 유일합니다. 그는 평화와 비폭력 철학을 이론과 실천을 통해 인류의 마음속에 심어 놓았습니다. 비록 그를 나약하다 비난하는 사람도 있지만 그를 통해 평화와 비폭력 저항 운동의 소중함을 깨닫게 된 것은 분명합니다.

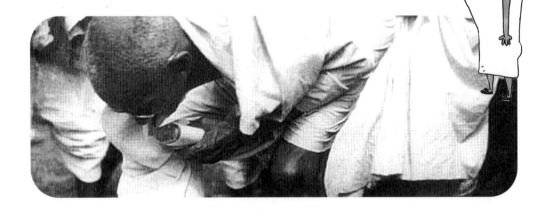

영 국 식 민 지 , 인 도

간디는 1869년 10월 2일 인도 서부의 작은 왕국인 포르반다르에서 태어났습니다. 그가 태어날 당시 인도는 사실상 영국의 식민지 상태에 있었습니다. 영국은 17세기부터 인도와 무역 거래를 빙자하여 인도를 경제적으로 종속시키려는 노력을 했습니다. 또 18세기 중반에는 프랑스와 인도를 놓고 전쟁을 벌이기도 했습니다. 영국은 이 전쟁에서 승리하여 인도에 대한 독점적 시장 개발권을 확보하고, 식민지로 삼기 위한 노력을 계속하였습니다.

　1857년 영국인들이 인도와 거래하기 위해 만든 회사인 동인도회사에서 반란이 일어났습니다. 회사에 고용된 '**세포이**'란 용병들이 무력 봉기를 한 것입니다. 세포이 병사들의 항쟁은 동인도회사가 세포이들을 차별 대우한 데서 시작됐지만 곧 인도 전역으로 퍼져 나갔습니다. 이 항쟁은 동인도회사의 경제적 착취, 종교적 분열 정책, 인도의 수공업 붕괴, 시장 독점으로 인한 민중 경제의 파탄 등을 문제로 제기하며 반영 민족운동으로 확대되었습니다.

　하지만 영국은 반란을 일으킨 인도 용병들을 붙잡아 입에 폭탄을 물려 터뜨려 산산 조각내 버리는 잔인한 방식으로 인도 민중의 저항을 진압했습니다. 그리고 인도를 완전히 영국의 식민지로 만들어 버렸습니다(1877).

세포이 반란을 묘사한 그림 잡힌 용병들을 대포 앞에 묶어 처형하는 잔인한 영국 군인의 모습이 그려져 있다.

간디 '간디'는 이름 중 성(姓)이다. 원래 이름은 모한다스 간디이고, 우리에게 잘 알려진 마하트마 간디는 세계적으로 유명한 인도의 시인 타고르가 시에서 간디를 그렇게 부른 데서 기원했다. '마하트마'라는 단어는 '위대한 영혼'이란 뜻이다.

세포이 영국의 동인도회사를 지키기 위해 고용된 인도인 병사를 말한다.

인 도 출 신 영 국 인 간 디

인도가 영국의 식민지가 된 것은 영국의 강력한 제국주의 정책에 의한 것이지만 그런 영국의 침략을 묵인하거나 오히려 환영했던 인도의 지도자들 책임이기도 합니다. 인도의 각 지역 세력가들은 중앙 정부의 지배로부터 벗어나 자신의 권력을 강화하고 싶어했는데, 이를 영국이 도와주었습니다. 각 지방 유력자들은 산업화를 통해 물질문명이 뛰어나게 발전한 영국을 우러러봤고, 영국의 노하우를 배워 자신들도 큰 부를 달성하려 했습니다.

간디 가문은 포르반다르 지역에서 몇 대에 걸쳐 최고 관직을 맡아 온 관료 가문이었습니다. 정치, 사회적으로 가진 것이 많았던 간디 집안은 영국이 인도를 식민지로 삼는 것에 부정적이지 않았습니다. 오히려 영국 사회를 동경했던 것 같습니다. 물론 간디의 부모가 사리사욕을 채우려 했던 나쁜 사람은 아니었습니다. 다만 영국의 인도 침입에 대해 긍정적으로 생각한 부분이 있다는 것이지요.

간디는 영국의 식민 지배하에서도 남부러울 것 없던 부유한 집안의 4남매 중 막내였습니다. 공부를 싫어했고, 친구들과 곧잘 말썽을

338

어린 시절의 간디

피우며 어린 시절을 보냈다고 합니다. 청소년 시절에는 담배를 피우기 위해 가족들의 돈을 훔치기도 했답니다. 성자가 될 싹수가 전혀 보이지 않았던 것이죠.

인도의 좋은 가문들은 아이들을 일찍 결혼시키곤 했는데, 간디는 13세에 동갑인 카스투르바이 나칸지와 결혼했습니다. 나이가 들면서 간디도 아버지처럼 관리가 되어야 할 필요성을 느꼈기 때문에 공부를 열심히 하기 시작했고, 관리가 되기 위한 조건을 갖추기 위해 19세 때 영국으로 유학을 떠났습니다(1888).

영국에서 생활하는 동안 유럽은 그가 동경하는 세계가 되었습니다. 그는 세련된 영국인이 되기 위해 영국 신사처럼 옷을 입고 겉모양을 갖춰 촌티를 내지 않으려고 노력했습니다. 한번은 프랑스에 여행을 가게 됐는데, 에펠탑에 올라 높은 곳에서 점심을 먹었다는 만족감을 얻기 위해 에펠탑 내 식당에서 비싼 점심을 먹기도 했습니다. 하지만 그의 영국 생활은 그리 풍족하지는 않았습니다. 힌두교도들은 비교적 육식을 많이 하지도 않지만 간디는 생활비가 부족해 채식만을 했어야 했습니다. 이 시절 간디는 인도인이란 정체성보다 영국인이 되고 싶은 인도인이었던 듯합니다.

하지만 그는 철없는 유학생은 아니었습니다. 법률을 전공했지만

종교를 비롯한 다양한 공부를 했습니다. 특히 이 시기에 힌두교에 대한 공부를 깊이 하게 되면서 종교적 고민도 하게 됐습니다. 1891년 드디어 그는 변호사가 되었고 인도로 돌아왔습니다.

간디의 청년 시절 사진에서 느낄 수 있는 것처럼 그는 수줍음이 많고 몸집도 작았다고 한다.

인도인의 현실을 깨닫다

인도에 돌아온 후 간디는 변호사 일을 했지만 그리 유능하지 못해 실패했습니다. 다른 일자리도 얻지 못해 방황하던 중 남아프리카에서 인도인이 운영하는 회사의 변호사로 채용되었습니다. 이 사건은 간디의 인생에 커다란 변화를 가져오는 계기가 되었습니다.

당시 남아프리카는 분할되어 영국인과 아프리카 출신 백인인 보어인들이 지배하고 있었습니다. 보어인들은 트란스발 공화국(남아프리카 공화국)과 오렌지 자유국을 지배했고, 영국인들은 나탈 식민지와 케이프 식민지를 지배했습니다.

간디는 나탈 식민지에 있는 더반에서 생활했습니다. 나탈 식민지와 인도는 영국의 식민지기 때문에 영국인들은 인도인들을 고용하여 사탕수수 농장 등을 경작했습니다. 영국인이 운영하는 농장의 일은 매

340

간디가 살던 시절의 남아프리카

우 고된 노동이었고 고용된 인도인들은 열악한 대우를 받았습니다. 게다가 인도인에 대한 백인들의 차별이 매우 심각했습니다.

남아프리카에 도착한 간디도 차별을 당했습니다. 그가 법정으로 가기 위해 기차로 이동할 땐 일등칸 차표를 끊어도 일등칸에 탈 수 없었습니다. 바로 인도인이었기 때문입니다. 그리고 법정이 열리는 도시에 도착한 후 역시 인도인이란 이유로 호텔 방을 구할 수 없었습니다.

처음 그는 인도인에 대한 차별을 법률적인 문제로 인식했습니다. 법 앞에서는 누구든 평등하기 때문에 인도인들이 이런 대우를 받는 것은 법의 논리에 맞지 않는 것이라 생각했습니다. 영국에 대해 긍정적인 생각을 하던 간디 입장에서 보면 법 앞의 평등은 너무도 당연한 일이었습니다. 하지만 시간이 흐르면서 이것이 법정에서 법률적 문제로 해결될 수 있는 문제가 아님을 깨닫게 되었습니다.

간디는 남아프리카에서 인도인들의 변론을 맡아 일했고 이 과정

에서 인도인들에 대한 영국의 차별 정책과 그 부당함을 깨닫게 되었습니다. 남아프리카의 인도인들은 서서히 간디를 자신들의 지도자로 여기기 시작했습니다.

　1899년부터 1902년까지 영국과 보어인들은 남아프리카를 놓고 전쟁을 벌였습니다. 이때 인도인들이 전쟁에 참가하여 많은 도움을 주었고 간디도 이에 참여했습니다. 전쟁은 영국의 승리로 끝났습니다. 전쟁이 끝난 후 간디는 인도인의 지원에 보답하여 영국이 당연히 인도인들의 불평등을 해소해 줄 것이라 생각했습니다. 하지만 영국인들에게 인도인들은 후진적인 식민지인일 뿐이었습니다.

　1906년 영국이 새로이 차지한 트란스발 지역의 주 정부는 인도인들을 더욱 통제하는 '아시아인 등록법'을 제안했습니다. 인도인들은 당국에 등록을 하고 증명서를 발급받아 항상 휴대하고 다니라는 것이었습니다. 이는 인도인들을 잠재적 범죄자로 취급하는 동시에 인도인들의 이동을 철저히 통제하겠다는 생각이 깔린 것이었습니다.

간디는 이에 반대했으며 인도인들과 집회를 열어 싸울 것을 결의했습니다. 이때 싸움의 방법은 법률이 제정되어도 결코 따르지 않으며, 그로 인해 심문이나, 재판을 받거나, 감옥에 가는 것을 두려워하지 않고 그에 응하자는 것이었습니다. 이러한 수동적이고 비폭력적인 저항 방식을 간디는 '사티아그라하'로 이름 지었습니다. '사티아그라하'는 진리 또는 사랑을 뜻하는 '사티아'라는 말과 흔들림 없는 결심이나 주장을 뜻하는 '아그라하'라는 말을 합한 것입니다. 결국 '어떠한 고난이나 역경에도 진리를 주장함에 흔들리지 말자.'라는 뜻이며, 진리를 위해서 적극적으로 싸우되, 압력을 행사하는 상대방에게 맞서는 것이 아니라 고통에서 벗어나고 싶어하는 자신의 욕망에 맞서 진리를 실현시키는 노력을 하자는 저항 방식입니다.

간디는 아시아인 등록법 위반으로 감옥에 가게 되었고 인도인들은 이에 강력히 저항했습니다. 1909년 트란스발에 사는 1만 3,000명의 인도인 가운데 2,500여 명이 감옥에 갇혔을 정도로 인도인들은 간디의 저항 방식을 잘 따랐습니다. 이 사건으로 간디는 남아프리카 지역에서 유명한 인도인 지도자가 되었을 뿐만 아니라 영국 정부에는 상당히 위협적인 인물이 되었습니다.

1910년 남아프리카는 대영제국으로부터 독립을 인정받아 친영적인 새로운 국가로 탄생했습니다. 그런데 인도인들에 대한 불평등한 정책은 더욱 강화되었습니다. 그럴수록 인도인들의 '사티아그라하' 운동은 더욱 거세졌습니다. 사람들이 감옥에 가면 더욱 많은 사람들이 저항해서 더욱 많은 사람들이 감옥에 갔습니다. 그 속엔 항상 간디가 있었습니다. 사람들의 투쟁과 그에 따른 대규모 투옥은 세계적인 관심을 끌게 되었고, 그를 이끄는 간디의 활동도 주목받았습니다.

이러한 현상은 남아프리카 정부에 큰 부담이 되었습니다. 결국 1914년 순차적으로 인도인에 대한 불평등 정책을 없애 나갈 것을 간디에게 약속했습니다. 어리석어 보이는 그의 비폭력 투쟁 방식이 승리를 가져온 것입니다.

그해 간디는 21년 동안 떠나왔던 고향 인도로 돌아갈 것을 결정했습니다. 고향이 그립기도 했고 남아프리카에서 자신의 역할을 다했다는 생각도 했기 때문입니다.

인 도 사 회 개 혁 에 앞 장 서 다

1915년 1월 인도에 들어온 간디는 남아프리카에서의 활약으로 이미 인도인들에게 유명한 사람이 되어 있었습니다. 많은 이들이 그가 정치에 참여하길 원했지만 그는 2년여의 시간 동안 인도 구석구석을 돌아다니며 인도의 현실과 마주했습니다.

그는 인도에서 가장 천대를 받는 사람들인 **불가촉천민**과 가난한 농민들이 받는 사회적 멸시와 차별에 대해 깊은 관심을 가지고 있었습니다. 그는 불가촉천민들도 다른 사람들과 똑같은 권리를 누려야 함을 주장했으며, 그들을 항상 정중하게 대했습니다. 게다가 가난한 농민들이 지주들에 의해 부당한 대우를 받을 때 그를 위해 대신 싸워 주기도 했습니다. 그 밖에 여성 차별과 같은 인도 사회의 나쁜 관습이나 관행들을 없애자고 사람들을 설득했습니다.

불가촉천민 인도에서 가장 낮은 계급의 사람들로 다른 계급의 사람들과 신체적 접촉을 못하게 되어 있어 이렇게 부른다. 이들과 접촉하면 육신과 영혼이 더럽혀진다고 생각하는 힌두인들 때문에 이들은 다른 계급의 사람들과 따로 떨어져 살아야 했다. 그들은 일상적인 경제 활동이나 사회 활동에 참여할 수가 없었으며, 가장 가난하고 가장 교육 수준이 낮은 계급이었다.

비 폭 력 · 비 협 조 원 칙 의 반 영 운 동

간디가 인도에서 정치적 활동을 시작한 것은 영국 정부의 '롤래트 법'의 시행부터였습니다(1919). 1917년 영국 정부는 인도가 제1차세계대전에 병력을 지원해 주면 자치권을 주겠다고 약속했습니다. 1918년 제1차세계대전이 끝나자 영국은 이 약속을 지키지 않고 오히려 시민의 자유를 제한하고 언론을 검열하며, 반정부 혐의자는 언제든 체포할 수 있다는 '롤래트 법'을 시행하려 했습니다.

간디는 영국의 배신과 인도인에 대한 억압 정책에 반대하여 항의와 파업의 한 형태로 기도와 단식 그리고 시위 행진을 하자고 주장했습니다. 인도 전역은 간디의 제안에 동참했으며 이로 인해 인도 전체가 멈추었습니다. 이 항의 운동은 영국인들의 인도인 학살을 불러왔으나 결국 '롤래트 법'은 시행되지 못했습니다. 이 일로 인해 간디의 정치적 입지는 높아졌습니다.

1920년 간디는 드디어 정치에 발을 들여놓았습니다. 당시 인도 정치인들이 영국의 지배하에서 합법적으로 활동하던 공간은 '인도 국민회의'였습니다. 이 공간에서 간디는 영국인들에 대항하여 '사티아그라하' 정책을 추진하자고 주장했고 국민회의는 이를 정책으로 채택했습니다. 또한 간디의 주장대로 '자치', 즉 '스와라지'를 최종 목표로 삼았습니다.

간디는 영국으로부터 완전한 자치를 얻어 내기 위해서는 자급자족을 해야 한다고 생각했습니다. 이는 물질적 풍요를 버리고 정신적 행복을 추구하는 인도인의 삶을 회복하는 것을 의미했습니다. 이를 위해서 인도인들은 수입된 직물과 영국산 옷을 버리고 인도인들이 직접 짠 옷감을 가지고 소박한 전통 복장을 만들어 입는 운동을 전개했습니다. 또한 영국 정부를 위해서는 일하지 않는 운동과 세금 납부를 거부하는 운동 등 비폭력·비협력 운동을 전개했습니다. 하지만 그의 생각과 달리 지방에서 폭동이 일어났습니다(1922). 간디는 폭동을 선동했다는 죄목으로 6년 형을 선고받았습니다.

그는 질병으로 석방되었습니다(1924). 하지만 그가 없는 사이 국민회의는 이슬람교도와 힌두교도 간의 갈등이 깊어져 그도 중재할 수 없는 상황이 되어 있었습니다. 간디는 양 세력 간의 화해를 촉구하며 21일간의 단식을 했습니다. 그의 노력으로 양 세력 간의 갈등은 가라앉았지만 완전히 해결된 것은 아니었습니다. 간디는 지친 몸과 마음을 쉬기 위해 정치 무대에서 당분간 물러났습니다.

간디는 문명국으로서 영국에 대한 약간의 믿음이 있어 독립보다는 자치를 주장했습니다. 영국에서 받아들이기 쉽지 않은 독립 주장이 폭력 사태를 가져올 수도 있겠다는 염려 때문이었습니다. 하지만 계속되는 영국 정부의 배신으로 그 믿음을 버리고 인도의 완전한 독립을 주장하는 국민회의를 지지했습니다(1929). 국민회의와 간디는 인도의 완전한 독립을 위해 세금 납부 거부와 기타 모든 시민 비협조 운동을 포함한 '사티아그라하' 운동을 벌이겠다고 선언했습니다.

간디는 그 일환으로 1930년 '소금 행진'을 시작했습니다. 당시 인도에서 소금은 제조와 판매가 영국 정부에 의해 완전히 독점되어 있었습니다. 간디는 이를 무시하고 인도인들이 직접 소금을 생산하자는 의미에서 바닷가까지 걸어가 소금을 집어 드는 퍼포먼스를 했습니다. 그는 약 370킬로미터를 지지자와 함께 걸었습니다. 그 과정에서 그를

소금 행진을 마친 간디가 소금을 집어들고 있다.

보러 온 수많은 군중들에게 옷을 스스로 지어 입고, 인도의 잘못된 관습을 고치라고 했으며, 영국인들이 만든 소금법을 어기라고 설득했습니다.

그가 바닷가에서 소금을 집어 든 단순한 행위는 인도인들에게 커다란 영향을 준 정치 행위가 되었습니다. 인도인들은 비폭력적인 항의 시위를 전개했으며, 수백만 명의 사람들이 소금을 만들고, 영국의 옷감을 불태우는 운동에 참여했습니다.

1930년 간디를 비롯한 국민회의 지도자들과 약 10만 명의 시위 참가자들이 감옥에 갇히게 되었습니다. 이 일은 국제적인 관심을 끄는 일이 되었고, 그 관심은 영국 정부에 상당한 압박을 주었습니다. 영국은 간디와 협의하여 인도인들의 요구를 일부 수용하는 대신 반영운동을 중단한다는 내용의 협정을 체결했습니다.

하지만 인도의 상황이 잠잠해지자 영국은 다시 탄압 정책을 시행했습니다. 이에 간디는 다시 불복종운동을 전개했고 그로 인해 다시 투옥되었습니다. 영국은 이후 인도의 분열 정책을 통해 반영운동을 약화시키려 했습니다. 간디는 이에 반대하는 단식투쟁을 했으며, 감옥에서 나온 후 인도의 분열을 막기 위해 노력하는 동시에 반영운동을 계속했습니다. 비폭력·비협조 원칙에 의한 지속적인 인도인의 반영운동은 1935년 영국 의회가 인도에 더 많은 자치권을 주는 법령을 통과시키게끔 했습니다.

인 도 의 독 립 과 통 일 을 위 해

간디가 인도인들을 이끌며 반영운동을 하는 동안 간디의 활동을 힘들게 한 것은 힌두교도와 이슬람교도 간의 갈등이었습니다. 인도는 4세기경에 성립한 힌두교의 나라였지만 13세기부터 이후 영국의 식민지가 될 때까지는 이슬람 세력의 지배를 받았습니다. 이 두 세력은 종교적으로나 정치적으로나 인도에 커다란 영향을 미치고 있었습니다. 영국은 이 두 세력의 갈등을 부추겨 인도를 쉽게 식민지화할 수 있었습니다. 양 세력 간의 갈등의 골은 더욱 깊어져 있었지만 인도의 독립이라는 대의 앞에서는 서로 손을 잡고 있었습니다. 이런 갈등을 간디라는 인물이 간신히 통제하던 상황이었습니다.

인도인의 80퍼센트 이상이 힌두교도인 상황에서 이슬람교도들이 국민회의 속에서 입지를 강화하기란 쉽지 않았을 것입니다. 더군다나 인도가 독립하여 영국의 통제를 받지 않게 되었을 때, 권력이 힌두교도들에게 넘어간다면 이슬람교도들의 입지가 매우 좁아질 수밖에 없었습니다. 그래서 이슬람교도들은 국민회의에서 탈당하여 '인도 무슬림연맹'을 조직했습니다(1934). 이 두 세력 간의 긴장 관계는 인도의 독립이 가까워질수록 더욱 팽팽해졌습니다.

양 세력의 대립은 제2차세계대전의 발발로 더욱 확대되었습니다. 영국은 인도에 병력을 지원해 줄 것을 요청했고, 인도 국민회의는 그에 대한 대가로 인도의 완전한 독립을 요구했습니다. 하지만 영국은 이를 거부했습니다. 국민회의 내 강경파들은 영국이 전쟁 중이기 때문에 군대를 파견할 여력이 없을 테니 이때 무력 봉기를 하자고 주장했지만 간디는 비폭력에 의한 반전운동을 전개하는 것이 최상이라고 주장했습니다. 국민회의는 내분이 발생했고, 이 틈을 이용하여 무슬림 연맹은 영국의 편을 들면서 인도에서 분리된 이슬람 국가로의 독립을 모색했습니다.

제2차세계대전에 일본이 참전하면서 전선이 아시아로 확대되자 영국은 인도의 요구를 수용하여 전쟁의 부담을 줄이려 했습니다. 영국은 전쟁 후에도 자신들의 영향력을 일부 남기기 위해 인도의 분열을 전제로 한 독립 방안을 제시했습니다. 이는 간디와 국민회의가 바라는 바와는 상당한 거리가 있었습니다. 이로 인해 간디와 국민회의는 영국과의 타협을 포기하고 완전한 독립이 쟁취될 때까지 투쟁할 것을 결의했습니다. 곧이어 인도 전역에서는 무력 투쟁을 포함한 시민의 불복종운동이 전개되었습니다.

1944년 간디는 인도에서 분리 독립을 원하는 무슬림 연맹의 대표를 만나 이 문제를 논의했습니다. 간디는 종교적인 문제에서 벗어난 통일 인도를 건설하고자 했습니다. 그 이유는 이슬람 국가의 독립으로 인해 발생하게 될 힌두 · 이슬람 간의 대립 때문이었습니다. 단적인 예를 들면 이슬람 국가가 될 지역에 사는 힌두교도와 그 반대 경우의 이슬람교도들은 그 지역에서 탄압을 받게 될 것입니다. 이슬람교도와 힌두교도가 비슷하게 살고 있는 지역에서는 각자 자신들이 바라는 나라에 포함되길 바라면서 상대방에 대한 공격을 멈추지 않을 것입니다. 이런 문제에 대해 서로 잘 알고 있었지만 두 사람의 의견은 좁혀지지 않았습니다. 이로 인해 인도의 독립은 수많은 이들의 희생을 가져오게 되었습니다.

1945년 제2차세계대전이 끝나고 대부분의 식민지들은 독립을 했습니다. 이런 분위기 속에서 영국에서는 인도의 독립을 지지하는 세력이 선거에서 승리하여 정부를 구성했습니다. 1946년부터 영국은 국민회의 및 무슬림 연맹과 함께 인도의 독립을 논의하기 시작했습니다. 이들 간의 합의는 원만하게 진행되지 못했고, 무슬림 연맹에게 불리한 독립 방안이 채택되었습니다. 이에 무슬림 연맹은 인도의 새 정부에 참여하지 않고 곳곳에서 폭동을 일으켰습니다. 힌두교도와 이슬람교도 간의 폭력 사태는 최악의 상황에 이르렀습니다.

간디는 폭력을 중단시키고 화해를 촉구하기 위해 이슬람교도가 많고 폭력 사태가 심각한 벵골 지역으로 갔습니다. 가는 도중 49곳의 마을 방문하여 힌두교도와 이슬람교도가 어울려 살아야 함을 역설했습니다. 그때 그의 나이가 77세였습니다.

하지만 그의 노력과는 달리 역사의 흐름은 두 세력 간의 분리 독립을 향해 달려가고 있었습니다. 1947년 6월 3일 영국은 두 세력의 대립을 중재하여 힌두교 국가인 인도와 이슬람 국가인 파키스탄을 세울 것을 제안했습니다. 그리고 독립은 1947년 8월 15일로 하기로 했습니다. 국민회의와 무슬림 연맹은 이를 수용했습니다.

하지만 간디만은 이에 반대했습니다. 이 때문에 힌두교도들에게는 국민회의의 결정을 따르지 않는 것에 대해 비난받아야 했고, 이슬람교도들에게는 파키스탄의 건국을 방해하는 것에 대해 비난받아야 했습니다.

하지만 간디는 분리 독립을 인정할 수 없었습니다. 독립과 동시에 인도에 사는 이슬람교도들은 파키스탄으로, 파키스탄에 사는 힌두

살아 있는 성자로 칭송받는 마하트마 간디

교도들은 인도로 죽음의 위협을 피해 자신들이 살고 있는 고장을 버리고 탈출해야 했습니다. 약 1,400만 명이 난민 신세가 되어야 했고, 독립 이후 약 50만 명이 종교가 다르다는 이유로 폭동 속에서 목숨을 잃어야 했습니다.

간디는 폭력 사태를 가라앉히기 위해 인도의 갈등 지역을 찾아다니며 단식으로 평화를 촉구했고, 기도회를 열어 여론을 형성했습니다. 그의 노력으로 폭력 사태는 빠르게 잦아들었지만 그가 움직이는 곳마다 그를 암살하려는 사람들이 따라다녔습니다. 당시에는 사회적 불만을 가진 사람들이 너무 많았습니다. 그들의 복수 대상이 될 만한 정치 지도자 중 그들 곁에 가까이 있던 지도자는 간디 한 사람이었습니다.

1948년 1월 30일 여느 때와 마찬가지로 간디는 기도회를 인도하기 위해 사람들에게 절을 하며 기도회장으로 들어섰습니다. 군중 속 앞줄에는 열흘 전 간디를 암살하기 위해 폭탄을 던진 이가 있었습니다. 그는 간디의 용서로 풀려난 상태였습니다. 그가 인사를 하며 들어오는 간디를 향해 총을 쏘았습니다. 간디는 이 총격으로 78세의 생애를 마쳤습니다.

서구 물질문명의
본질을 깨달은 성자

　젊은 시절 간디는 서구의 물질문명을 동경했습니다. 하지만 '사티아그라하'를 전개하면서 서구의 문명이 인도인처럼 순박하고 약한 이들을 착취해서 이뤄진 것이란 것을 깨닫게 되었습니다. 또한 서구의 물질문명이 사람들의 삶을 풍요롭게 하는 것이 아니라 물질적 풍요로움에 대한 이기적 욕망만을 가져오고, 정신적으로는 오히려 피폐함만을 가져온다고 생각했습니다.

　그의 생각을 인도 상황에 적용해서 생각해 보면 인도가 영국의 식민지가 된 것은 영국의 강력한 '힘'에 의해서만이 아니라 영국인처럼 잘살고 싶거나 영국처럼 강한 나라가 되길 바라는 인도인들의 협조 때문에 가능했다는 것입니다. 따라서 인도인들이 영국처럼 잘살거나 강한 나라가 되길 바라면서 영국이 물러가길 바라는 것은 영국인만 없을 뿐 영국의 지배를 받는 것과 다를 바가 없다고 생각했습니다. 그러므로 인도가 완전한 독립국이 되기 위해서는 인도식 삶의 방식, 자립적인 삶의 방식을 회복할 필요가 있다고 간디는 생각했습니다.

그는 생산의 목적이 이윤의 추구에 있어서는 안 되며 삶을 유지하기 위한 것에 있어야 한다고 생각했습니다. 개인의 행복한 삶은 이웃과 가족 그리고 자신을 사랑할 때, 명상과 검소한 생활을 통해 영혼의 행복이 느껴질 때 완성된다고 생각했습니다. 이런 과정에서 개인의 완전한 자유와 자치가 이뤄지고, 이런 개인들이 모두 합해질 때 인도의 완전한 독립이 이뤄진다고 생각했습니다.

이런 그의 생각은 이론 속에 갇혀 있지 않았습니다. 그는 종교적 지향이 강했지만 현실 문제를 해결하기 위해 발 벗고 뛰어다닌 정치가였습니다. 그리고 갈등과 대립, 전쟁이 일어나지 않도록 헌신했던 중재자이기도 했으며, 사회적 불합리와 불평등을 해소하기 위한 개혁가이기도 했습니다. 그는 솔선수범하며 자신의 생각을 몸소 실천하는 사람이었습니다.

교과서로 점프

중학교 2학년 사회 – 아시아 · 아프리카의 민족운동
인도의 간디는 영국이 전후 자치를 허용하겠다는 약속을 어기고 인도에 대한 식민지 지배를 강화하자 1920년 비폭력 · 불복종 운동을 전개했다. 인도 국민회의를 중심으로 전개되었던 반영운동은 주로 상품 불매 운동, 납세 거부 운동 등 온건한 방법으로 이루어졌다.

고등학교 2학년 세계사 – 인도와 동남아시아의 독립운동
간디는 인도 국민회의를 이끌고 영국의 지배를 거부하는 비폭력 · 불복종 운동을 전개했다. 영국은 인도의 자치를 검토하기 위한 사이먼 위원회를 파견했지만, 1929년 인도 국민회의는 이를 거부하고 완전 독립을 위한 제2차 시민불복종운동을 전개했다. 결국 영국은 1935년 신인도통치법을 제정하여 인도에 자치를 인정했다.

아프리카 출신 백인, 보어인들은 누구인가요?

15세기 포르투갈 사람들은 인도 진출을 위해 아프리카 해안을 따라 동쪽으로 가고자 했습니다. 하지만 동쪽으로 항해하면 늘 육지를 만나곤 했습니다. 바로 아프리카 대륙이었습니다. 15세기 말 포르투갈인들이 포기해야겠다고 생각할 때쯤 육지가 끝나고 넓게 펼쳐진 바다를 만나게 되었습니다. 포르투갈인들은 육지의 끝을 만난 것입니다. 이제 인도로 갈 수 있게 된 포르투갈인들은 그곳을 '희망봉'이라 불렀습니다.

하지만 인도로 가는 길은 17세기 중엽 포르투갈이 아니라 네덜란드가 차지했습니다. 네덜란드는 인도네시아까지 진출했는데 그 중간 기착지로 희망봉에 케이프타운이라는 네덜란드인 거주지를 만들었습니다. 이후 네덜란드인들이 새로운 기회를 얻기 위해 이 지역에 정착하기 시작했습니다. 그 정착한 백인들의 후손이 바로 '보어인'들입니다.

1814년 영국의 제국주의 팽창 정책으로 인해 케이프타운을 식민지로 삼자 보어인들은 대부분 북동부로 이동하여 트란스발 공화국과 오렌지 공화국을 세웠습니다. 그런데 이 두 나라에서 세계 최대 다이아몬드 광산과 금광맥이 발견되었습니다. 그러자 영국은 또 이 지역에 눈독을 들였고, 그로 인해 1899년 보어 전쟁이 일어납니다. 이 전쟁에서 영국이 승리하였고 보어인들이 사는 곳은 식민지가 되었습니다.

이 지역들은 1910년 영국령하의 남아프리카 공화국이 되었다가 1961년 완전히 독립했는데, 여전히 영국계 백인과 보어인계 백인 사이의 갈등이 존재한다고 합니다.

현대 사회에 어울리는 시위,
비폭력 · 불복종 운동

간디가 제안한 비폭력 · 불복종 운동은 오늘날 많은 시위 현장에서 사용되는 방식입니다. 권력을 가지고 있거나 우세한 능력을 가진 존재와 싸워야 할 때 도덕적 우위를 차지함으로써 여론의 지지를 얻어 이를 통해 상대방을 굴복시키는 방식입니다.

따라서 이 방식으로 싸움에서 승리하기 위해서는 소식이 빨리 전파될 수 있는 사회적 조건이 형성되어 있어야 합니다. 그러기 위해서는 교통과 통신 그리고 방송 매체가 발달해 있어야 합니다.

간디가 비폭력 · 불복종 운동을 전개한 것은 개인의 철학적 · 종교적 신념에서 비롯된 것입니다. 그는 자신이 승리할 것이란 확신이 있었을 것입니다. 그것이 역사를 바꾼 첫 번째 원인이었습니다.

그 외 그의 운동 방식이 성공할 수 있는 조건 중 하나가 시대를 잘 타고났다는 것입니다. 당시는 자본주의가 상당히 발달한 사회였습니다. 그로 인해 교통, 통신, 매스컴이 어느 정도 발달한 시절이었습니다. 간디의 비폭력 · 불복종 운동에 관한 소식이 발달한 교통, 통신, 매스컴을 통해 많은 사람들에게 전달되었고, 이것이 여론화되어 영국 정부를 압박한 것입니다. 간디가 조금 더 일찍 태어났다면 그의 운동은 다른 결과를 낳았을 수도 있었을 것입니다.

그런 면에서 볼 때 비폭력 · 불복종 운동은 정보 통신 기술이 발달한 사회에서 더 효과적인 자기주장 관철 방식일 것 같습니다.

혼 돈 의 시 대 가 낳 은 괴 물

히틀러

(Adolf Hitler, 1889~1945)

1939년 제2차세계대전이 일어났습니다. 이 전쟁은 전 세계의 질서를 바꿔 놓았던 전쟁입니다. 또한 약 6,000만 명의 희생자를 낳은 전쟁이기도 합니다. 20세기의 가장 큰 비극인 제2차세계대전을 낳은 인물이 바로 히틀러입니다.

괴 물 이 태 어 나 다

1889년 4월 20일 오스트리아 부라우나우라는 독일과의 국경 근처 마을에서 전 세계를 전쟁의 소용돌이에 빠지게 한 아돌프 히틀러가 태어났습니다. 그의 아버지는 매우 권위적이고 엄했습니다. 반면 그의 어머니는 아버지의 세 번째 부인으로 20세 정도 차이가 나는 어린 아내였습니다. 나이가 많고 권위적이며 엄격한 남편은 아내에게 자상하지도 친절하지도 않았습니다. 그리고 사랑도 충분히 주지 않았습니다. 그

히틀러의 아기 때 모습

러한 이유에서인지 어머니는 히틀러에게 과도한 애정을 표현하였습니다. 특히 히틀러 위로 두 아이를 잃은 상태였기 때문에 어머니의 애정은 더욱 클 수밖에 없었습니다. 히틀러는 그로 인해 매우 버릇없는 아이가 되었고, 아버지와 자주 마찰을 빚었습니다.

어머니의 과도한 사랑과 엄격한 아버지와의 마찰은 히틀러를 균형감 있는 사람으로 성장하는 것을 가로막았습니다. 그는 매우 극단적이었으며, 자존심과 고집이 강한 사람으로 성장했습니다. 또한 그는 자신이 대단한 사람이란 생각을 하고 있었습니다. 이런 성격과 청년 시절 그를 사로잡은 인종주의가 그를 세계 최악의 학살자와 전쟁광으로 만들었습니다.

인 종 주 의 에 물 들 다

19세기 말에서 20세기 초 유럽에는 인종주의가 널리 퍼져 있었습니다. 이는 제국주의 팽창 정책의 이론적 배경이기도 했습니다. 인종주의는 우수하고 능력 있으며 순수한 혈통을 가진 인종이 그렇지 않은 인종을 지배하거나 폭력을 가하는 것을 당연하게 여깁니다. 그들은, 순수 혈통은 어떤 수단을 써서라도 지켜야 하며 혼혈이 되는 것은 순수 혈통의 창조성을 무너뜨리는 일이라고 주장했습니다. 그리고 순수 혈통 중 최고의 인종은 유럽 민족의 기원이 되는 아리아족이며 이들의 혈통을 지키는 일은 문명사회를 발전시키는 일이라고 생각했습니다.

인종주의의 이러한 내용들은 유럽 각국에서 대중들을 선동하는데 매우 효과적이었습니다. 대중들은 그들의 국가가 해외에 식민지를 건설하는 것을 당연하게 생각했으며, 자신들이 식민지인들을 착취하는 것은 인류 문명의 발전을 위해 당연한 일이란 환상을 가지게 되었습니다.

이십 대 초반의 히틀러는 관리가 되길 바라는 아버지의 바람을 저버리고 화가가 되기 위해 빈에 머무르고 있었습니다. 그는 그곳에서 인종주의에 빠지게 되었습니다. 혈기왕성한 20대에게 자신의 혈통이 세계 최고란 말은 자신이 곧 세계 최고라는 생각을 하게끔 했을 것입니다. 그는 극단적인 성격의 소유자였고, 그가 바라는 학교에 진학하지 못한 채 오랜 시간 동안 실업자로 생활했기에 사회에 대한 불만도 매우 컸습니다. 이로 인해 그는 더욱 인종주의에 빠지게 되었을 것입니다. 마침내 그는 아리아족의 순수 혈통에 가까운 독일 민족을 동경했으며 그들만의 국가를 건설해야 한다는 생각을 하게 되었습니다.

제1차 세계 대전에 참전한 독일군, 히틀러

24세가 되던 1913년 히틀러는 자신의 고향인 오스트리아를 버리고 우상처럼 떠받들던 독일로 건너갔습니다. 제1차세계대전이 일어나자 히틀러는 독일 군대에 자원입대를 했습니다. 신념에 따른 당연한 행동이었습니다. 전쟁이란 절박한 상황 속에서 히틀러는 게르만 민족의 생존이 무엇보다 중요하다는 생각을 더욱 확고하게 가졌습니다. 그는 최고 순수 혈통을 가진 게르만 민족의 병사들이 죽어 가는 것을 매일 눈앞에서 지켜보았기 때문입니다.

또한 그는 죽을 고비를 무사히 넘길 때가 많았습니다. 그는 자신의 삶을 더 커다란 목적에 사용하기 위해서 신이 보호해 주는 것이라고 믿었습니다. 착각이나 망상 같은 생각이지만 히틀러는 자신의 신념을 더욱 키워 갔습니다.

전쟁이 진행될수록 전세는 독일에게 점점 불리해졌습니다. 게다가 해외 식민지가 많지 않았기 때문에 전쟁에 필요한 물자들을 공급받고 생산해 내는 일이 점점 어려워지고 있었습니다. 독일의 군인은 물론 국민들조차 장기화된 전쟁으로 지쳐 있었습니다. 마침내 1917년 미국이 전쟁에 참여하면서 전세는 급격히 기울기 시작했습니다.

전쟁이 지속되면서 삶의 터전이 완전히 무너져 버린 독일인들이 독일 전역에서 봉기를 했습니다. 부두의 하역 노동자들은 전쟁 물자를 배에 싣지 않았고 공장의 노동자들은 파업을 하며 전쟁 물자를 생산하

지 않았습니다. 게다가 병사들은 상관의 말을 따르지 않았습니다. 1918
년 11월에는 독일에서 혁명이 발생했습니다. 이 혁명을 '11월혁명'이라
합니다. 혁명 세력들은 독일 황제 빌헬름 2세를 내쫓고 제정 체제를 무
너뜨린 후 공화정을 수립했습니다. 이 임시정부가 '바이마르 공화국'
입니다. 바이마르 공화국은 독일 최초의 민주 공화국이었습니다. 새로
운 정부의 최고 책임자인 총리는 사회민주당(독일 사회주의 정당)의 당 대
표가 맡았으며, 그는 1918년 11월 11일 연합국과 휴전 협정을 체결하여

전쟁을 끝냈습니다.

베 르 사 유   체 제 와   독 일

제1차세계대전이 끝나고 영국, 프랑스, 미국 등 연합국은 전후 문제를 처리하기 위해 파리에 모여 회의를 열었습니다(파리 강화 회의). 이 회의에서는 전후 유럽을 어떻게 회복시킬 것인가와 독일에 어떤 책임을 물을 것이며 승전국들은 세계 평화를 위해 어떤 노력을 할 것인가에 대한 의제를 놓고 고민했습니다. 하지만 회의는 연합국들 간의 국익 문제로 국제 평화 문제는 생색내기에만 그치고 전범국인 독일에 대해 가혹한 책임을 묻는 것으로 회의를 끝냈습니다.

7개월간의 회의를 마치고 1919년 베르사유 궁전에서 연합국과 독일은 조약을 체결했습니다. 이 조약은 약 20년간 유럽과 서방 세계를 통제하는 원리로 작용했습니다. 이 원리에 의해 운영된 시대를 '베르사유 체제'라고 합니다.

베르사유 체제 속에서 독일은 비참함을 면할 수 없었습니다. 독일은 영토의 13퍼센트와 식민지를 전승국에게 넘겨주어야 했고, 육군 병력을 10만 명 이상 보유할 수 없었으며, 비행기와 탱크 같은 신무기는 가질 수 없었습니다. 또한 엄청난 금액의 전쟁 피해 배상금을 물어야 했습니다.

회의는 강대국 중심으로 세력을 재편하고 그들의 이익을 최대화하는 방향으로 끝났습니다. 세계 평화와 같은 고상한 목표는 관심 대상이 되지 못했습니다. 그러다 보니 세계 평화를 위한 한 방법으로서 독일에 대한 통제가 이뤄지는 것이 아니라 연합국들의 공공의 적인 독일에 복수하듯 회의 결과가 나왔습니다. 이로 인해 독일인들은 전후 엄청난 고통 속에서 살게 되어, 전쟁을 일으킨 데 대한 반성보다는 국제 사회에 대한 분노를 키웠으며, 이 과정에서 아돌프 히틀러에게 권력을 장악할 기회를 주었습니다.

대 중 선 동 가 의 자 질 을 발 견 하 다

히틀러는 독일이 전쟁에서 패배한 것에 대해 매우 큰 좌절을 하고 있었지만 바이마르 정부에 대한 관심도 컸습니다. 그는 정부가 유태인이나 사회주의자들에게 넘어가서는 안 된다고 생각했습니다.

제1차세계대전의 원인은 자본주의가 발달한 나라들의 제국주의 정책 때문이었습니다. 자본주의가 발달해 갈수록 19세기 후반 사회주의 운동도 활발하게 성장하고 있었고 독일도 예외는 아니었습니다. 이웃한 러시아에서는 사회주의 정부가 수립된 상태였습니다. 전쟁이 끝나고 독일에서 사회주의자들이 세력을 확대할 수 있는 조건은 충분했습니다.

당시 군인이었던 히틀러는 군대에서 사회주의가 매우 위험한 사상이라고 교육 받았고, 이를 주제로 동료들과 자주 토론하였습니다. 토론 속에서 히틀러는 빛을 발했습니다. 그는 상대방을 잘 설득하고 이해시키는 말하기 능력이 뛰어났습니다. 히틀러의 말하기 능력은 상관들의 눈길을 끌었고, 히틀러는 마침내 병사들의 교육을 맡기까지 하였습니다. 히틀러 본인도 자신이 뛰어난 연설 능력이 있음을 알게 되었습니다. 이 사소한 우연이 독일의 운명을 좌우하게 된 것입니다.

나　치　의　　탄　생

히틀러가 정치 세계에 발을 들여놓은 것은 1919년 독일노동자당의 모임에 나가면서부터입니다. 당시 독일군은 정보 수집 활동을 하고 있었던 모양입니다. 히틀러는 정보 수집 차원에서 이 당의 모임에 참석하게 되었습니다.

독일노동자당은 우익 성향의 정당이었습니다. 독일의 우익 정당들은 당시 독일 정치에 큰 영향력을 미치고 있는 좌익 세력에 대해 두려움을 느끼며 그들을 비판하고 있었습니다. 독일노동자당 모임은 토론의 장이었습니다. 이제 금방 당을 건설했기 때문에 당의 정체성을 수립하기 위한 토론과 정세 분석을 위한 토론이 필요했습니다. 이 자리에서 히틀러는 당연히 두각을 나타냈습니다. 그는 사회주의나 공산주의의 문제점에 대해 충분히 알고 있었고, 연설 능력도 뛰어났기 때문입니다. 정당 관계자는 히틀러를 바로 당원으로 가입시켰고 그는 독일노동자당에서 활동을 시작했습니다.

보통 당시의 정치가들은 고상한 목소리로 준비된 원고를 쭉 읽는 연설을 했습니다. 반면 히틀러는 연설할 때 청중의 반응을 살피며, 격앙되고 자신에 찬 목소리로 연설하여 청중들을 흥분시켰습니다. 게다가 당시 사회 문제를 통렬히 비판하고 독일 민족의 단결과 그를 통한 외세의 위협 제거, 가난한 사람들을 구제하기 위한 사회보장제도 확충 등을 제안하며 고통받고 있는 독일인들에게 희망을 심어 주었습니다.

1920년 히틀러는 군에서 제대하여 본격적인 정치 활동을 시작했습니다. 그 사이 독일노동자당은 '국가사회주의 독일노동당' 이라고 명칭을 바꾸었습니다. 후에 이 당의 반대파들이 '국가사회주의(National Sozialist)' 에서 'Na' 와 'zi' 를 떼어 내 '나치' 라고 짧게 불렀습니다.

비록 사회주의라는 명칭을 사용하고 있지만 이 정당은 노동자들을 위한 정당이 아니었습니다. 당시 사회에서 불만이 많았던 노동자 집단을 끌어들이기 위한 정치적 표현일 뿐이었습니다. 물론 정책적으로 노동자들을 위한 정책을 내놓기는 했습니다. 하지만 정치 현실에서 표를 얻기 위한 겉만 번지르르한 정책일 뿐이었습니다.

나치는 철저한 반유대주의, 반공산주의를 표방했으며 강력한 중앙집권적 정부 구성을 추구했고, 독일에게 절대적으로 불리한 베르사유 조약은 폐기되어야 함을 강조하는 가장 극우적인 정치 집단이었습니다.

히틀러의 활약으로 나치는 점점 세력이 확대되어 갔습니다. 그는 연설뿐만 아니라 이론과 조직을 만들어 내는 데도 탁월한 능력이 있었습니다. 그의 노력으로 나치는 바이에른 주의 뮌헨에서 중요한 정치 세력으로 성장했습니다. 1921년 히틀러는 당 대표 자리를 요구했고 이것이 받아들여져 정치에 입문한 지 2년 만에 그는 정당의 대표가 되었습니다. 그의 탁월한 능력도 한몫했지만 혼란의 시대가 이를 가능케 한 것입니다.

히 틀 러 의 시 련

전후 독일은 전쟁의 패배로 승전국인 연합국의 눈치를 살펴야 하는 상황이었고, 중요한 시설과 공장들이 황폐화되었으며, 자본가들은 사업에 투자를 하지 않았습니다. 실업자는 셀 수 없이 많았으며, **급격한 물가 상승**으로 사람들의 생활은 고통스러웠습니다. 이러한 상황이 나아질 기미조차 보이지 않았으므로 독일인들은 깊은 좌절감과 패배감에 빠져 있어야 했습니다.

이런 깊은 좌절감에 희망을 준 인물이 바로 히틀러였습니다. 그는 나치의 대표자가 된 후 무능한 정부를 통렬히 비판하여 사람들의 마

독재자 아돌프 히틀러

음을 후련하게 해주었고, 고통의 원인이 유태인과 공산주의자라고 지목함으로써 독일인들을 죄의식으로부터 벗어나게 해주었습니다. 게다가 아리아인의 순수 혈통을 잇고 있는 독일인이야말로 인류 최고의 민족이라 강조하여 독일인들의 자긍심을 높여 주었습니다. 그런 그를 독일인들이 지지하지 않을 이유가 없었습니다.

그가 정치적으로 독일 전역에 유명해지기 시작한 것은 1923년 11월에 있었던 '비어 홀 폭동'부터였습니다. 바이마르 시대의 정당들은 준(準)군사 조직을 가지고 있는 것이 유행이었습니다. 히틀러도 나치의 대중 집회를 반대파의 공격으로부터 보호하기 위해 '나치 돌격대'라는 준군사 조직을 가지고 있었습니다. 이들은 제복을 입고 총기도 가질 수 있었습니다. 이 조직을 이용하여 히틀러는 맥주 집에서 열린 정치 연설 회장을 장악했습니다. 그곳에는 바이에른의 정치 지도자들 대부분이 모여 있었습니다. 그들을 사로잡아 가둔 후 자신이 바이에른을 지배하려고 했던 것입니다. 하지만 이 시도는 실패했습니다.

그는 재판을 받게 되었는데, 이 재판을 통해 히틀러라는 존재가 독일 전역에 알려지는 계기가 되었습니다. 반란을 일으킨 것도 큰 뉴스거리였지만 그가 재판에서 쏟아 낸 독일 민족주의를 최우선한 논리는 사람들의 주목을 끌기에 충분했습니다. 그는 5년 형이라는 가벼운 형을 선고 받았지만 9개월 만에 풀려났습니다.

교도소 생활은 그에게 두 가지 소득을 안겨다 주었습니다. 하나

는 『나의 투쟁』이란 책을 쓴 것이고, 다른 하나는 의회를 통해 합법적인
방법으로 정권을 차지해야겠다는 생각을 하게 된 것입니다. 『나의 투
쟁』은 히틀러의 정치 철학과 독일 민족이 나아갈 방향 그리고 나치의
강령을 담고 있었습니다. 이 책은 독일인들에게 크게 인기를 끌었고, 이
를 통해 히틀러와 나치는 더욱 유명해졌습니다.

급격한 물가 상승   1923년 8월에서 10월 사이 마르크화의 가치는 6,000분의 1로 하락했다. 아무 소용없게 된
화폐는 땔감으로 사용되기도 했다. 이러한 엄청난 인플레이션은 월급 생활자나 연금 생활자들의 생활을 파탄에
이르게 했다.

사 회 적 불 안 을 이 용 해 독 재 자 가 된 히 틀 러

1920년 중반부터 독일 사회는 차츰 안정을 찾아가고 있었습니
다. 그만큼 히틀러에게는 기회가 줄어들고 있었습니다. 정상적인 사회
에서 비정상적인 그의 주장은 받아들여지기 어려웠기 때문입니다.

하지만 얼마 지나지 않아 그에게 기회가 왔습니다. 마르크스가
예언한 대로 자본주의 사회가 공황이란 위기를 맞이하게 된 것입니다.
1929년 미국 주식 시장의 붕괴로 인해 세계 경제가 연쇄적으로 크게 흔
들렸습니다. 이를 '대공황'이라고 합니다.

대공황은 독일 경제를 회복하기 힘들 만큼 다시 무너뜨렸습니다.
은행과 기업은 파산했고 실업자는 다시 급증했습니다. 이러한 사회 불
안은 독일의 정치 상황을 어지럽게 했습니다.

히틀러를 향해 환호하는 군중들

그동안 독일 정계는 중도적인 우파와 좌파가 연합하여 정국을 운영해 왔습니다. 그런데 이 시기에 이르러 노동자 계급이 사회주의 혁명을 지향하는 공산당으로 집결하면서 혁명적 분위기가 높아져 가고 있었습니다.

이러한 사회 불안은 중산층과 자본가들은 물론이고 보수적인 농민층들까지 불안케 했습니다. 이들은 강력한 질서를 통해 사회의 규율을 잡고 독일 민족의 번영을 으뜸으로 하는 극우 세력들을 지지했습니다. 대표적인 정당이 바로 나치였습니다. 이런 사회 분위기를 이용하여 나치는 의회에서 조금씩 그 의석수를 늘려 갔습니다. 이를 기반으로 히틀러는 1933년 1월에 총리가 되었습니다.

1933년 3월 5일에는 총선거가 예정되어 있었습니다. 그런데 총선거가 있기 며칠 전 국회의사당에서 불이 났습니다. 나치는 이 사건을 좌익의 소행으로 조작했습니다. 사람들 사이에 사회적 공포 분위기가 조성되어야 공산당에 반대하는 분위기가 확산될 것이기 때문입니다. 그 결과 나치는 총선에서 승리를 거두었습니다.

나치는 이제 독재가 가능해졌습니다. 당시 정부는 의회에서 구성했기 때문입니다. 다수당이 된 나치는 무력을 통해 공산당을 해체하고 좌파 정당들을 약화시키기 위해 온 힘을 기울였습니다. 이어 노동조합 운동과 나치 이외의 정당 활동을 금지시켰으며, 신문·방송에 대한 검열을 강화했습니다. 대학의 자치권을 박탈하고 각 학교의 교육 내용에 반드시 나치 정신을 포함시키도록 했습니다.

이러한 정책을 추구함과 동시에 나치의 당 대표인 히틀러에게 권력을 집중시키는 법들을 만들었습니다. 1934년 힌덴부르크 대통령이 사망하자 히틀러는 총리와 대통령을 함께 맡는 총통제를 실시하고자 이를 국민투표에 붙여 통과시켰습니다. 이제 독일의 실질적 권력자와 상징적 권력자의 자리를 히틀러가 모두 차지하여 독재자의 면모를 갖추게 된 것입니다.

제1차세계대전 이후 그리고 대공황 시대를 지나면서 독일인들은 고통 속에 살아 왔습니다. 독일인들에게 당시 필요한 것은 물질적 풍요로움이었고 민족적 자긍심의 회복이었습니다. 히틀러와 나치는 그러한 풍요와 자긍심을 가져다주겠다고 약속했습니다. 그러려면 국가(전체)를 위해 개인의 희생을 어느 정도 감수해야 한다고 독일인들을 설득했습니다. 독일인들은 순진하게 그 말을 믿었고 히틀러와 나치를 전적으로 밀어 주었습니다.

권력을 잡은 후 히틀러는 군부를 장악하는 데 힘을 기울입니다. 그리고 온 나라에 있는 모든 사람들을 나치와 관련이 되도록 조직해 나갔습니다. 나치 돌격대, 친위대, 나치 자동차 운전사단, 히틀러 소년단, 나치 여성단, 나치 독일학생연맹, 의사동맹, 교사동맹 등의 조직을 만들어 나갔습니다.

사람들의 불만은 나치의 친위대를 비롯한 여러 조직에 의해 통제되었고, 불만을 표출한 사람들은 쥐도 새도 모르게 사라졌습니다. 사람들은 이제 히틀러와 나치가 싫어도 거부할 수 없는 상황에 이르렀습니다.

과 욕 은 화 를 부 른 다

히틀러는 독일인들에게 일자리를 마련해 줘야 했고, 민족의 자긍심을 불러일으켜 줘야 했습니다. 이를 위해서 그는 국가가 주도하는 사업을 많이 만들어 냈습니다. 이전부터 진행되던 '아우토반'이란 고속도로 건설 사업에 박차를 가하고, 대규모 병영이나 비행장을 짓는 사업을 추진했습니다. 또한 군대와 경찰의 수를 늘리고 군수사업을 확대했습니다. 친위대의 숫자를 늘리고 징집제를 실시하여 자신의 의사와 상관없이 군인이 되게 했습니다. 이는 사람들에게 일자리를 제공하는 것인 동시에 군사력을 강화하는 것이었습니다. 이런 나치의 경제 정책은 크게 성공을 거두었습니다.

게다가 나치에 충성만 하면 누구든지 관리가 될 수 있었습니다. 독일인들은 이처럼 단기간에 자신들이 바라는 문제들을 해결하는 히틀러와 나치를 열광적으로 지지하였습니다.

그와 더불어 히틀러는 유태인에 대한 '인종 청소 작업'을 단행했습니다. 그가 가진 인종주의 때문이기도 했지만 경제적인 문제도 있었습니다. 당시 유태인들은 독일 경제에서 매우 중요한 역할을 하고 있었는데, 그들을 내쫓고 그 자리를 독일인들에게 넘김으로써 독일인들이 가지고 있던 경제적 불만을 해소하려 했던 것입니다.

히틀러가 정권을 잡은 후 그의 명령에 의해 죽어 간 유태인의 숫자는 무려 600만 명에 이릅니다. 하지만 독일인들은 히틀러와 나치가 유태인들에게 행한 만행에 대해 자세히 알지 못했습니다.

히틀러는 강화된 군사력을 사용하고 싶었습니다. 그리고 그가 독일인에게 약속했던 독일의 영광을 보여 주어야 했습니다. 당시 주변 국가들은 대공황의 여파로 독일의 군비 확충을 강하게 견제할 수 없었는데, 히틀러는 이를 기회로 삼았습니다.

　　1939년 히틀러는 폴란드를 침공하여 세력을 확대하려 했습니다. 이에 영국과 프랑스는 독일에 선전포고를 했고, 제2차세계대전이 시작되었습니다. 제1차세계대전과 마찬가지로 전쟁 초반은 꾸준한 전쟁 준비를 해왔던 독일의 승리로 점철되었습니다. 그리고 이탈리아, 일본과 동맹을 체결하여 전쟁을 확대해 나갔습니다.

　　하지만 전쟁이 지속되는 과정에서 제1차세계대전과 마찬가지로 전쟁물자 공급의 어려움을 겪으며 상황은 날로 어려워졌고, 소련과 미국의 참전으로 독일은 더 이상 버틸 수조차 없게 되었습니다.

　　히틀러에게는 연일 패배의 소식이 들려왔습니다. 하지만 히틀러는 패배를 받아들이지 못했습니다. 그는 1945년 4월 28일 그의 충실한

부하 하인리 힘러가 독일의 항복을 놓고 연합군과 협상을 하고 있다는 소식을 듣고서야 패배를 받아들였으니까요. 패배를 쉽게 받아들일 수 없었던 히틀러는 4월 30일에 권총으로 자살했습니다. 인류사에 커다란 상처인 제2차세계대전을 낳은 독일의 독재자는 이렇게 사라졌습니다.

독일군의 진격 경로

히틀러가 쓴 교과서

전체주의는 왜 등장했을까?

전체주의란 개인의 이익보다는 집단 또는 국가의 이익을 우선시하는 것을 말합니다. 이를 위해서 최고 권력자가 집단 내 있는 구성원이나 국민의 정치 생활은 물론 경제·사회·문화 생활 등 모든 영역에 걸쳐 간섭하고 통제할 수 있는 강력한 독재권을 가져야 한다고 주장합니다. 그래야지 효율적인 국가 운영이 가능하다고 생각합니다. 따라서 전체주의하에서 가장 위협을 받게 되는 것은 국민의 권리이며 그 대표적인 예가 민주주의입니다.

전체주의의 대표적 예는 이탈리아의 파시즘, 독일의 나치즘 그리고 일본의 군국주의입니다. 이탈리아, 독일, 일본에서 전체주의가 등장하게 된 것은 공황 때문이었습니다. 1929년에 미국에서 공황이 발생하여 전 세계로 퍼져 나가자 각 나라는 경제적으로 위기에 부딪히게 되었습니다. 이를 극복하기 위해 영국, 프랑스 같은 나라들은 자국의 화폐가 사용되는 식민지만 교역의 대상으로 삼고 그 외 지역과는 최대한 교역하지 않으려고 했습니다. 이는 단일한 화폐가 사용되는 시장끼리만 교역함으로써 공황의 파급을 막아 보려는 경제 정책이었습니다. 이를 벽을 쌓는다는 의미로 '블록 경제'라고 합니다.

미국은 경제를 부흥시키기 위해서 국가가 경제 활동에 적극적으로 개입하였습니다. 공황이 오기 전까지 자본주의 국가의 경제 정책은 애덤 스미스가 주장한 자유방임주의 경제 정책이었습니다. 하지만 이 시기에 이르러 시장이 모든 문제를 해결해 주지 않았기 때문에 공황이 발생했음을 깨닫게 됩니다. 그래서 국가가 경제 정책에 좀 더 적극적으로 참여하여 상품과 화폐의 수요와 공급을 조절하고 경기를 부흥시키기 위한 여러 조치들을 취해야 한다는 이론이 등장하게 된 것입니다. 이 이론에 근거하여 등장한 것이 미국의 '뉴딜 정책'입니다.

그런데 독일, 이탈리아, 일본 같은 나라들은 공황을 타개할 마땅한 방법이 없었습니다. 독일은 미국의 원조를 받으며 경제를 살리려 하고 있었고, 일본은 영국의 제품을 수입해서 아시아에 파는 중계무역으로 경제를 성장시키고 있었습니다. 이탈리아는 이제 막 산업을 발전시키려던 순간이었습니다.

그런데 공황은 이 세 나라의 경제 성장을 막아 버렸습니다. 이 세 나라가 선택할 수밖에 없었던 방법은 직접 지배할 수 있는 영역을 확대하는 것이었습니다. 이러한 팽창주의 정책이 성공하려면 온 나라 사람들이 힘을 합치는 수밖에 없었습니다. 그래서 전체주의가 등장하게 된 것입니다.

전체주의는 개인의 자유와 평등을 무시해야 했습니다. 또한 경제 성장이 매우 중요하기 때문에 정부와 자본가가 손을 잡아야 했습니다. 반면 그들의 가장 큰 걸림돌은 노동자를 중요시하는 공산주의였습니다. 그래서 전체주의 국가에서 강하게 표방하는 것 중 하나가 반공주의입니다. 이탈리아, 독일, 일본도 반공주의를 표방하며 동맹을 체결하게 됩니다.

교과서로 점프

중학교 2학년 사회 – 제2차세계대전이 발발하다
독일의 히틀러는 범게르만주의를 내세워 오스트리아를 합병하고 영국과 프랑스의 양보에 힘입어 체코슬로바키아의 수데텐 지방을 영토로 얻게 되었다. 그러나 히틀러는 약속을 어기고 체코슬로바키아를 병합했으며, 폴란드를 침략했다. 이에 영국과 프랑스가 독일에 선전포고를 하면서 제2차세계대전이 시작되었다.

고등학교 2학년 세계사 – 국가밖에는 아무도 존재하지 않는다?
히틀러는 일당 독재 체제를 수립하고 제3제국을 열어 전체주의 체제를 확립했다. 총통이 된 히틀러는 국민을 통제하고 인종주의를 내세워 유대인을 박해했으며 국제연맹을 탈퇴한 후 재무장을 선언했다.

제3제국　제1제국은 신성로마제국이고 제2제국은 프로이센–프랑스 전쟁에서 승리한 후 탄생한 독일 제국을 말한다.

궁금한건 못참아!

공황이 무엇인가요?

공황은 마르크스가 주장한 대로 자본주의의 내재된 모순에 의해 발생되는 매우 급격한 자본주의 체제의 동요를 의미합니다. 공황에는 여러 형태가 있지만 상품 시장에서의 공황에 대해 설명해 보겠습니다.

산업화 과정에서 기술이 발달하여 상품의 생산 능력이 고도로 향상되면 상품의 공급 과잉 현상이 발생합니다. 공급의 과잉은 상품 가격의 하락을 가져옵니다. 상품의 가격이 떨어지면 동일 상품을 판매하는 사람들이 가격이 더 떨어지기 전에 시장에 상품을 경쟁적으로 내다 팔게 되고 그러면 상품의 가격은 더욱 떨어지게 됩니다.

급격한 상품 가격의 폭락은 기업의 생산 활동을 위축시킵니다. 즉 생산을 중단하거나, 작업 시간을 줄입니다. 이렇게 되면 노동자들이 일을 하지 못하게 되고 수입이 줄어듭니다. 이로 인해 구매력이 더욱 약화되고, 구매력이 약화되면 상품은 더욱더 안 팔려 가격은 계속 떨어집니다. 결국 기업은 망하게 되고 공장은 문을 닫게 됩니다.

기업이 망하면 어음이나 수표가 부도나고 그로 인해 금융시장이 불안해집니다. 금융시장이 불안해지면 금리가 폭등하고, 기업에 대한 투자가 줄어들어 주가는 폭락합니다. 기업에 대한 투자가 줄어들면 문을 닫는 기업은 더욱 늘어나고 그로 인해 실업자가 증가하거나 노동 조건이 악화됩니다. 이 상황에 이르면 사회적으로 자살이 증가하고, 폭동이 발생하며, 정치는 불안해집니다.

이처럼 경제적 문제로부터 시작된 문제가 사회 전 분야에 영향을 미치며 사회를 혼란스럽게 하는 상황을 '공황'이라고 합니다. 1929년 미국에서 이러한 공황이 발생했는데, 미국이 제1차세계대전 이후 세계 경제의 중심으로 역할하고 있었기 때문에 전 세계 경제도 같이 위기에 빠지게 되었습니다. 오늘날에도 여전히 이러한 공황의 위협은 존재하고 있으며 규모의 차이는 있지만 '불황' 또는 '경기침체'가 빈번이 나타납니다.

유태인들을 시기한 유럽인들

히틀러는 유태인들이 열등하고 비열한 민족이라 생각했으며 기독교도들의 원수로 생각하여 그들을 없애 버려야 한다고 생각했습니다. 그런데 이와 같은 생각은 히틀러에게만 국한된 것이 아닙니다. 유럽인들은 전반적으로 유태인들을 싫어했습니다.

유태인들은 오늘날 예루살렘을 중심으로 한 지역에서 오래 전부터 살아왔습니다. 그런데 기원후 1세기 전반에 예수라는 인물이 이 지역에 나타나 유태인이 믿고 있는 유대교와 다른 종교를 전파했습니다. 이 종교의 세력이 확대되자 이를 막기 위해 로마 총독이 예수를 십자가에 못 박아 죽일 때 유태인들이 적극적으로 참여했습니다.

문제는 로마가 기독교를 국교로 삼으면서 생겨났습니다. 기독교가 국교가 되자 예루살렘은 성지가 되었고, 유태인들은 예수를 죽인 죄인들이 되었습니다. 따라서 성지에 죄인들이 있을 수는 없는 일이었습니다. 유태인들은 예루살렘을 떠나야 했고, 기독교인들이 있는 곳에서 집단적으로 거주할 수가 없었습니다. 그리하여 유태인들은 유럽 곳곳에 뿔뿔이 흩어져 살게 되었습니다.

중세 사회 역시도 기독교 사회였습니다. 따라서 유태인들은 유럽 사회에서 천덕꾸러기였습니다. 그들은 기독교인들에게 멸시와 천대를 받으며 유럽인들이 천한 일이라고 하지 않던 일을 하며 생활했습니다.

당시 유럽인들은 기독교 교리에 의해 돈을 만지는 일은 부정한 일이라 생각했

독일군에게 끌려가는 유태인들 유태인 격리 지역인 '게토'에서 독일군에게 연행되어 이송되고 있는 유태인들. 이들 중 대부분은 아우슈비츠 수용소 등에서 처형되었다.

습니다. "부자들이 천국 가기는 낙타가 바늘구멍을 들어가기보다 힘들다."는 이야기를 듣고 자랐으니까요. 유럽인들이 천하다고 꺼려 한 대표적인 것이 바로 전당포와 고리대금업이었습니다. 유태인들은 그런 직업을 선택하여 먹고살 수밖에 없었습니다.

하지만 근대 사회에 들어서 자본주의가 발달하게 되자 유태인들에게는 그것이 전화위복이 되었습니다. 그들은 준비된 자본가들이었습니다. 많은 재산을 가지고 있었고, 이를 여러 사업에 투자했습니다. 게다가 자녀들을 교육시켜 법률가, 의사, 교수, 언론인, 출판인, 금융인 등과 같은 전문직으로 자리 잡게 했습니다. 새로운 사회의 지도층이 된 것입니다. 19세기 이후 유태인들은 유럽 각국에서 막강한 경제력을 바탕으로 정계의 막후 실력자로서 활약하거나 경제계의 실력자로 활동했습니다.

유럽인들 입장에서 본다면 오랜 세월 동안 유태인들을 지배해 온 자신들이 19, 20세기 들어 실력자가 된 그들을 위해 움직여야 한다는 사실을 받아들이기가 힘들었을 것입니다.

지은이 우경윤

대한민국 교사로서 15년째 생활하며 아이들에게 역사를 가르치고 있다. 무엇보다 지금은 학생들이 자신의 성장을 스스로 도모할 수 있도록 안내해 주는 교사가 되고자 노력하고 있다.
앞으로의 꿈이 있다면 청소년들이 쉽고 재미있게 읽을 수 있는 역사책을 몇 권 더 써보는 것과 소통이 필요한 곳을 찾아 그곳을 세상과 연결시켜 주는 글을 쓰는 사람이 되는 것이다. 소위 중년이라는 인생의 과정 속에 있지만 아직도 꿈을 놓지 않고 살아가는, 아직은 철이 덜 든 사람이다. 저서로는 『청소년을 위한 세계사(동양편)』란 책이 있다.

그린이 유남영

만화과를 졸업하고 캐릭터디자이너와 일러스트레이터로 활동 중이다. 그동안 그린 책으로는 카툰에세이 『지지리궁상 밴드독』, 『똑똑한 한자, 속담 교과서』, 『초등한국사 생생교과서』, 『빠삐루빠의 선사탐험』, 『아하! 세계엔 이런 일이 있었군요』, 『도전 100 한국사 인물 퀴즈』 등이 있다. http://www.watangca.com에서 다양한 캐릭터와 일러스트레이션을 볼 수 있다.

교과서를 만든 사람들 ❽
교과서를 만든 세계사 인물들

초판 1쇄 인쇄 2009년 8월 15일
초판 3쇄 발행 2012년 1월 20일

지은이 우경윤 | **일러스트** 유남영 | **펴낸이** 김종길

편집부 임현주 · 이은지 · 이경숙 · 이송이 · 김아람 | **디자인부** 정현주 · 박경은
마케팅부 김재룡 · 박용철 | **관리부** 이현아

펴낸곳 글담출판사 | **출판등록** 제7-186호
주소 (132-898) 서울시 도봉구 창4동 9번지 한국빌딩 7층
전화 (02)998-7030 | **팩스** (02)998-7924
홈페이지 http://www.geuldam.com
이메일 bookmaster@geuldam.com

ISBN 978-89-92814-20-1 43900
잘못 만들어진 책은 바꾸어 드립니다. 책값은 표지에 있습니다.

이 도서의 국립중앙도서관 출판시도서목록(CIP)는
e-CIP홈페이지 (http://www.nl.go.kr/ecip)에서 이용하실 수 있습니다.
(CIP제어번호 CIP2009002322)

글담출판사는 독자 여러분의 의견에 항상 귀 기울이고 있습니다.
책에 관한 아이디어와 원고 투고를 언제나 기다리고 있습니다. 머뭇거리지 말고 문을 두드리세요.